KLARTEXT

Theo Pointner, 1964 geboren in Bochum, lebt seit einigen Jahren in Essen. Er hat Betriebswirtschaft studiert und ist Leiter des Medizin-Controllings eines Krankenhauses im Ruhrgebiet. Seit 1992 schreibt er Kriminalromane, die von der Bochumer Kripo um Katharina Thalbach erzählen. • www.theopointner.de

grafit Lizenzausgabe mit freundlicher Genehmigung des GRAFIT Verlags
Erstausgabe Dortmund 1992
Druck und Bindung: Elbedruckerei, Wittenberg

ISBN 978-3-8375-1216-8

www.klartext-verlag.de

Theo Pointner

Tore, Punkte, Doppelmord

Kriminalroman

KLARTEXT

Der Autor:

Theo Pointner wurde am 28.05.1964 als Bochumer geboren und ist bis heute Bochumer geblieben. Schon als Jugendlicher verfaßte er Liedertexte (u.a. für die Deutsch-Rock-Gruppe »Impuls«) und Kurzgeschichten. »Tore, Punkte, Doppelmord« ist das Romandebut des Verwaltungsangestellten am Zentrum für Psychiatrie in der Ruhrgebietsmetropole.

1.

Die Pressekonferenz war seit mehr als einer Stunde zu Ende. Trainer Kloth hatte bereits die dritte Flasche Pils in der Hand und stand an der Fensterwand des Sitzungszimmers. Hinter den Fabrikhallen der nahegelegenen Stahlschmiede versank die Sonne langsam Richtung Westen. Fast schien es, als leuchtete sie dem Sieger der heutigen Partie im Städtischen Stadion an der Alfred-Krupp-Allee den Weg nach Hause.

1:4 zu Hause gegen Wattenscheid, nach vier Spieltagen mit 3:13 Toren und 0:8 Punkten Tabellenletzter. Als Trainer einer Bundesligaelf konnte er sich Schöneres vorstellen, als direkt von Beginn der Saison an hinter dem Feld herzuhecheln. Kloth hatte gewußt, daß das neue Spieljahr schwer werden würde. Kalle Albrecht, der einzige Nationalspieler bei der Eintracht, war vor der Saison für zweieinhalb Millionen nach Bremen verkauft worden, dafür hatte man einen Käsestecher namens Urs Zwingli eingekauft. Dieser Typ spielte genauso, wie er hieß. Und zu allem Unglück hatte sich heute auch noch der Libero, Thomas Berndt, so schwer verletzt, daß er mindestens die nächsten drei bis vier Monate ausfiel.

Schlimm war nicht die Niederlage seiner Elf, denn die SGW war unberechenbar und hatte auch schon am ersten Spieltag bei den Bayern einen Punkt geholt. Katastrophal war nur der Zustand seiner Mannschaft. Kein Aufbäumen nach dem frühen 0:1; der Ehrentreffer zum 1:3 in der 88. Minute eher ein Zufallsprodukt. Die 20.000 Zuschauer hatten aus Leibeskräften gepfiffen und geschrien, und natürlich verlangten sie seinen Kopf.

Kloths Wangen leuchteten in dem Schweinchenrosa des gewohnten Alkoholkonsumenten, aber es lag nicht an dem Pils in seiner Hand. Er war am Ende mit seiner Kunst, die Mannschaft nahm ihn nicht mehr ernst. Sein taktisches Konzept war spätestens nach der vierten Minute, als dieser Afrikabomber aus zwanzig Metern der Heimmannschaft den Ball in die Maschen gedonnert hatte, vergessen, seine Anweisungen danach wurden schlicht ignoriert. Und dann kam noch dieser dünnlippige Präsident und lud ihn nach der Pressekonferenz zu einer Krisensitzung der Clubleitung ein. Kloth nahm einen kräftigen

Schluck aus der bräunlichen Flasche, wobei sein Magengeschwür kräftig zuckte. Ihm war klar, worum es ging.

Schon einmal hatte er vorzeitig seinen Job verloren, damals, bei Hannover 96. Auch da hatte es eine Krisensitzung gegeben, bei der er Vorschläge zu einer »besseren Zukunft« machen sollte. Kloth schnaubte verächtlich. Diese aufgeblasenen Wichser forderten das Unmögliche. Jedesmal war der Trainer schuld, wenn ein paar Spiele hintereinander verloren gingen. Dabei wurden die Kicker vom Präsidium übersättigt; bei den Gehältern, die die Eintracht zahlte, würde er sich als Spieler doch auch nicht mehr sonderlich bewegen. Die 1500 Mark Siegprämie pro Kopf verzockten die doch in einer halben Stunde auf den Fahrten zu den Auswärtsspielen.

Als die Tür zum Sitzungszimmer aufflog und gegen die holzgetäfelte Wand polterte, drehte sich Kloth langsam um. Herbert Eichmann, der selbstherrliche Restaurantkettenbesitzer und Präsident der Eintracht, stürmte, ohne dem Trainer einen Blick zu gönnen, direkt auf den ledergepolsterten Stuhl vor Kopf des langen Konferenztisches zu, Bernd Heinemann, den Sportlichen Direktor, Klaus Bierbach, den Manager und Hans Jürgen Pohl, den Zweiten Vorsitzenden im Schlepptau. Kloth erkannte an den erregten Gesichtern, daß die eigentliche Krisensitzung schon stattgefunden hatte. Bierbach blinzelte entschuldigend zum Trainer herüber. Die beiden hatten in den siebziger Jahren zusammen bei Rot-Weiß-Essen in der Regionalliga bzw. in der Bundesliga gespielt. Freunde waren sie aber trotzdem nicht. Ein Blick in die wässrigen Augen seines ehemaligen Klubkollegen reichte Kloth. Ein gutbezahlter Job war verloren.

»Herr Kloth, bitte nehmen Sie doch Platz«, säuselte Eichmann etwas zu freundlich. Der Präsi liebte es, dramatische Auftritte gekonnt vorzubereiten. Während die anderen sich nach und nach auf die Sitzgelegenheiten fallen ließen, zog der Wortführer des Tribunals ein goldenes Zigarettenetui hervor und entflammte eine Davidoff.

»Ich muß Ihnen die Situation unserer Mannschaft wohl nicht extra verdeutlichen«, begann er hinter einer dicken Qualmwolke. »Was sich heute vor den Augen unserer treuen Fans abgespielt hat, war an unverschämter Frechheit nicht mehr zu überbieten.«

›Bully‹ Heinemann, in seiner aktiven Zeit der gefürchtetste Vorstopper der Oberliga West, nickte zustimmend.

»Dagegen läßt sich nichts einwenden«, bestätigte Kloth ruhig. Ihn wunderte selbst, wie gelassen er die Sache auf sich zukommen ließ.

»Haben Sie in der Vorbereitung auf diese Saison eigentlich was anderes gemacht, als sich auf Teneriffa die Eier zu bräunen?« ätzte Heinemann. »Die Jungs sind schon nach 'ner halben Stunde stehend k.o.; wenn die ein Gegentor kassiert haben, möchten die sich am liebsten im Rasen vergraben. So einen Angsthasenfußball habe ich seit zwanzig Jahren nicht mehr gesehen.«

Bierbach klopfte beschwichtigend mit dem Fingerknöchel auf die Tischplatte.

»Langsam, meine Herren. Herr Kloth war entschieden gegen das Trainingslager unter spanischer Sonne. Hätten Sie die Saisonvorbereitung aufmerksam verfolgt, wäre Ihnen nicht entgangen, wie engagiert unser Trainer zur Sache gegangen ist. Ich denke, daß unser Hauptproblem eher bei den Spielern liegt.«

Heinemann setzte zu einer lautstarken Antwort an, aber Eichmann kam ihm mit einem knappen Wink zuvor. Der Sportliche Direktor begnügte sich damit, den Manager mit Blicken ans Kreuz zu nageln.

»Unser Sportlehrer wird sicher aus seiner Sicht schildern können, warum unsere Mannschaft ohne einen einzigen Punkt am Tabellenende steht. Bei dem leichten Anfangsprogramm ist das zwar sicherlich nur schwer zu erklären, aber vielleicht hat Herr Kloth ja eine einleuchtende Begründung.«

Die geschliffenen rhetorischen Wendungen seines Arbeitgebers konnten Kloth nicht mehr beeindrucken. In den zwei Jahren bei der Eintracht hatte er diesen Mann, der ihn jetzt an die Luft setzen wollte, gut genug kennengelernt.

»Erklärungen wollen Sie? Bitte, kein Problem.« Kloth leerte den Rest aus seiner Flasche und stellte den Bierbehälter härter als beabsichtigt auf dem Tisch ab.

»Die halbe Mannschaft ist für die Bundesliga untauglich. Unseren besten Spieler haben Sie für ein Butterbrot verscheuert, die Abwehrspieler sind hoffnungslos überaltert. Was meinen Sie wohl, warum der Sane dem Korff immer weggelaufen ist? Die drei gesunden Verteidiger aus der ersten Elf sind zusammen neunzig Jahre alt, wen ich als Libero aufstellen soll, nachdem Berndt sich verletzt hat, ist mir mehr als schleierhaft. Statt vor der Saison ein paar gestandene Bundesligaspieler zu holen, kaufen Sie einen Alpenbomber, der höchstens die Löcher im Emmentaler trifft, und diese beiden Zonis, von denen noch keine Sau was gehört hat. Ich frage mich die ganze Zeit, ob Sie die noch mit Ostmark oder Zloty bezahlt haben...«

Wieder wollte Heinemann aufbrausen, aber Eichmann bremste ihn erneut.

»War das alles?« fragte der Präsi lächelnd.

»Noch lange nicht«, erregte sich Kloth. »Ich habe schon seit dem Anfang meiner Trainerzeit bei der Eintracht gepredigt, daß Sie den Spielern zuviel bezahlen. Ich wollte leistungsbezogene Verträge, aber Sie haben ja noch nicht mal darüber nachgedacht. Die Siegprämie reizt doch keinen mehr, mal 'nen Spurt über fünfzig, sechzig Meter zu machen. Die Jungs sind satt. Wundert mich nur, daß die nicht kotzen müssen.«

Pohl, der schweigsame Ja-Sager seines Vorsitzenden, hob artig die Hand, bevor er sich zur Überraschung aller zu Wort meldete.

»Herr Kloth, Sie verkennen die Situation«, flüsterte er leise. »Wie sollen wir denn sonst die Spieler bei der Eintracht halten, wenn nicht mit gut dotierten Verträgen?«

»Ich habe nie gesagt, daß Sie die Spieler halten sollen«, donnerte der Trainer. »Schmeißen Sie die alten, abgezockten Säcke raus und holen Sie ein paar junge, hungrige Leute. Mit einigen talentierten Amateuren kann ich mehr auf die Beine stellen, als mit diesen abgewichsten Profis.«

Eichmann drückte mit kreisenden Bewegungen seine Zigarette solange in dem tonnenschweren Kristallaschenbecher aus, bis alle Blicke auf ihm ruhten. Bedächtig nahm er seine randlose Brille von der Nase und rieb sich aufreizend lässig die Nasenflügel. Seufzend, wie ein unverstandener Vater, sprach der Herr und Meister sein nächstes Machtwort.

»Sie enttäuschen mich, Herr Kloth. Nach dem 0:3 im ersten Spiel in Frankfurt haben Sie von Startschwierigkeiten gesprochen, nach dem 2:4 im ersten Heimspiel gegen den KSC war der Schiedsrichter Schuld, das 0:2 bei den Nürnbergern war nach Ihrer Ansicht auf zwei individuelle Fehler in der Abwehr zurückzuführen. Heute ist es die gesamte Mannschaft. Was erzählen Sie mir denn, wenn wir am nächsten Samstag zu Hause gegen Schalke mit 8:0 untergehen? Daß der liebe Gott bei den Schalkern im Sturm und der heilige Geist in der Abwehr gespielt hat? Oder, daß es bei Ihrem bedingungslosen Defensivfußball egal ist, welche Mannschaft die Tore schießt, Hauptsache, die Zuschauer bekommen was zu sehen?«

Heinemann grinste schadenfroh, Pohl lächelte wie zu allem, was Eichmann sagte. Neben Kloth ging nur Bierbach die arrogante Art des Präsis auf den Sack.

»Wir sollten es uns nicht zu einfach machen«, warnte der Manager. »Es ist unmöglich, daß Herr Kloth alleine an unserer Tabellensituation Schuld ist. Vielleicht haben wir ja alle Fehler gemacht.«

»Herr Kloth ist aber der verantwortliche Mann, der in so einer Situation der Mannschaft den Weg zeigen muß«, dozierte Heinemann aufgebracht. »Und das kann er offensichtlich nicht. Diese banalen Ausflüchte verbessern die Situation nicht.«

Kloth schluckte den dicken Kloß, der sich hartnäckig in seinem Hals festgesetzt hatte, würgend herunter.

»Und was soll sich Ihrer Meinung nach ändern?«

»Muß ich Ihnen das wirklich noch erklären?« fragte Eichmann, als wenn er einem Kleinkind die Finger von einer heißen Herdplatte reißen müßte. »Ich denke, daß die Zeit unserer Zusammenarbeit beendet ist. Im Interesse der Mannschaft möchten wir Ihnen nahelegen, Ihren Trainerposten zur Verfügung zu stellen.«

In der bedrohlich anschwellenden Stille musterten sich die fünf Männer abschätzend. Bierbach nagte stocksauer auf seiner Unterlippe, wagte aber nicht, seinem Präsi noch einmal zu widersprechen. Pohl starrte angestrengt auf seine sorgfältig manikürten Fingernägel, während Eichmann und Heinemann den Trainer unverblümt angrinsten. Kloth hingegen flehte seinen alten Mannschaftskollegen mit herzerweichenden Blicken um Hilfe an, aber der Manager interessierte sich plötzlich auffallend für das Etikett der leeren Bierflasche vor dem Trainer.

»Sie schmeißen mich also heraus«, brachte Kloth schließlich mit wackeliger Stimme die Sache auf den Punkt. Das Ganze ging ihm doch ziemlich an die Nieren.

»Keineswegs«, höhnte der Präsident, »wir legen Ihnen nahe, Ihren Posten freiwillig zur Verfügung zu stellen. Die Schmach einer vorzeitigen Entlassung möchten wir Ihnen ersparen. Ich hatte mir gedacht, daß Sie der Presse gegenüber erklären, daß Sie freiwillig Ihr Arbeitsverhältnis mit der Eintracht lösen, weil Sie keine Perspektiven für eine weitere, erfolgreiche Zukunft sehen. Meiner Ansicht nach eine für beide Seiten saubere Lösung.«

»Das könnte Ihnen so passen«, fauchte der Geschaßte. »Freiwillig werde ich Ihnen den Weg nicht räumen. Laut Vertrag steht mir bei einer vorzeitigen Entlassung eine Abfindung zu. Zahlen Sie mir das Geld aus, und Sie sind mich los. Aber ich lasse mich nicht mit einem feuchten Händedruck und einer silbernen Ehrennadel für treue Dienste abservieren.«

Eichmann zupfte scheinbar gelangweilt eine unsichtbare Fluse von seiner Seidenkrawatte. Die drei anderen hielten sich diskret im Hintergrund; Heinemann, weil er wußte, was kam, Pohl, weil er sowieso nicht kapierte, was los war, und Bierbach, weil er sein Verhältnis mit dem Clubkanzler nicht noch mehr verschlechtern wollte.

»Ich muß Sie leider enttäuschen, Herr Kloth«, entgegnete Eichmann schließlich mit bösem Unterton in der Stimme. »Die Zahlung einer Abfindungssumme kommt überhaupt nicht in Frage. Ich bin nicht bereit, Ihnen für die miserable Arbeit auch noch eine viertel Million in den Hintern zu schieben. Aber ich kann Ihnen einen anderen Vorschlag machen.«

Auf der Stirn des Trainers zeigte sich eine dicke Ader, seine roten Wangen leuchteten fast schon violett. Abwartend steckte er hastig einen filterlosen Lungentod zwischen die Lippen.

»Wenn Sie freiwillig gehen und auf Ihre Ablösung verzichten, bin ich bereit, von einer Anzeige gegen Sie abzusehen«, schlug der Präsi ungerührt vor.

»Was soll das heißen?« stieß Kloth überrascht hervor.

»Was ich gesagt habe. Daß Sie ein stadtbekannter Alkoholiker sind, hat sich mittlerweile herumgesprochen. Daß Sie zusätzlich noch im vollgetrunkenen Zustand Auto fahren, auch.

Aber, daß Sie am 26. Mai dieses Jahres einen Polizeibeamten mit 3000 Mark bestochen haben, als er Sie mit 1,6 Promille am Steuer Ihres Autos erwischt hat, noch nicht.«

»Woher wissen...« stammelte Kloth entsetzt. Sein Herz hämmerte bis unter die Schädeldecke, sein Mund war ausgetrocknet. Vor zwei Jahren hatten ihn die Bullen schon einmal besoffen am Steuer erwischt, im Wiederholungsfall hatte ihm der Richter Knast angedroht.

»Nicht wahr, da staunen Sie«, hakte Eichmann nach, »ich besitze die eidesstattliche Aussage des Beamten – der Ihr Bestechungsgeld im übrigen dem Roten Kreuz zur Verfügung gestellt hat –, daß Sie an dem fraglichen Abend fahruntüchtig waren, darüber hinaus ein Foto, wie Sie das Geld übergeben, und zusätzlich noch ein Gutachten von einem Dekra-Ingenieur, daß Ihr Fahrzeug am selben Abend noch ein parkendes Fahrzeug gerammt hat. Die Lackspuren stammen zweifelsfrei von Ihrem Sportcoupé. Ich möchte nicht erwähnen, daß Sie natürlich Fahrerflucht begangen haben. Der Halter des anderen Wagens hat nur von einer Anzeige abgesehen, weil die Eintracht die Kosten der Reparatur übernommen hat.«

Während Kloth immer dunkler anlief, schlug sich Heinemann vor Vergnügen auf die Oberschenkel. Pohl glotzte mit offenem Mund sprachlos auf den Trainer, während sich Bierbach fragte, was dieses Schwein am anderen Tischende gegen ihn in der Hand hatte.

»So ist das also«, resignierte Kloth niedergeschlagen. »Haben Sie den Bullen vielleicht auf mich angesetzt, damit Sie mich kassieren können?«

Eichmann zuckte die Achseln. »Würde das etwas ändern?«

Nach einer langen Minute schüttelte Kloth den Kopf und stand langsam auf. Seine Finger zitterten leicht, als er seine Zigarette ausquetschte. In diesem Moment hätte er alles darum gegeben, wenn er die Glut Eichmann auf die Nase hätte pressen können.

»Meine Herren, ich nehme Ihr großzügiges Angebot an«, stotterte der Sportlehrer heiser. »Gleichzeitig bedanke ich mich für das gute Betriebsklima. Sollten Sie jedoch noch einmal auf die Idee kommen, mir einen Vertrag anzubieten, kann ich Ihnen schon jetzt jegliche Hoffnung nehmen. Guten Tag.«

Hastig wollte er aus dem Raum stürzen, aber Heinemanns glucksendes »Moment noch« hielt ihn zurück.

»Herr Kloth, da ist noch etwas. Da Sie großzügigerweise auf eine Abfindung verzichtet haben, möchte sich der Verein für die geleistete Arbeit erkenntlich zeigen. Sie erhalten noch zwei Monatsgehälter, hier und sofort in bar. Und bitte unterschreiben Sie noch diese Erklärung für die Presse.«

Dabei warf ihm der Sportliche Direktor einen säuberlich abgefaßten Brief zu, in dem Trainer Kloth der interessierten Öffentlichkeit mitteilte, ›daß er keine Basis für eine weitere Zusammenarbeit mit der Eintracht sähe und von daher um die Auflösung seines Vertrages gebeten hätte. Desweiteren wünsche er der Mannschaft für den Rest der Saison alles Gute und viel Glück.‹ Wäre Kloth nicht am liebsten mit einer Streitaxt auf seine ehemaligen Arbeitgeber losgegangen, hätte er den Text fast lustig gefunden.

Nachdem er seinen krakeligen Namenszug unter den Schrieb gesetzt hatte, war die Trennung perfekt. Im Austausch gegen ›seine‹ Presseerklärung erhielt er von Heinemann einen Umschlag. Kloth zählte 25 Tausendmarkscheine. Wortlos unterzeichnete er die Quittung und verließ grußlos den Konferenzraum.

»Puuh, das wäre geschafft«, seufzte Heinemann erleichtert, als die Tür hinter Kloth ins Schloß gefallen war. »Dein Trumpf mit der Beamtenbestechung hat ihm überhaupt nicht geschmeckt, Herbert.«

Eichmann grinste geschmeichelt. Prustend lockerte er den Knoten seines Schlipses ein wenig und lehnte sich bequem in die Lederpolster zurück.

»Kloth ist erledigt«, sinnierte der schwergewichtige Präsi. »Wenn der nicht mit der Sauferei aufhört, kriegt der keinen einzigen Job mehr, noch nicht mal in der Amateurliga. Wenn er Glück hat, kommt er vielleicht noch bei den Ossis unter.«

Pohl kratzte sich nachdenklich seine weißen Bartstoppeln. »Hat der wirklich einen Polizisten bestochen?«

Eichmann rollte die Augen. »Hat er. Selber Schuld, wenn er sich dabei beobachten läßt.«

»Oder wenn ihm jemand 'nen Bullen vor die Karre stellt, der nur darauf wartet, daß der Motor angeht«, ätzte Bierbach.

Heinemann blickte auf. »Haben Sie etwas gesagt, Herr Bierbach?«

Der Manager winkte ärgerlich ab. »Wenn Eure Hoheit es nicht wünschen, habe ich natürlich nichts von mir gegeben. Wen schießen Sie als nächstes ab?«

»Ihre Unverschämtheiten können Sie sich sparen«, donnerte Eichmann. »Wir haben ausnahmslos im Interesse des Vereines und der Mannschaft gehandelt. Unsere finanziellen Verhältnisse dürften Ihnen bekannt sein, eine teure Abfindung und einen Presseskandal konnten wir uns nicht leisten. Hätten Sie einen anderen Vorschlag gehabt?«

Bierbach schüttelte den Kopf. »Nein. Aber es wäre nicht nötig gewesen, Kloth die Schlinge um den Hals zu legen. Wenn wir sachlich mit ihm diskutiert hätten, wären wir wahrscheinlich auch zu einer Einigung gekommen.«

»Unfug«, behauptete Heinemann entschieden. »Dieser Dickkopf hätte uns von Spieltag zu Spieltag mehr in die Scheiße geritten. Wir sollten die letzte halbe Stunde vergessen und lieber überlegen, wen wir als neuen Trainer verpflichten.«

»Ganz meine Meinung«, log Pohl. Solange er im Vorstand der Eintracht war, hatte er noch nie eine eigene Meinung gehabt.

»Haben Sie nicht schon jemanden ausgesucht?« fragte Bierbach höhnisch.

»Wir wären ein schlechter Vorstand, wenn wir uns nicht schon mal informiert hätten, wer zur Disposition stehen könnte«, erklärte Eichmann ruhig. Temperamentsausbrüche waren bei ihm eher die Ausnahme. »Herr Heinemann und ich haben drei Trainer in die engere Auswahl gezogen. Klaus Schaub, zuletzt in der Türkei tätig, bei *Galatasaray.* Dann Kai Harmsen, der Assi-Trainer vom HSV. Und schließlich mein persönlicher Favorit: Dragan Milosevic.«

Bierbach horchte auf. »Drachen-Dragan?«

»Genau der«, bekräftigte Heinemann. »Was ist gegen den Mann einzuwenden?«

»Wer ist das?« fragte Pohl dazwischen, ohne Beachtung zu finden.

»Dieser Leuteschinder wäre unter Hitler KZ-Aufseher geworden. Den kann man doch nicht auf unsere Jungs loslassen.«

»Und warum nicht?« hakte Eichmann energisch nach. »In einem Punkt hatte Kloth recht, die Jungs sind zu verwöhnt. Milosevic haßt Faulheit wie die Pest. Ich glaube, der ist im Moment genau der Richtige.«

»Soviel ich weiß, hat Milosevic seit zwei Jahren keinen Job mehr gefunden. Seine Trainingsmethoden sind überholt, taktisch kennt er nur Sieg oder Blut am Schuh. Nach meiner Ansicht sollte man dem die Lizenz entziehen.«

»Ihre Meinung interessiert mich – ehrlich gesagt – einen Scheißdreck«, verkündete Heinemann. »Als Manager haben Sie auf sportliche Entscheidungen sowieso keinen Einfluß. Herr Milosevic wird morgen früh zu einem unverbindlichen Gespräch hierher kommen. Wenn sich unsere Vorstellungen mit den seinen decken, werden wir ihn verpflichten. Kümmern Sie sich lieber darum, für die nächste Saison einen neuen Sponsor zu finden. Dafür werden Sie schließlich bezahlt.«

Die Schärfe in Heinemanns Stimme ließ Bierbach vorsichtig werden. Eichmann nickte seinem Spezi begütigend zu und hakte diesen Punkt der Tagesordnung ab.

»Ich gehe nicht davon aus, daß Sie einen Alternativvorschlag haben, Herr Bierbach. Glauben Sie mir, Herr Milosevic wird aus der Mannschaft eine Truppe machen, von der man noch reden wird.«

»Das glaube ich Ihnen aufs Wort«, entgegnete der Manager, setzte aber nicht weiter nach, um Eichmann nicht noch mehr zu reizen.

»Wir sollten uns aber noch über die vakante Liberoposition unterhalten«, fuhr er stattdessen fort. »Berndt wird einige Monate ausfallen; aus dem Kader bietet sich niemand an, der ihn einigermaßen ersetzen kann. Was tun?«

»Was ist mit Wenning?« fragte Eichmann in die Runde der Clubführung.

»Auf keinen Fall«, antwortete Heinemann, »'nen Libero mit 35, dazu noch kurzatmig und ohne Kondition. Als Joker im Mittelfeld für eine halbe Stunde vielleicht, aber nicht als Abwehrchef. Undenkbar.«

»Was ist denn mit Herrn Baltus?« wollte Pohl wissen.

»Wenn der endlich mal seinen Schwanz nicht in jede Möse stecken würde, vielleicht«, pöbelte Bierbach, der Heinemann die Verpflichtung des ›schönsten‹ Spielers der Liga vor die Beine warf. »Der hat doch nur Titten im Kopf. Wundert mich nur, daß der sich keine Braut mit auf die Ersatzbank setzt.«

Heinemann lief rot an, aber da der Manager recht hatte, sagte er nichts.

»Ich denke, wir werden wohl auf dem Transfermarkt tätig werden müssen«, entschied Eichmann. »Vorschläge?«

Allgemeines Achselzucken. Vier Spieltage nach Beginn der Saison standen die verfügbaren Leute natürlich alle unter Vertrag. Daher konnte ein Einkauf nur teuer werden.

Heinemann sprach es aus: »Einen gestandenen Spieler können wir uns nicht erlauben. Wir können höchstens 'ne halbe Million locker machen, aber auch nur, wenn die Bank noch einmal mitspielt. Dafür kriegen wir aber nichts Vernünftiges.«

»Einen talentierten Amateur vielleicht?« Eichmann sah fragend in die Runde. Bierbach wußte keinen, Pohl fühlte sich wie immer hoffnungslos überfordert. Heinemann rieb sich nachdenklich seine krumme Nase.

»Vielleicht. Ja, das wäre vielleicht was. Vor ein paar Wochen habe ich einen Hinweis auf einen jungen Mann bekommen, der in der Landesliga spielt. Soll ein ganz großes Talent sein, gerade mal zwanzig Jahre alt. Den könnte ich mir morgen mal ansehen.«

»Tu das«, entschied der Präsi, »wenn der was ist, nimm ihn sofort unter Vertrag.«

»Einen blutjungen Anfänger aus der vierten Liga?« rief Bierbach. »Als Abwehrorganisator einer Bundesligaelf? Sie haben se ja nicht alle auf dem Kasten. Die anderen machen doch Hackfleisch aus dem.«

»Finde ich auch«, bemerkte Pohl, der von Glück sagen konnte, daß er sich von Eichmann dafür keine Backpfeife einhandelte.

»Wenn Sie mir Guido Buchwald für 200.000 Mark von Stuttgart zur Eintracht holen, dann los«, schnauzte Eichmann. »Solange keine vernünftigen Vorschläge gemacht werden, bitte ich mir jeden Ärger aus. Wenn Herr Heinemann der Meinung ist, dieser Amateur könnte kurzfristig das Zeug dazu haben, einen vertretbaren Libero zu spielen, dann verpflichten wir diesen Mann.«

Pohl nickte hastig, um seinen Fehler wiedergutzumachen. Auch Bierbach gab klein bei. Mit einer knappen Handbewegung signalisierte er seine Zustimmung.

2.

»Himmeldonnerwetter noch mal, habt ihr eigentlich den Arsch auf? Sowas Beschissenes habe ich das letztemal in unserer E-Jugend gesehen. Aber die Jungens sind wenigstens mal gelaufen. Das habt ihr ja wohl nicht nötig.«

Schweratmend unterbrach Günter Spangenberg seine Gardinenpredigt und musterte keuchend seine Schützlinge. In den ersten 45 Minuten des heutigen Spieles gegen den Vorletzten der Landesliga hatte seine Mannschaft das Kunststück fertig gebracht, ganze dreimal auf das Tor des Gegners zu schießen. Und das in einem Heimspiel.

»Mensch, Kalle, letztes Wochenende hast du drei Buden in zwanzig Minuten geschossen, heute hasse den Radius einer Kanalratte im Versuchslabor. Schnapp dir doch mal die Kugel und marschier los.«

Der angesprochene Bulle mit der Nummer elf auf dem rotweißen Trikot glotzte seinen Trainer mit großen Augen an. Offensichtlich war er der Meinung, daß drei Tore in einem Spiel für den Rest der Saison genug waren.

»Mach ich, Trainer«, stotterte er schließlich. Kalle war nicht der Hellsten einer.

Spangenberg schüttelte kurz den Kopf und versuchte, den verlorenen Faden wiederzufinden.

»Und du, Dieter«, schielte der Trainer auf seinen Libero. »Ist dir heute eigentlich zu warm oder warum klebst du am Mittelstreifen? Die anderen sind noch nicht einmal in Strafraumnähe gekommen. Warum nutzt du nicht deinen freien Raum. Bernd sichert in der zweiten Hälfte hinter dir ab, du gehst jetzt verstärkt mit nach vorne. Versuch vor allen Dingen, über die rechte Seite Druck zu machen, da ist die Abwehr am schwächsten.«

Dieter Heidtmann lehnte den Kopf leicht gegen die Steinwand hinter seinem Platz und nickte nur kurz. In seinem Schädel donnerte ein Preßlufthammer, aber seinem Trainer von der gestrigen Fete mit zwei ehemaligen Abiturkollegen zu erzählen, hätte keinen Zweck gehabt. Für Spangenberg galt höchstens ein doppelter Beckenbruch als ausreichende Entschuldigung für eine Auszeit auf dem Platz. Während der Coach jedem Spieler noch einmal eindringlich die Leviten las, stand Dieter auf und trabte zum Zeugwart, der beim SV Rot-Weiß zusätzlich noch Betreuer, Masseur und Mannschaftsarzt war.

»Ulli, hast du mal ein Aspirin da?«

Ulli Klose blinzelte dem Libero kurz in die rotgeränderten Augen und begann zu kichern.

»Hasse gestern einen gehabt, Alten? Hier, ich mach dir 'nen Cocktail. Paar Tröpkes Novalgin. Nase zuhalten und runter damit. Hilft in Sekundenschnelle.«

Mißtrauisch beäugte Heidtmann den schmierigen Pappbecher in der Hand des Faktotums. Mit Todesverachtung ließ er schließlich den säuerlich riechenden Inhalt durch den Hals laufen. Während er noch angewidert das Gesicht verzog, gellte vor ihrer Kabine die Trillerpfeife des Schiedsrichters. Die zweite Hälfte nahte.

Spangenberg postierte sich an der Tür zum Spielfeld und gab jedem Kicker noch einen Klaps auf den Hintern. Alle wußten, daß es nach dem Spiel auch ein gut gezielter Haken in den Magen werden konnte, wenn sie das Spiel nicht noch gewannen.

Beim SV Rot-Weiß war es eine lang gehegte Tradition, daß der Trainer als letzter die Baracke Richtung Platz verließ. Spangenberg wollte nach einem sorgfältigen Stoßgebet seinen Spielern hinterher, die langsam zum Anstoßkreis liefen, als Peter Reich, der Erste Vorsitzende, in die Kabine stürmte.

»Hast du gesehen, wer da ist?« überfiel er sein Gegenüber.

Spangenberg kratzte sich nachdenklich am Kopf. »Der Bundeskanzler?« riet er dann.

Reich starrte ihn einen Moment sprachlos an, um dann energisch abzuwinken. »Quatsch. Eben, in der Halbzeit, spricht mich einer von der Seite an. Erst hab ich gedacht, ich sehe nicht richtig: Bully Heinemann.«

Spangenberg runzelte die Stirn. Der Name sagte ihm was. »Heinemann?«

»Genau. Heinemann. Mensch, der Sportliche Direktor von der Eintracht.«

Der Coach riß die Augen auf. »Der Heinemann? Wat macht der denn hier?«

Reich weidete sich an der Überraschung seines langjährigen Freundes. »Das rätst du nie«, spannte er Spangenberg auf die Folter.

Der Trainer wurde langsam ungeduldig. »Sach schon, wat is Ambach.«

»Der Berndt, der Libero der Eintracht also, der hat sich doch gestern verletzt. Und jetzt suchen die 'nen neuen.«

Spangenberg begriff immer noch nicht. »Ja und?«

»Mensch, Günter, hamse dich mit 'nem Klammerbeutel gepudert? Die wollen den Heidtmann kaufen.«

Langsam fiel die Kinnlade des Trainers Richtung Bauchnabel. Daß der große Bundesligist aus der Nachbarschaft einmal einen ›seiner‹ Spieler haben wollte, konnte er nicht fassen.

»Den Dieter? Die Eintracht?«

»Ja, Mensch. Der Heinemann hat gesagt, die würden glatt 60.000 auf den Tisch legen. Überleg dir das. 60.000 Mark.«

Spangenberg, der die Aufstiegshoffnungen in die Amateuroberliga seiner Mannschaft im Kopf hatte, schüttelte den Kopf. 60.000? Für den Dieter? Viel zu wenig. Mindestens das Doppelte. Wen sollen wir denn jetzt noch als Ersatz kriegen? Nee, die sollen bluten.«

Reich winkte ab. »Wart's ab. Berauschend haben die Jungs ja alle nich gespielt in der ersten Halbzeit. Ich hoffe, da tut sich noch was.«

Wie aufs Stichwort war von draußen ein lautes Gejohle zu hören. Präsident und Trainer erstarrten, als ihnen klar wurde, daß ihre Mannschaft 1:0 zurücklag.

Der Coach lief dunkelrot an. »Verdammt noch mal, jetzt reicht es aber. Die glauben wohl, Tore schießen sich von alleine.«

Wütend schob er Reich aus der Kabine und stürmte zu seiner Trainerbank. Die Spieler seiner Elf standen mit hängenden Köpfen in der eigenen Hälfte und gifteten sich gegenseitig an. Vor allen Dingen Emmerich, der Vorstopper, hatte sich wüste Beschimpfungen anzuhören. Sein Rückpaß, den der gegnerische Mittelstürmer in der ersten Minute nach Wiederbeginn erlaufen hatte, war allerdings wirklich unter aller Sau.

Mit knallrotem Kopf pflanzte sich Reich neben Spangenberg auf die Trainerbank. Während der Coach sich ärgerlich die letzten Flusen auf seinem grobschlächtigen Schädel raufte, versuchte der Präsident schnaufend, zu Atem zu kommen.

»Günter, hör mir doch mal zu«, japste Reich. »Wenn die Eintracht uns so einen Batzen Geld bietet, können wir das nicht abschlagen. 60.000 Mark sind mehr als unser ganzer Jahresetat.«

»Na und«, grunzte der Trainer. »Ohne den Dieter schaffen wir den Aufstieg in die Oberliga niemals. Dieses Jahr hätten wir endlich die Möglichkeit, nach oben zu kommen. Und da willst du unseren besten Spieler verkloppen. Du spinnst ja! Wenn überhaupt, müssen die mindestens das Doppelte bezahlen.«

Gleichzeitig sprang er auf, weil der pfeilschnelle Rechtsaußen der Gästeelf seinen Abwehrspieler schwindelig spielte. In höchster Not sprang Heidtmann dazwischen und klärte zur Ecke.

»Siehst du, was ich meine?« griente Spangenberg. »Der Dieter ist der einzige, dem ich so einen Sprung zutraue. Aber ich will nicht, daß der Junge verheizt wird. Und zu so einem Dumpingpreis schon gar nicht.«

»Du hast ja Recht, Günter. Aber überleg doch mal. Das Vereinsheim ist in einem saumäßigen Zustand, bei Regen verwandeln sich die Umkleidekabinen in einen Teich. Und ein paar Sätze neue Trikots müssen wir auch anschaffen. So eine Chance bekommen wir so schnell nicht wieder.«

Unbehaglich rutschte Spangenberg auf seiner Holzbank herum. Er wußte genau, daß sein Präsident die Wahrheit sagte. Aber nach fünf Jahren beim SV Rot-Weiß konnte er endlich aufsteigen. Durch die Neueinteilung der Ligen waren ein paar dicke Brocken verschwunden, und der Saisonstart war mit 7:1 Punkten ebenfalls geglückt. Und jetzt das Herzstück verkaufen?

»Abwarten«, beruhigte er mehr sich selber. »Wenn der Dieter sich nicht steigert, nehmen die den sowieso nicht.« Dabei ruckte sein Kopf in die Höhe, weil eine erfolgversprechende Flanke seiner Elf schließlich doch im Toraus landete.

Reich zündete sich eine Mentholzigarette an und paffte los. »Der Heinemann steht auf jeden Fall immer noch da«, säuselte er. »Nach Spielschluß wollte er sich auf jeden Fall auch mit dir unterhalten.«

Der Trainer zuckte die Achseln. »Von mir aus. Und jetzt laß mich in Ruhe. Ich muß arbeiten.«

Mit diesen Worten verließ er seine Folterbank und stürmte energisch an die Außenlinie, um einen Mittelfeldspieler zusammenzuscheißen.

Auf dem Spielfeld hatten sich die Rot-Weißen inzwischen vom Schock des 0:1 erholt. Allmählich wurden die Angriffe druckvoller, durchdachter. Heidtmanns Kopfschmerzen hatten fast gänzlich aufgehört, und er schaltete sich immer mehr in das Angriffsspiel seiner Mannschaft ein.

In der 55. Minute erhielt er in Höhe der Mittellinie einen Abpraller. Aus den Augenwinkeln sah er seinen rechten Außenstürmer in guter Position. Mit einem gefühlvollen Heber zirkelte er das Leder genau auf den Fuß des Angreifers, der nahm genau Maß, und es hieß 1:1.

In den nächsten zehn Minuten wirbelte Rot-Weiß den Gegner in Grund und Boden. Kurz nach dem Ausgleich lief die nächste schöne Aktion, diesmal über den linken Flügel. Eine lange Flanke wurde vom Torwart zu kurz abgewehrt, ein Verteidiger schlug nervös über den Ball. Heidtmann sprang dazwischen und bugsierte den Ball kurz vor den Fünfmeterraum. Aus dem Gewühl heraus war es schließlich erneut der rechte Außenstürmer, der zum 2:1 abstaubte.

Der Gegner gab sich jedoch noch nicht geschlagen. Trotz der Hitze entwickelte sich ein offener Schlagaustausch, ohne daß sich zwingende Tormöglichkeiten ergaben.

Nach 65 Minuten fing Heidtmann einen Querpaß am eigenen Strafraum ab und sprintete los. Der Gegner hatte die Abwehr gelockert, keiner griff ihn konsequent an. Erst kurz hinter der Mittellinie kam der erste Gegenspieler, den Heidtmann gekonnt aussteigen ließ. Links war ein Mittelfeldspieler mitgelaufen, und Heidtmann wollte abspielen, als sich vor ihm plötzlich eine Gasse auftat. Instinktiv trat er an, umspielte den Vorstopper der Gäste, drang in den Strafraum ein und ließ einen wuchtigen Schuß vom Stapel, der im kurzen, oberen Dreieck einschlug. Mit dem 3:1 war gleichzeitig die Vorentscheidung gefallen.

Nach diesem Tor tat sich nicht mehr viel. Die Gäste glaubten wohl selber nicht mehr an eine Chance, den Rückstand aufzuholen; die Rot-Weißen taten bei den tropischen Temperaturen auch nicht mehr als nötig. In der Abwehr ließ der Libero nichts mehr anbrennen. Den Schlußpfiff empfanden schließlich alle als Erlösung.

Spangenberg war trotz des Sieges unzufrieden. Zu seiner aktiven Zeit hatte man neunzig Minuten voll durchgezogen und sich nicht auf einem Zwei-Tore-Vorsprung ausgeruht. Aber die Spieler von heute sahen das anders. Bei den Beispielen, die sie manchmal in der Bundesliga oder bei Länderspielen sahen, wunderte es allerdings auch nicht.

Jeder erhielt seinen obligatorischen Klaps. Die Wasserflaschen, die vom Mädchen für alles verteilt wurden, waren allerdings wesentlich begehrter.

Wie gewohnt wollte Spangenberg seinen Spielern in die Kabine folgen, aber Reich hielt ihn zurück.

»Komm Günter, Heinemann will mit dir sprechen. Er will Dieter verpflichten.«

Mürrisch trabte der Trainer hinter Reich her, der unverdrossen auf den drahtigen Endvierziger losstiefelte, welcher sich lässig über die Laufbahnbegrenzung lehnte. In den Gläsern der Sonnenbrille spiegelte sich deutlich das unterwürfige Gewinsel des Vorortspräsidenten.

»Herr Heinemann, das ist Herr Spangenberg, unser Trainer. Er wird Ihnen sicherlich noch interessante Details über Ihren neuen Libero erzählen können.« Dabei grinste Reich, als ob die Transfersumme in seine eigene Tasche gleiten würde.

Heinemann winkte beschwichtigend ab. »Immer langsam, mein Lieber. Ich habe gesagt, daß wir an einer Verpflichtung interessiert sind, nicht, daß wir mit Sicherheit kaufen werden.« Dabei warf er Reich vielsagende Blicke zu, die Spangenberg sogar durch die Sonnenbrille erahnen konnte.

»Gratuliere, Herr Spangenberg«, meinte Heinemann gewinnend, »die Leistung in der zweiten Halbzeit war ganz ordentlich. Konsequent die Chancen nutzen und dann zumachen. Wirklich routiniert.«

Vorsichtig nahm der Coach die dargebotene Hand und

schüttelte sie spitz. Dieser Profimanager war ihm unsympatisch.

»Danke«, entgegnete er knapp. »Sie wollen mir also meinen Libero wegschnappen!«

Heinemann grinste noch breiter, wenn das überhaupt noch möglich war. »Falsch. Ich möchte einem talentierten jungen Mann eine Chance geben. Sie haben sicher von unserem gestrigen Pech gehört?«

Spangenberg nickte nur kurz.

»Nun ja«, fuhr der Bundesligabonze fort, »und nun suchen wir geeigneten Ersatz. Ich glaube, daß Herr Heidtmann bei der Eintracht ganz gut einschlagen könnte. Wir wollen ihm einen Vertrag anbieten.«

»Wie nett von Ihnen«, rutschte es dem Coach heraus. »Glauben Sie wirklich, daß Dieter auf Anhieb gegen solche Kanonen wie Rufer, Littbarski oder Laudrup mithalten kann? Ich nicht. Wenn Sie dem Jungen Zeit lassen, vielleicht, aber nicht auf Anhieb. Und ich will nicht, daß Sie den Bengel verheizen.«

Heinemann nickte. »Ich kann Sie gut verstehen, Herr Spangenberg. Aber ich kann Ihnen versichern, daß das nicht unsere Absicht ist. Vergessen Sie nicht, wir haben erfahrene Leute, die Ihrem Schützling bestimmt das Nötige vermitteln können und helfen werden.«

»Ich weiß nicht«, grübelte Spangenberg nachdenklich. »Wenn Sie Dieter Flausen in den Kopf setzen, dreht der zwar nicht durch, aber es wird ihn bestimmt belasten. Gönnen Sie ihm ein Jahr Ruhe, bauen Sie ihn auf. Dann haben Sie einen zuverlässigen Libero. Es ist ganz einfach zu früh, wenn er jetzt einen Vertrag erhält.«

»Vielleicht soll er das doch lieber selber entscheiden?« schlug Heinemann lachend vor.

»Genau«, bekräftigte Reich. »Dieter ist alt genug, um für sich selber sprechen zu können.«

Der Coach hätte am liebsten ausgekeilt, hielt sich aber zurück.

»Vergessen Sie nicht, daß wir Ihnen eine gute Ablösesumme bieten«, schleimte Brille weiter. »60.000 Mark, wenn Sie Heidtmann gehen lassen.«

»120.000«, erklärte Spangenberg, »oder da tut sich gar nichts.«

Einen Moment schien Heinemann nicht verstehen zu wollen. Langsam zog er seine Augengläser nach unten und blinzelte Spangenberg über den Rand hinweg an. »Guter Mann, 120.000 für einen unbekannten Amateur? Völlig utopisch. Aber ich verstehe Ihre Situation. 75.000, und die Sache geht klar.«

Dem steht das Wasser bis zum Hals, dachte Spangenberg überrascht. »100.000 sind mein letztes Wort«, erklärte er schließlich laut, »oder Sie können sich Ihren neuen Libero weiter nur bei uns ansehen.«

Reich starrte mit offenem Mund auf seinen Kumpel und wagte es nicht einzugreifen. Heinemann überlegte einen Moment, begann wieder zu lächeln und nickte.

»Also gut, abgemacht. Wenn Herr Heidtmann einen Vertrag bei der Eintracht unterschreibt, erhalten Sie eine Ablösesumme von 100.000 Mark. Zufrieden?«

Daß er für dieses Juwel, das er gerade 90 Minuten beobachtet hatte, auch gerne das Doppelte bezahlt hätte, behielt er natürlich für sich. Dieser Heidtmann war ein Riesentalent. Drei Monate unter einem richtigen Trainer, und der konnte jede Position vom Torwart bis zum Linksaußen spielen. Und diese Idioten verscherbelten den Kerl für ein Butterbrot.

»Na gut«, entschied Spangenberg, der damit seine Kompetenzen weit überschritten hatte. »Das will ich aber schriftlich haben.«

»Kein Problem. Ich habe ein entsprechendes Schriftstück mitgebracht. Tragen Sie nur noch die Summe ein und unterschreiben Sie. Dann ist alles geklärt.«

Reich grabschte gierig nach den Vertragsunterlagen. Soweit ihm sein beschränkter Menschenverstand sagte, war alles in Ordnung. Heinemann hatte sogar an ein Duplikat gedacht. Im Stehen unterschrieb der Provinzpräsi beide Exemplare und freute sich diebisch, als er sein Gegenstück erhielt. Der Handel war perfekt.

3.

»Soll ich dem Jungen Bescheid sagen?« fragte Spangenberg, nachdem die Unterlagen ausgetauscht waren.

Heinemann winkte ab. »Lassen Sie nur. Ich rufe Herrn Heidtmann nachher an und mache mit ihm sofort einen Gesprächstermin aus. Außerdem bin ich ein wenig knapp in der Zeit. Meine Herren, es war ein Vergnügen, mit Ihnen Geschäfte zu machen.«

Grüßend nickte er den beiden noch einmal zu und stiefelte dann Richtung Parkplatz, wo seine Stuttgarter Nobelkarosse auf ihn wartete.

»Wahnsinn«, jubelte Reich, als Heinemann außer Hörweite war. »100.000 Schleifen. Günter, das hast du wahnsinnig hingekriegt.«

»Ich weiß nicht«, grübelte der Coach. »Irgendwie hab ich das Gefühl, daß der uns trotzdem noch über den Leisten gezogen hat. So bereitwillig, wie der die 40.000 mehr akzeptiert hat...«

»Papperlapapp«, alberte der Präsi, »sieh dir doch mal an, was die anderen Amateurvereine für ihre Spieler bekommen, wenn die abwandern. Und außerdem kassieren wir ja noch mal mit, wenn die Eintracht den Dieter weiterverhökert.«

Spangenberg runzelte die Stirn. »Wieso das denn?«

Reich plusterte sich auf. »Hat der DFB auf einer seiner letzten Präsidiumssitzungen ausdrücklich beschlossen. Bei jedem Transfer von einem Profiklub kassiert der Verein, aus dem der Spieler hervorgegangen ist, auch noch mal prozentual mit. Als Förderung für die Jugendarbeit. Und ich glaube, daß uns der Dieter über die 100.000 hinaus noch eine schöne Stange Geld bringen wird.«

»Hoffentlich«, unkte Spangenberg. »Gerne laß ich den Burschen ja nicht gehen.«

Der Vorsitzende des SV Rot-Weiß hieb seinem Fußball-Lehrer gut gelaunt auf die Schultern. »Abwarten. Mit 9:1 Punkten sehen wir jetzt verdammt gut aus. Geht bestimmt in Ordnung.«

»Dein Wort in Gottes Ohr«, murmelte Spangenberg leise.

Langsam setzten sich die beiden Richtung Umkleidekabine in Gang. Zwei ihrer Kicker waren schon frisch geduscht und machten sich gerade auf den Weg zum heimischen Kaffeetisch, als Reich und Spangenberg in die nach Schweiß, Deo-Spray und vergammelten Socken duftende Baracke stiegen.

»Hört mal zu, Jungs«, dröhnte der Trainer. »Wenn ihr euch heute nicht vor Glück beschissen hättet, wäre es Essig mit der Tabellenführung. Morgen abend werden wir uns ein wenig mit eurer körperlichen Verfassung beschäftigen. Zwanzig Minuten konzentriertes Spiel sind mir einfach zu wenig. Bringt also eure Laufschuhe mit.«

Dabei grinste er spitzbübisch, während sich auf einigen Gesichtern gequälte Vorahnung zeigte. Bei dreißig Grad im Schatten Konditionstraining zu absolvieren, war alles andere als angenehm.

»Das wär's fürs erste«, fuhr Spangenberg fort. »Morgen um siebzehn Uhr geht's weiter. Schönen Tag noch.«

Als Antwort erhielt er ein allgemeines Gemurmel. Nasse Handtücher und verdreckte Fußballschuhe landeten eilig in abgewetzten Sporttaschen; der Vereinssklave sammelte bereits die verschwitzte Spielkleidung ein, um sie in die Waschmaschine zu stecken. Zwei Kinder aus einer Jugendmannschaft hatten die Eckfahnen eingesammelt und in den angrenzenden Schuppen gepfeffert. Spangenberg liebte diese drucklose Atmosphäre nach einer Partie, wenn er mit ein paar Spielern noch auf ein Bier in die Vereinskneipe steuerte, wo dann die dritte Halbzeit eingeläutet wurde. Eigentlich hätte er dieses zeitraubende Hobby schon längst an den Nagel gehängt, wenn nicht dieses irrsinnige Gefühl dagewesen wäre, das Erfolge oder Pleiten, die zusammen genossen oder beweint wurden, stets begleitete. Das ihn auch überfiel, wenn Spieler zu ihm kamen, die jemanden suchten, der ihnen bei Problemen zu Hause oder auf der Arbeitsstelle mal zuhörte. Spangenberg war so etwas wie der Vater des Clubs, den man ansprach, wenn etwas nicht stimmte. Trotz seines knochenharten, für diese Liga eigentlich übertriebenen Autoritätsstiles, wurde er von seinen ›Jungs‹ vergöttert.

Am liebsten hätte er sich jetzt in einer abgeschiedenen Ecke mit Heidtmann hingesetzt und ihm erzählt, was auf ihn zukommen konnte. Aber das war nicht sein Bier, Dieter war alt genug, um sein Leben in eigene Hände nehmen zu können. Spangenberg hatte damals, vor mehr als 25 Jahren, mal eine Woche bei Mönchengladbach mittrainiert, als der große Netzer dort gerade hochkam, als die Fohlenelf am Anfang ihrer Blüte stand. Einen Profivertrag hatte er nicht bekommen, Hennes Weisweiler hatte ihn wieder nach Hause geschickt. Aber diese Woche hatte gereicht, um ihm einen Einblick in den Profifußball zu geben. Aber das war ein Vierteljahrhundert her. Heute konnte er nicht mehr mitreden.

Allmählich hatte sich die Baracke geleert, nur noch wenige Spieler tummelten sich vor den hölzernen Umkleidekabinen. Heidtmann kramte gerade seinen Fön aus der Tasche und stellte sich vor den Spiegel. Aus den Augenwinkeln nahm er den nachdenklichen Blick seines Trainers wahr.

»Ist was, Herr Spangenberg?«

Der Coach zuckte zusammen. »Nee, gar nichts«, antwortete er schnell. »War gerade ein bißchen weggetreten.«

Dieter nickte und versuchte, seine widerspenstigen Strähnen mit einer Bürste zu ordnen.

»War ja wirklich nicht berühmt, was wir uns da heute erlaubt haben«, gab er freimütig zu. »Nächste Woche gegen die Hattinger dürfen wir uns das nicht leisten.«

Nächste Woche spielst du vielleicht schon gegen Schalke, dachte Spangenberg und erschrak ein wenig über diese Vorstellung. »Laß das mal meine Sorge sein«, entgegnete er laut. »Die packen wir schon.« Auch ohne dich, fügte er im Stillen hinzu.

Heidtmann hatte einigermaßen Ordnung in seine Frisur gebracht und zog das Netzkabel aus dem Stecker. Dabei ließ er den Trainer nicht aus den Augen.

»Sie haben doch was«, fuhr er fort. »So still sind Sie doch sonst nur nach 'ner 0:5 Packung.«

Der Coach lachte. »Ach Quatsch«, log er, »sieh zu, daß du nach Hause kommst. Der Sonntag ist viel zu schade, als ihn völlig auf dem Fußballplatz zu vergeuden.«

Dieter zuckte die Achseln, warf den Fön in seine Tasche und zog den Reißverschluß zu. Mit einem Schwung landete die Tasche auf seinem Rücken. »Also tschüs dann. Bis morgen.«

»Mach's gut«, grinste Spangenberg.

Reich, der sich die ganze Zeit still im Hintergrund gehalten hatte, legte seinem Kumpel den Arm um die Schultern.

»Komm, Günter, ich geb 'n Bier aus. Kannst es gebrauchen, was?«

»Allerdings«, nickte Spangenberg, während er nachdenklich seinem Ex-Libero hinterherschaute.

Als Dieter die Tür seines vergammelten alten Renault aufriß, schlug ihm ein Schwall glühender Hitze entgegen. Der Parkplatz vor dem Spielfeld verfügte nicht über den Schatten irgendwelcher Bäume oder Gebäude. Die Hecke, die das Asphaltstück von dem verbrannten Rasen trennte, war kaum kniehoch.

Schnaufend feuerte er seine Tasche auf die zerschlissene Rückbank und ließ sich ächzend auf den Fahrersitz fallen. Selbst durch den Stoff seiner Jogginghose spürte er die Hitze des Polsters.

Mit aufgezogenen Scheiben rollte er schließlich vom Parkplatz auf den Zubringer zur Umgehungsstraße. Obwohl es Sonntagnachmittag war, wollte er sich den Weg durch die Innenstadt sparen, die um diese Zeit sicher von birkenstockbefußten Spaziergängern überfüllt war, die nichts besseres zu tun hatten, als in der sengenden Sonne vor irgendwelchen verschmierten Schaufenstern zu flanieren, während ihnen das garantiert biologische Milcheis auf die Latzhose oder die Bermudas tropfte. Dafür nahm er lieber die zwei Kilometer Umweg in Kauf.

Das einzig luxuriöse an seiner Rostbeule waren die Boxen des Kassettenrecorders, die in wahnsinniger Lautstärke die neueste Hitsingle der Scorpions zerrten. Schmunzelnd dachte Dieter an den Gesichtsausdruck seines Vaters, als er vor vier Monaten mit seinem Gefährt, welches er für 300 Mark vor dem Schrottplatz gerettet hatte, die elegante Auffahrt vor der Behausung seiner Eltern, in der er ein gemütlich ausgebautes Dachapartment bewohnte, das erstemal vorgefahren kam. Eine glatte halbe Stunde hatte es gedauert, bis er die Erlaubnis bekam, den Wagen neben dem dicken BMW seines Erzeugers zu parken.

Der Verkehr auf der Umgehung war minimal, Dieter beschleunigte auf wahnwitzige 80 Stundenkilometer, obwohl der Motor bereits bedenklich rumpelte und stöhnte. Egal, viel schlimmer war, daß ständig der Gang aus der Übersetzung sprang.

Als er an der nächsten Ampel stehen bleiben mußte, kramte er eine der Zigaretten aus dem Handschuhfach. Gelegentlich gönnte er sich eine Nikotindröhnung, genoß den Schwindel, der sich bis in die Haarspitzen verlief. Bei einem Verbrauch von einer Packung pro Monat fühlte er sich bei jeder Kippe wie ein Schuljunge, der seine erste Zigarette durchzog.

Das Feuerzeug verschwand wieder in der Ablage, wobei ihm die Kippe aus den Lippen glitt und auf den Boden vor die Fußpedalen fiel. Erschrocken griff er automatisch nach unten, dabei rutschte sein linker Fuß von der Kupplung. Natürlich war der Gang eingelegt, der Wagen sprang bockig nach vorne. Dieter fühlte einen dumpfen Stoß und hörte einen überraschten Aufschrei.

Sofort schoß sein Kopf wieder in die Höhe. Vor seiner Motorhaube sah er undeutlich einen dunkelblonden Wuschelkopf.

»Scheiße«, fluchte er laut und sprang aus dem Wagen.

Ein junges Mädchen versuchte sich vor seinem Wagen langsam aufzurichten. Auf den ersten Blick sah Dieter keine Verletzung. Hibbelig sprang er hinzu, um der Frau zu helfen, wobei er in seiner Hektik noch auf ihre rechte Hand latschte.

Blitzschnell fühlte er einen Ellbogen in seiner Kniekehle. Das Mädchen richtete sich auf und rieb sich schmerzverzerrt die Hand.

»Sag mal, bist du eigentlich total bescheuert? Soviel Blödheit gibt es doch gar nicht.«

Dabei sah sie ihm ärgerlich direkt in die Augen. Dieter wurde rot. Seine Finger zitterten, als er sich nervös über die Haare strich.

»Tut mir echt leid. Ist dir was passiert?«

Wütend hob sie ihren Umhängebeutel hoch und musterte abfällig seinen Wagen. »Von deiner Karre nicht. Aber vielleicht sind meine Finger gebrochen.«

Dieter war fasziniert. Nicht wegen ihrer rabiaten Art, auch nicht, daß sie nicht wehklagend sofort nach den Bullen rief. Nein, ihre Augen, ihr blaßroter Schmollmund, ihre gradlinigen Waden, die knapp oberhalb des Knies unter einem tiefschwarzen Rock endeten und die die angenehme Vermutung auf eine vielversprechende Fortsetzung zuließen. Kurz, es hatte ihn mit einem Schlag erwischt.

»Ist was?« fragte sie. »Oder überlegst du, was du als nächstes machst? Vielleicht kommt jetzt die Nummer mit dem versehentlichen auf die Füße springen?«

Unwillkürlich mußte Dieter lachen. »Nee, keine Bange. Soll ich dich in ein Krankenhaus bringen?«

Das Mädchen hatte sich wieder ein wenig beruhigt, zumal sie langsam glaubte, daß ihr keine weitere Gefahr drohte.

»Nicht nötig, ist schon in Ordnung. Gib mir mal deine Adresse.«

Dieters Herz machte einen Sprung. »Warum?« fragte er hoffnungsvoll.

»Falls sich herausstellt, daß doch irgendetwas ist. Wegen dem Schmerzensgeld und der Arztrechnung.«

Die Ernüchterung traf ihn zu hart, als das er antworten konnte. Wortlos kritzelte er seine Anschrift auf einen leeren Briefumschlag, der sich auf seiner Rückbank fand, und drückte ihn in ihre Hand.

Die blonde Schönheit tippte an die Stirn und setzte sich wieder in Bewegung. »Also dann. Und paß gefälligst ein wenig besser auf.«

Dieter hatte sich inzwischen ein wenig erholt. »Soll ich dich nicht ein Stück mitnehmen?«

Kopfschüttelnd drehte sie sich noch einmal um. »Lieber nicht. Außerdem bin ich gleich zu Hause. Ciao.«

»Und was machst du heute abend?« hörte sich Dieter erstaunt fragen, während sich in seinem Magen ein dicker Klumpen bildete.

»Wieso?« fragte sie überrascht.

Unschlüssig druckste er herum. »Vielleicht hast du Lust auf 'nen Kaffee? Bist natürlich eingeladen. So als Schmerzensgeld.«

Einen langen Moment musterte sie ihn nachdenklich, während sich ihre Gesichtszüge langsam entspannten. Nach einem abschätzenden Blick rümpfte sie die Nase. »Ich weiß nicht. Und dann?«

Dieter zuckte die Achseln. »Keine Ahnung. Wenn du willst, können wir ja ein paar Kohlplakate klauen.«

»Was?« fragte sie ungläubig.

»Oder nach Venlo fahren, 'ne Pommes essen.«

»Du spinnst«, entschied sie. »In der Karre? Wenn die die Autobahn sieht, verliert die vor Schreck doch alle vier Räder.«

»Wetten, daß nicht?«

Lachend fuhr sie sich durch die langen, ungestylten Haare. Merkwürdigerweise fiel Dieter sofort auf, daß sie keinen Nagellack auf den Fingern hatte.

»Na gut, aber ein Kaffee reicht. Um acht in der Kaffeemühle?«

Dieter nickte eifrig. Zum Glück kannte er den Laden. »Geht klar. Ich werde da sein.«

Fünfzehn Minuten später schloß er die Tür zum Haus seiner Eltern auf. Die typische Sonntagsnachmittagstimmung seiner Erzeuger fing ihn sofort ein. Seine Mutter saß auf der Terrasse unter dem gigantischen Sonnenschirm und führte tödlich langweilige Handarbeiten aus, während sein Vater irgendwelche Zahlenkolonnen zusammenrechnete. Dieter hätte wetten können, daß sie während seiner Abwesenheit, die immerhin gut vier Stunden betrug, kein Wort gewechselt hatten, das über die normalen Höflichkeitsfloskeln wie »gibst du mir bitte den Zucker« oder »was möchtest du morgen abend zum Essen« hinausging.

Seine Sporttasche stellte er in das unterste Fach des Echt-Mahagony-Dielenschrankes, hängte seinen Autoschlüssel auf den dafür vorgesehenen Anhänger und ging in die Küche, um sich ein Glas Orangensaft einzuschütten.

Mit dem kalten Getränk und zwei Riegeln eines Schokokonzerns, der unter anderem auch die deutsche Fußballnationalmannschaft sponsorte, trat er schließlich ebenfalls auf die Terasse. Plumpsend ließ er sich in einen der freien Gartenstühle fallen.

»Da bist du ja«, stellte seine Mutter richtigerweise fest. »Und, habt ihr gewonnen?«

»Klar«, antwortete Dieter, als sei es die natürlichste Sache der Welt. »3:1. Jetzt sind wir Tabellenführer.«

»Obwohl du mitgespielt hast?« grunzte sein Vater, ohne den Blick von seinen Papieren zu nehmen. Grundsatzdiskussion einhundertzweiundsiebzig war angesagt.

»Obwohl ich mitgespielt habe, stell dir vor«, antwortete Dieter sauer. Er wußte sowieso was kam: In deinem Alter...

»In deinem Alter habe ich bereits in Vaters Betrieb den Vertrieb übernommen«, bestätigte sein Dad dann auch. »Für Hobbys hatte ich keine Zeit, es gab genug Arbeit. Aber du hast es ja nicht nötig, einen Finger krumm zu machen. Lieber auf der Uni faulenzen und beim Fußball den großen Held spielen. Vater zahlt ja.«

»Tut mir leid, aber Bafög bekomme ich nun mal nicht bewilligt«, bemerkte Dieter böse. »Kann mir ja einen Job suchen.«

Langsam setzte sein Vater die randlose Nickelbrille, die er zum Lesen brauchte, ab, musterte den Sohn mißgestimmt.

»Das hast du doch gar nicht nötig, Dieter. Im Betrieb gäbe es genug für dich zu tun. Du könntest dich allmählich in alles einarbeiten, der jüngste bin ich ja auch nicht mehr. Wenn du den Laden eines Tages übernimmst, brauchst du Erfahrung.«

Dieter zählte langsam bis zehn, um nicht loszuplatzen.

»Ich habe dir schon zig mal gesagt, daß es mich nicht reizt, Inhaber einer Schraubenfabrik zu werden. Akzeptiere das doch bitte.«

Wütend schleuderte sein Vater seinen Kugelschreiber auf den Gartentisch. Das Schreibgerät bekam zuviel Schwung und rutschte über den Rand auf die Terrassenplatten. Aus einem Reflex heraus stoppte Dieter den Flug zwei Zentimeter vor den Natursteinfliesen.

»Deine Starrköpfigkeit kann ich nicht begreifen«, mischte sich auch noch seine Mutter ein. »Dein Vater arbeitet hart, um dir ein angenehmes Leben zu ermöglichen. Warum willst du ihn enttäuschen?«

Hilflos legte Dieter den Kopf in den Nacken. Gegen diese Übermacht hätte er schon die siebte amerikanische Kavallerie gebraucht.

»Ich will keinen enttäuschen. Bei der Vorstellung, den Rest meines Lebens damit zu verbringen, Schrauben herstellen zu lassen und zu verkaufen, spielt meine Phantasie nicht mit. Begreift doch bitte, daß ich für mich etwas anderes vorziehe.«

»Veterinärmedizin«, pöbelte sein Vater verächtlich, als stünde ein Tierarzt auf demselben Niveau wie ein Drogendealer. »Bei deiner panischen Angst vor Spinnen. Lächerlich.«

»Künstlerpech«, flaumte Dieter, während er hungrig das Papier um den ersten Schokoriegel aufriß. »Aber so viele Leute, die ihre Vogelspinne sterilisieren lassen wollen, wird es schon nicht geben.«

»Geht das überhaupt?« fragte seine Mutter, während sich ihre beiden Männer belustigt ansahen. Solche Momente der Übereinstimmung waren aber leider viel zu schnell vorbei.

»Vater, ich weiß, daß ich nicht so bin wie du es gerne möchtest, aber bitte versuch doch mal, mich zu verstehen«, meinte Dieter unterwürfig. Diesen Satz hatte er irgendwann mal in einer Seifenoper gehört und fand ihn den ständigen Auseinandersetzungen mit seinen Eltern angemessen. »Ich schreibe dir doch auch nicht vor, daß du sonntags mal was mit Mutter unternimmst, anstatt ständig Bürokram zu erledigen. Wann ward ihr denn zum letzten Mal gemeinsam unterwegs?«

»Das stimmt, Gerhard«, bekräftigte seine Ma, während sie ihre Stickarbeit in den Schoß legte. »Irgendwo hat der Junge ja auch recht.«

»Unfug«, bestimmte der Angesprochene. »Es geht doch nicht um unser Freizeitverhalten. Ich denke an seine Zukunft.«

Insgeheim atmete Dieter auf. Wenn er es erst einmal geschafft hatte, daß seine Eltern miteinander diskutierten, hatte er das Schlimmste hinter sich.

Während er hungrig seinen zweiten Riegel vernaschte, schellte drinnen das Telefon. Sofort sprang seine Mutter auf. Da sein Vater die Lust zum Streiten offensichtlich verloren hatte, konnte Dieter sich entspannt zurücklehnen. Er schloß die Augen und stellte sich freudig den Abend mit..., verdammt noch mal, er wußte noch nicht einmal, wie seine Verabredung überhaupt hieß.

»Dieter, es ist für dich«, rief seine Mutter. »Kommst du?«

»Wer ist es denn?« fragte er neugierig. Einen kurzen Moment fürchtete er, seine abendlichen Pläne würden sich in Luft auflösen.

»Ein Herr Heinemann.«

Dieter stutzte. Den Namen hatte er noch nie gehört.

»Hat er gesagt, was er will?«

»Nein. Und sprich deutlich am Telefon. Kau erst zuende.«

Während Heidtmann fast zusammenbrach, widmete sich

seine Mutter bereits wieder ihrer Stickerei. Nachdem er den letzten Bissen artig heruntergeschluckt hatte, nahm er den Hörer auf.

»Heidtmann?«

»Heinemann, guten Tag, Herr Heidtmann. Haben Sie einen kleinen Moment Zeit für mich?«

Die Stimme am anderen Ende des Hörers klang Dieter eine Spur zu freundlich. »Worum geht es denn?«

»Herr Heidtmann, ich möchte sofort zur Sache kommen. Heute nachmittag habe ich Sie Fußball spielen sehen. Ich muß sagen, daß ich von Ihrer Leistung ziemlich beeindruckt war. Haben Sie Lust, eventuell den Verein zu wechseln?«

Dieter grinste. Er vermutete einen gut inszenierten Scherz seiner Kollegen vom SV Rot-Weiß. Zum Schein spielte er mit.

»Kommt drauf an. Wohin denn?«

»Sie haben sicher bereits gehört, daß sich unser Libero, Thomas Berndt, im gestrigen Spiel gegen Wattenscheid schwer verletzt hat und für Monate ausfallen wird. Herr Heidtmann, ich möchte Ihnen einen Profivertrag bei der Eintracht anbieten.«

»Was Besseres ist euch nicht eingefallen«, platzte Dieter los. »Bist du das, Kalle?«

Einen Moment hörte er nur das Rauschen der Leitung, bevor sein Gesprächspartner begütigend weitersprach.

»Wenn Sie glauben, daß es sich um einen Scherz handelt, muß ich Sie enttäuschen. Ich bin der Sportliche Direktor der Eintracht und möchte Sie als unseren neuen Libero verpflichten.«

Automatisch setzte sich Dieter auf die kleine Telefonbank, die seine Mutter neben dem ganzen anderen Tand in die kleine Diele gequetscht hatte. Der Hirschkopf schräg über ihm blinzelte Dieter aufmunternd an.

»Ist das Ihr Ernst?« fragte er nach einer ganzen Weile.

»Allerdings«, bekräftigte Heinemann. »Mit Ihrem Vereinsvorstand haben wir uns bereits geeinigt, von dort aus gibt es keine Schwierigkeiten. Herr Spangenberg hat den Preis ganz schön in die Höhe getrieben.«

Mit ausgetrocknetem Mund fingerte Dieter verzweifelt an seiner Hemdtasche herum, aber er fand nicht das, was er suchte. Seine Zigaretten lagen im Handschuhfach des Renault.

»Darf ich mal fragen, was ich koste?« wollte er neugierig wissen.

»100.000 Mark plus Mehrwertsteuer. Sind Sie interessiert?«

Dieter nickte, bis ihm einfiel, daß der andere ihn ja nicht sehen konnte.

»Ja«, antwortete er heiser, »durchaus. Und ab wann soll das gelten?«

»Natürlich ab sofort, was dachten Sie denn? Wenn Sie morgen zu den Vertragsgesprächen kommen und wir eine Einigung erzielen, haben wir vielleicht schon bis Samstag die Spielgenehmigung für Sie. Haben Sie morgen früh Zeit? Zehn Uhr?«

Heidtmann war platt. Natürlich hatte er sich in stillen Stunden schon mal vorgestellt, wie es als Fußballprofi sein könnte, aber das sich binnen fünf Minuten vielleicht sein ganzes Leben danach richten würde, hatte er nie im Leben erwartet.

»Hab ich«, stimmte er zu. »Wo treffen wir uns?«

»Wissen Sie, wo unsere Geschäftsstelle ist? Wir erwarten Sie dort um zehn morgen früh. Einverstanden?«

»Geht klar«, nickte Dieter. »Bis dann.«

Langsam sank der Hörer zurück auf die Gabel. Dieters Herz hämmerte bis kurz unter die Schädeldecke. Wenn er nicht doch von irgendwem verarscht wurde, wäre er morgen vielleicht Profifußballer. Unfaßbar.

Instinktiv nahm er den Hörer noch einmal hoch und wählte die Nummer der Vereinskneipe des SV Rot-Weiß. Wie er Spangenberg kannte, würde der sich mit Reich einen hinter die Binde gießen, bis sein Team theoretisch in die Bundesliga aufgestiegen war.

Dieter hatte Glück, Spangenberg war da. Kalli, der Wirt, knallte den Hörer auf den Tresen und rief den Coach. Nach einer langen Minute war Spangenberg am Rohr.

»Ja?« meldete er sich, bereits leicht angeschlagen.

»Heidtmann, Tach Herr Spangenberg.«

»Donnerwetter, die haben aber nicht viel Zeit verloren. Hast du schon unterschrieben?«

Dieter war platt. Nach einem gut inszenierten Scherz klang das nicht mehr.

»Nee«, meinte er fassungslos, »die haben erst nur gefragt, ob ich überhaupt wechseln will. Ich kann nur nicht glauben, daß das alles wahr ist.«

»Ist es aber«, bestätigte Spangenberg ruhig. »Reich hat den Vertrag in der Tasche, der gültig wird, sobald du bei der Eintracht verpflichtet bist. 100.000 ist zwar ein Spottpreis, aber mehr war nicht rauszuholen.«

In Dieters Kopf überstürzten sich die Gedanken. Er kapierte einfach nicht, was da um ihn herum geschah.

»Ich raff es nicht«, gab er freimütig zu. »Ich soll Libero in einer Bundesligaelf werden?«

»Warum denn nicht?« konterte Spangenberg. »Das Zeug dazu hast du allemal. Wenn es auch nicht auf Anhieb klappt, aber schaffen kannst du es. Wann hast du denn die Vertragsverhandlungen?«

»Morgen. Um zehn Uhr habe ich einen Termin. Mir wird schon ganz schlecht.«

»Reg dich ab«, beruhigte der Trainer. »Hör dir alles an und paß auf, daß die dich nicht über die Tischkante ziehen. Schlaf am besten eine Nacht darüber.«

Nachdem er den Hörer wieder auf die Gabel gelegt hatte, fühlte sich Dieter völlig erschlagen. In seinem Kopf schwirrte ein Brummkreisel, sein Magen pochte unangenehm an seinem Kehlkopf. Er wußte nicht, was er machen sollte. Das Studium war im dritten Semester noch nicht allzu happig, aber irgendwann konnte er es mit Sicherheit nicht mehr mit seinem Hobby vereinbaren. Und jetzt noch einen Vertrag als Fußballprofi unterschreiben?

Sicher, das Angebot war reizvoll. Aber hatte er wirklich das Zeug dazu, jeden Samstag 90 Minuten in der Eliteliga mitzuhalten, die Erwartungen zu erfüllen und nicht zur Eintagsfliege zu werden?

Schnaufend erhob er sich von der tödlich unbequemen Telefonbank und trabte langsam zurück zur Terrasse. Seine Eltern hatten sich wieder völlig ihren Tätigkeiten hingegeben. Wortlos setzte sich Dieter zu ihnen und trank einen Schluck Orangensaft, wobei er die auftretenden Zahnschmerzen ignorierte.

»Wer war das denn?« fragte seine Mutter nach einer Weile, in der ihr Sohn nur düster vor sich hingestarrt hatte.

»Bernd Heinemann, von der Eintracht.«

Sein Vater musterte ihn überrascht mit einem kurzen Seitenblick. »Heinemann? Ist das nicht dieser Sportliche Direktor?«

Dieter nickte nur. Zu einer verbalen Antwort war er nicht fähig.

»Und was wollte der von dir?« drängte sein Dad.

»Er hat mich gefragt, ob ich Lust hätte, als Libero bei der Eintracht zu spielen.«

Seine Mutter ließ ob dieser sensationellen Neuigkeit sogar ihre Handarbeit sinken. »Wieso willst du denn jetzt plötzlich von deinen Roten weg? Ich denke, dir gefällt das da so gut?«

Ihr Ehegatte sah das Ganze realistischer.

»In der Amateurmannschaft? Würde ich an deiner Stelle nicht machen. Soweit ich weiß krebsen die sogar noch unter euch herum.«

In jedem anderen Moment hätte sich Dieter über die profunden Kenntnisse seines Vaters über diverse Amateurligen gewundert, doch jetzt drangen die Worte nur bis zu seiner Ohrmuschel.

»Nicht als Amateur. Als Profi. In der Bundesligamannschaft.«

In diesem Moment geschah etwas, das im Hause Heidtmann schon lange nicht mehr vorgekommen war: In den Augen seines Vaters sah Dieter einen Anflug von Stolz. Das letztemal war das ungefähr bei seiner Einschulung vorgekommen.

»In der Bundesliga?« kam die erwartete Gegenfrage. »Du?«

»Das ist doch nichts Halbes und nichts Ganzes«, stellte seine Ma fest, »lern lieber einen ordentlichen Beruf.«

Ungehalten winkte der Herr des Hauses ab. »Hast du schon akzeptiert?«

»Nein«, entgegnete Diester, »morgen um zehn soll ich zu den Vertragsverhandlungen vorbeikommen. Und dabei weiß ich gar nicht, ob ich das machen will.«

»Was für Vertragsverhandlungen?« mischte sich die Dame in der Runde ein. »Hast du doch jetzt auch nicht.«

»Jetzt verdient er ja auch kein Geld dabei«, klärte Vater Heidtmann auf, »professionelle Fußballer gehen bei ihren Vereinen richtige Arbeitsverträge ein. Genauso, als wenn ich neue Mitarbeiter einstelle.«

»Du kannst damit Geld verdienen?« staunte Dieters Mutter,

die immer noch von einem gesunden Geist in einem gesunden Körper ausgegangen war.

»Mehr als du dir vorstellen kannst«, seufzte Dieter, wobei er seinen restlichen Orangensaft in sich hineinkippte. »Wenn du gut bist und einige Jahre durchspielen kannst, ohne verletzt zu werden, brauchst du für den Rest deines Lebens nicht mehr zu arbeiten.«

»Hat man dir schon ein Angebot gemacht oder wird alles morgen besprochen?« wollte sein Vater wissen. Plötzlich war der Streit um Dieters Studium völlige Nebensache.

»Alles morgen. Ist vielleicht auch besser, wenn ich erst mal eine Nacht darüber schlafe.«

4.

»Und du glaubst wirklich, daß der Junge bei uns einschlagen wird?« Eichmann runzelte nachdenklich die Stirn, während Heinemann gutgelaunt die Zweifel seines Präsis zerstreute.

»Keine Bange, Herbert. Nachdem, was ich gestern gesehen habe, bin ich fest davon überzeugt. Heidtmann ist ein Riesentalent. Was der kurz nach der Pause abgezogen hat, war Sonderklasse. Eine Halbzeit völlig gepennt, dann mal zwanzig Minuten angezogen, zwei Tore vorbereitet, das dritte selber geschossen und dann souverän die Abwehr organisiert. Ich sage dir, an dem Jungen werden wir noch unsere Freude haben.«

»Ich möchte nicht aufzählen, von wem Sie das schon alles gesagt haben«, hakte Bierbach ein, dem die selbstgefällige Art seines Vorstandskollegen furchtbar auf die Nerven ging. »Bisher hatten wir ja das Glück, das wir Ihre ›Talente‹ ohne großen Verlust wieder verscherbeln konnten, aber immer klappt das nicht.«

Heinemanns gute Laune ließ ihn heute sogar den Manager ertragen. »Abwarten, Sie haben den noch nicht in Aktion gesehen. Und 100.000 Mark sind heutzutage selbst für einen Amateur ein Klacks. Das Geld ist gut angelegt, da verwette ich meinen Arsch für.«

»Dann passen Sie bloß auf, daß Sie den Rest der Saison nicht von den Stehplätzen aus zusehen müssen«, konterte Bierbach ärgerlich.

»Aber, aber, meine Herren. Streitigkeiten innerhalb der Clubführung sind in unserer Situation das Letzte, was wir gebrauchen können«, beschwichtigte Eichmann. Außerdem brauch ich dich Wichser heute noch, schoß ihm dabei durch den Kopf. Die Satzung der Eintracht schrieb vor, daß die Verpflichtung eines neuen Spielers oder Trainers von drei Vorstandsvertretern abgeschlossen werden mußte. Und Pohl war zu dämlich, einen Füllfederhalter aufzuschrauben.

»Wann kommt Ihr Juwel denn?« wollte Bierbach von Heinemann wissen. Die Zeiger seiner Armbanduhr standen kurz vor zehn Uhr.

»Müßte jeden Moment da sein. Haben Sie es denn geschafft, an die Vertragsunterlagen zu denken?«

Bierbach griff sich in gespielter Entrüstung an den Kopf und riß die Augen auf. »Den Vertrag? Haben Sie den nicht mitgebracht?«

Heinemann wollte gerade ein Donnerwetter loslassen, als er die Unterlagen vor Bierbach auf dem Tisch liegen sah.

»Ihre Scherze waren auch schon einmal besser«, giftete er wütend, während er selber unruhig auf die Uhr starrte. Unpünktlichkeit haßte er wie die Pest.

»Welche Variante verkaufen wir denn?« riß Eichmann das Wort wieder an sich. »Den Standardvertrag oder den prämienbezogenen?«

»Seit wann haben wir den denn?« erkundigte sich Bierbach.

»Schon immer gehabt«, grinste der Präsi. »Kloth hatte, wie ich schon sagte, nicht in allen Dingen unrecht. Leistungsbezogene Verträge sind in unserer momentanen Lage durchaus angebracht.«

Bierbach rieb sich nachdenklich die Fingerknöchel, ließ Eichmann aber das letzte Wort. Im Laufe der Zeit als Manager bei der Eintracht hatte er Eichmann kennengelernt. Dieser Mann konnte einen mit seiner jovialen Art um den Finger wickeln, bis es zu spät war. Der Dolch, mit dem der Präsident seine Gegner mundtot machte, steckte immer im Jackett.

Ein leises Klopfen ließ die Blicke der Männer zur Eingangstür herumfahren. Ein junger Bengel, dem man seine zwanzig Jahre ansah, steckte den Kopf in den Raum.

»Ahh, Herr Heidtmann. Und so pünktlich«, schleimte Heinemann. »Bitte, nehmen Sie doch Platz.«

Dieter kam unsicher in den Konferenzraum und zog die Tür hinter sich zu. Während er Heinemanns Anbiederung knapp erwiderte, musterte er die beiden anderen am Tisch aufmerksam.

Seine Stimmung war auf dem Nullpunkt. Eine Stunde hatte er am vorangegangenen Abend in der Kaffeemühle gesessen, ohne daß seine Verabredung erschienen war. Sauer war er schließlich nach Hause gefahren, wobei der Motor seines Renault mehr als einmal bockig gestottert hatte. Und dann hatte er vor Aufregung die ganze Nacht nicht geschlafen.

Mißmutig zog er einen der schweren Stühle hervor und setzte sich, wobei er grüßend in die Runde nickte. Der Spaß konnte beginnen.

»Herr Heidtmann, ich bin Herbert Eichmann, Präsident der Eintracht. Herrn Heinemann kennen Sie ja schon, rechts von Ihnen sitzt Herr Bierbach, unser Manager. Sie wurden gestern ja bereits telefonisch informiert, daß wir Sie verpflichten wollen. Haben Sie sich das Ganze mal ruhig durch den Kopf gehen lassen?«

Dieter nickte. »Habe ich. Was bieten Sie mir an?«

Bierbach senkte enttäuscht den Kopf. Wieder so einer, der für einen Vertrag seine Seele verkaufen würde.

»Was stellen Sie sich vor?« fragte Eichmann zurück. Diesen Jüngling mit links zu einem Dumpingvertrag zu überreden, war eine seiner leichtesten Übungen.

Dieter schüttelte den Kopf. »Ich stelle mir noch gar nichts vor«, entgegnete er ruhig. »Sie wollen mich haben, also müssen Sie bieten.«

Die Augen der Eintrachtspitze hefteten sich überrascht auf ihre Neuverpflichtung.

»Nun«, meinte Heinemann gedehnt, »wir dachten an einen leistungsbezogenen Vertrag, der Ihnen bei entsprechendem sportlichen Erfolg ein beachtliches Einkommen garantiert. Als Grundgehalt würden Sie 3500 monatlich bekommen, zuzüglich der Sieg- und Punktprämien. Bei entsprechenden Plazierungen der Mannschaft erhöhen sich automatisch die Grundbezüge. Ab Platz zehn auf 4500, ab Platz fünf auf 6000.«

»Brutto oder netto?« fragte Dieter.

»Brutto natürlich. Dazu übernehmen wir selbstverständlich die Kosten für Krankenversicherung und dazu noch alle Hotel- und Fahrtkosten zu Auswärtsspielen und Trainingslagern.«

Dieter war nicht geldgeil. Aber durch die Tatsache, einen Vater zu haben, der aus seinem Geschäft logischerweise das Maximum des Machbaren herauszuholen versuchte, hatte er schon früh einen gesunden Geschäftssinn entwickelt. Und dieser Geschäftssinn sagte ihm, daß das Angebot der Eintracht ein Witz war.

»Einige Fragen noch«, warf er nach einer kurzen Bedenkzeit ein. »Was ist bei Verletzungen? Oder wenn mich der Trainer nicht aufstellt? Bleibt es da bei den Grundbezügen, oder kommen die Prämien auch dann dazu?«

Eichmann traute seinen Ohren nicht. Dieser Schlacks wagte es, ein Angebot seines Vereines Punkt für Punkt auseinanderzunehmen. Eigentlich hatte er einen völlig zittrigen Bengel erwartet, der, ohne zu überlegen, seinen Friedrich Wilhelm unter den Vertrag setzen würde. Stattdessen stellte der Bengel dieselben Fragen wie die alten, abgezockten Spieler, die das Geschäft seit Jahren kennen.

»Natürlich nicht«, knirschte der Präsi. »Wenn es zu keinem Einsatz kommt, zahlt Ihnen kein Verein eine Prämie.«

»Das kann ich mir schon vorstellen«, antwortete Dieter gelassen. »Aber ich muß davon ausgehen, aufgrund mangelnder Erfahrung oder fehlender Kondition nicht von Beginn meines Vertrages an spielen zu können. Und für diesen Fall ist mir Ihr Angebot schlichtweg zu schlecht.«

Während Eichmann und Heinemann wie vom Donner gerührt sprachlos in ihre Sitze zurücksanken, rieb sich Bierbach insgeheim die Hände. Fast schien es so, als habe Eichmann endlich einen gleichwertigen Gegner gefunden.

»Sie sollten sich nicht überschätzen, Herr Heidtmann«, warnte Heinemann. »Viele junge Spieler wären für eine Chance, wie wir Sie Ihnen bieten, dankbar.«

»Das möchte ich auch gar nicht bestreiten«, stimmte Dieter zu. »Aber ich habe was dagegen, Zeit zu verschenken. Wenn ich alles richtig durchrechne, komme ich ohne irgendwelche Prämien auf ein Gehalt von etwas über 2000 Mark netto. Und dafür halte ich meine Knochen nicht hin, nicht als Profi. Ich habe einen Studienplatz, der mir nach Abschluß der Universität einen gutbezahlten Job in Aussicht stellt, zur Not könnte ich auch in der Firma meines Vaters arbeiten. Wenn ich bei Ihnen unterschreibe, kann ich beides nicht betreiben. Der Anreiz ist mir ganz einfach zu gering.«

Bevor Heinemann weitersprach, schwor er sich insgeheim, die nächsten Vertragsverhandlungen besser vorzubereiten. Daß dieser Heidtmann nicht auf Geld angewiesen war, konnte sein ganzes, lukratives Geschäft ins Wanken bringen.

»Machen Sie einen Gegenvorschlag«, entgegnete der sportliche Leiter schwach. Ihm dröhnten schon die Worte, die der Präsi ihm nachher gönnen würde, in den Ohren.

»Das Doppelte«, antwortete Dieter, ohne mit der Wimper zu zucken.

»Sie sind ja wahnsinnig«, dröhnte Eichmann stocksauer. »Wenn Sie mal zwei Jahre und sechzig Bundesligaspiele einigermaßen vernünftig hinter sich gebracht haben, können wir darüber reden. Aber doch nicht als Anfänger. Lächerlich.«

»Dann eben nicht«, meinte Dieter, während er bedauernd mit den Achseln zuckte. »Spaß hätte es mir schon gemacht, in der Bundesliga zu spielen.«

Gleichzeitig stand er auf und nickte noch einmal grüßend in die Runde. Seine Gesprächspartner glotzten ihn ungläubig an.

Bierbach fing sich als erster. »Nun nehmen Sie mal wieder Platz, Herr Heidtmann. Sie wären der erste Spieler, mit dem wir uns nicht einigen könnten.« Dabei warf der Manager Heinemann einen schadenfrohen Blick zu.

»Ihre Forderungen sind natürlich utopisch«, fuhr er dann ruhiger fort, »aber ich denke, daß wir Ihnen schon etwas entgegen kommen können. Wo liegt denn Ihre unterste Schmerzgrenze?«

Während sich Dieter wieder auf seiner Sitzgelegenheit niederließ, spürte er förmlich die bohrenden Blicke der Clubbonzen. Ihn überraschte selber, wie cool er sich im Moment fühlte.

»Ich denke, daß ich auf jeden Fall 4000 netto im Monat als

nicht zu hoch gegriffen ansehe«, bemerkte er nach einer Weile. »Zuzüglich der Prämien, versteht sich.«

Eichmann und Heinemann warfen sich einen raschen Blick zu. Zwar hatten sie damit gerechnet, billiger davon zu kommen, aber das Angebot erschien ihnen durchaus tragbar.

»Nun gut, Herr Heidtmann«, grunzte der Präsi. »An eine solche Summe hatten wir zwar ehrlich gesagt nicht gedacht, aber an tausend Mark im Monat soll es nicht scheitern. Wir bieten Ihnen einen Einjahresvertrag mit beidseitiger Option. Das heißt, wenn wir oder Sie den Vertrag nicht zwei Monate vor Ablauf der Gültigkeit kündigen, verlängert er sich automatisch um ein weiteres Jahr. Weiterhin können wir unsere Option bei einem eventuellen Transfer Ihrerseits geltend machen. Darüberhinaus werden Sie nach erfolgreichen Einsätzen in Bundesliga- und Pokalspielen genau wie der Rest der Mannschaft an der Sieg- oder Punktprämie teilhaben. Außerdem kann Sie der Verein für gelegentliche Werbeveranstaltungen unserer Sponsoren verpflichten, von der Gage erhält der Club zwanzig Prozent des jeweiligen Honorares. Das gleiche gilt für Autogrammstunden. Und wir geben Ihnen die Möglichkeit, über das Autohaus Merkel einen PKW zu leasen, wir haben da besonders günstige Konditionen.«

Dieter ließ den Sermon des Präsidenten schweigend über sich ergehen. In der nächsten halben Stunde wurden die Steigerungssätze seines Vertrages bei guten Tabellenpositionen der Eintracht ausgehandelt, die versicherungsrechtlichen Vorschriften besprochen und ihm der Termin beim Vereinsarzt für die Tauglichkeitsuntersuchung vor den Latz geknallt. Als alles schriftlich festgehalten war, lehnte sich Dieter genüßlich zurück, zündete nachdenklich eine Zigarette an und las sich jeden Punkt seines Vertrages aufmerksam durch. Im großen und ganzen war er zufrieden.

Eichmann schob ihm ungeduldig den Füllfederhalter zu, mit dem Dieter unterschreiben sollte. Der neue Libero der Eintracht ließ sich nicht beeindrucken und unterzeichnete erst, als die anderen schon kochten.

»Eine Frage hätte ich noch«, bemerkte er, während er sein Exemplar der Papiere behutsam zusammenfaltete und in seine Hemdtasche schob. »Wer ist eigentlich der neue Trainer?«

Heinemann wischte sich mit einem Papiertaschentuch den leichten Schweißfilm von der Stirn. Wenn dieser junge Spund erst einmal ein wenig Erfahrung im Geschäft hatte, würde der jeden Manager oder Präsidenten bis auf das Hemd ausziehen.

»Wir denken an eine Verpflichtung von Herrn Milosevic. Er hat gleich nach Ihnen einen Termin. Warum?«

Dieter, dem der Name überhaupt nichts sagte, zuckte die Achseln. »Rein interessehalber. Gibt es sonst noch was?«

Eichmann schüttelte den Kopf. »Nein. Mittwoch haben Sie den Termin bei unserem Vereinsarzt, Frau Himmel wird Ihnen gleich im Sekretariat die Adresse geben. Und denken Sie daran, auch noch die Papiere für den DFB zu unterschreiben. Wenn alles klar geht, bekommen wir dann diese Woche noch Ihre Spielgenehmigung.«

»Null Problemo«, zitierte Dieter einen bekannten, zotteligen Fernsehstar, winkte grüßend in die Runde und schob ab, um sich im Sekretariat von der attraktiven Brünetten alles weitere erklären zu lassen.

»Verdammte Scheiße, der Bengel war ausgeschlafener, als ich dachte«, stöhnte Heinemann vorsorglich, als sich die Tür hinter der Neuverpflichtung der Eintracht geschlossen hatte. »Der hörte sich an wie ein alter Hase.«

Bierbach, der sich bereits zum fünften Mal an der Thermoskanne mit Kaffee bediente, nickte grinsend. »Nicht schlecht. Wenn der auf dem Rasen die gleiche Leistung bringt wie eben hier drin, können wir uns gratulieren.«

Eichmann antwortete nicht sofort, bei ihm immer ein schlechtes Zeichen. Heinemann konnte es nur ihrer langjährigen Kumpanei verdanken, daß er nicht vor den Augen des Managers heruntergeputzt wurde.

»Wenn der Bengel nicht einschlägt, lachen sich unsere geschätzten Freunde der Presse kringelig. 100.000 für einen Viertklässler, der bei den Vertragsverhandlungen auch noch 'ne dicke Lippe riskiert und damit durchkommt.«

»So viel zahlen wir doch auch nicht«, beschwichtigte Heinemann sofort. »Weniger als Heidtmann kriegen doch nur noch die beiden Zonis und dieser Schweizer, der Zwingli.«

»Es geht hier nicht um die Summe, sondern um den Stil«, bellte der Präsi wütend. »Demnächst fordern die Balljungen auch noch ein Handgeld, damit sie den Stadioninnenraum betreten, wenn das so weiter geht. Und die Art und Weise, wie Sie diesen Schnösel auch noch unterstützt haben, ist schon fast als vereinsschädigend anzusehen«, bombardierte er zum Schluß den Manager.

Bierbach fiel fast die Tasse aus der Hand. »Was ist los? Ich habe den doch nicht unterstützt.«

»Ach nein?« höhnte der Präsident. »›Herr Heidtmann, sagen Sie uns doch Ihre unterste Schmerzgrenze. Wir werden uns schon einigen, keine Angst.‹ Wie würden Sie das denn bezeichnen?«

Während er langsam die Tasse auf den Unterteller setzte, verengten sich Bierbachs Augen zu kleinen Schlitzen.

»Ich darf Sie daran erinnern, wer die Verhandlungen mit Korff geführt hat, Herr Eichmann. Sie sind diesem abgewrackten Altstar fast in den Arsch gekrochen, damit er bei der Eintracht unterschreibt. Der Vertrag hat uns fast ruiniert. Herr Heinemann erzählt uns schwärmend von dem großen Talent dieses Burschen, den er unbedingt verpflichten will, und Sie scheißen mich an, weil ich die Verhandlungen nicht schon nach drei Minuten als gescheitert ansehe. Wir haben Heidtmann immer noch für einen lächerlich geringen Preis bekommen, vergessen Sie das nicht.«

»Die Art und Weise, wie Sie Herrn Heinemann und mich ständig sabotieren, stinkt mir schon lange«, lenkte Eichmann gekonnt ab. »Außerdem überschreiten Sie ständig den Ihnen zugewiesenen Kompetenzbereich. Aber wenn Sie auf die Erfolge Ihrer Arbeit angesprochen werden, haben Sie Funkstille. Unsere Werbeeinnahmen, die Einnahmen aus Freundschaftsspielen und anderen Veranstaltungen sind seit Ihrer Amtsübernahme ständig zurückgegangen. Ich frage mich schon seit einiger Zeit, warum wir Sie überhaupt mit einem fürstlichen Gehalt vor dem Arbeitsamt bewahren.«

»Wollen Sie mich genauso wie Kloth abservieren?« erregte sich Bierbach.

Bevor Eichmann zum Todesstoß ansetzen konnte, summte die Gegensprechanlage vor ihm. Frau Himmel meldete das Eintreffen des Jugoslawen.

»Wir unterhalten uns gleich noch«, zischte der Präsi seinem Manager zu und ließ dann bitten.

Keine zehn Sekunden später drängte sich der klobige Schädel von Dragan Milosevic durch die Tür. Mit seinen 43 Jahren hatte der Trainer seine erfolgreichste Zeit schon lange hinter sich. Vor sechs Jahren hatte sein Name die Schlagzeilen der Boulevardpresse gefüllt, weil er während der drei Monate als Interimstrainer beim CF Barcelona nur knapp an der spanischen Meisterschaft vorbeigerauscht war. Danach hatte er versucht, seinen sinkenden Stern mit aller Gewalt wieder zum Leuchten zu bringen. Daß er dabei über Leichen ging und die Knochen der Gegenspieler genausowenig schonte wie seine eigenen Spieler im Training, hatte ihm bald den Spitznamen Drachen-Dragan eingebracht.

Seinen letzten Job hatte Milosevic vor zwei Jahren bei Roter Stern Belgrad verloren, als einer seiner Schützlinge den großen Dustonic, das Aushängeschild des jugoslawischen Fußballs, zum Krüppel getreten hatte. Seitdem war er in der Versenkung verschwunden. Bis heute.

Eichmann legte sein Schönwettergesicht auf und wieselte dem Besucher entgegen. Wenn es darum ging, eigene Ideen durchzusetzen, war ihm nichts zu peinlich.

»Herr Milosevic, schön, Sie zu sehen. Nehmen Sie doch Platz. Einen Kaffee?«

»Danke, nein, gerade hab ich in Hotel gefrühstückt. Entschuldigen bitte noch wegen gestern. Ich nicht habe geschafft, zu kommen zu Termin«, radebrechte der Slawe mit seinem harten Dialekt, der seine bullige Statur noch unterstrich. Heinemann fühlte sich frappierend an Chic Tschaikowsky erinnert.

»Nun gut, wie Sie meinen«, kam Eichmann zum Geschäft. »Herr Heinemann hatte Sie ja telefonisch über das Wesentliche informiert. Sind Sie mit unseren Bedingungen einverstanden?«

Milosevic sah unglücklich aus. Die Eintracht bot ihm mit Abstand die schlechtesten finanziellen Konditionen an, die sich ein Trainer in der Bundesliga vorstellen konnte; aber er war gezwungen, sie anzunehmen.

»Eigentlich ja«, resignierte er, »nur ein paar Punkte. Gehalt ist Ihr letztes Wort?«

Eichmann strich sich mit gespieltem Bedauern über den weit

ausladenden Bauch. »Leider ja. Wir hätten Ihnen gerne mehr geboten, aber 8500 sind das Maximum. Unser Zuschauerschnitt liegt bei knapp 14.000 mit Tendenz nach unten, unsere Kassen sind leer. Mehr geht nicht, beim besten Willen nicht.«

Drachen-Dragan nickte enttäuscht. »Nun gut, kann ich für Erste akzeptieren. Wir sprechen noch darüber, wenn Eintracht haben mit mir Erfolg?«

»Selbstverständlich«, mischte sich Heinemann ein, der unbedingt seinen Fehlschuß mit dem angeblich leicht zu kassierenden Libero ausmerzen wollte. »Wenn unsere Zuschauerzahlen wieder nach oben gehen, können wir ohne weiteres noch einmal über die Bezüge reden.«

»Gut«, entschied Milosevic. »Nächste Punkt. Ich haben alleinige sportliche Sagen?«

Bierbach lehnte sich unbehaglich zurück, hielt aber seine Klappe. Unter normalen Umständen hätte er jetzt einhaken müssen, da in seinem Vertrag gewisse Punkte vorgesehen waren, bei denen er ebenfalls eingreifen konnte; aber nach den vorherigen Angriffen des Präsis wollte er erst einmal abwarten.

»Vollkommen«, bestätigte schließlich auch Eichmann. »Die Mannschaftsaufstellung, die Trainingsmethoden und die Taktik bleiben alleine in Ihrem Verantwortungsbereich. Wenn Sie Spieler verkaufen oder verpflichten wollen, geht das natürlich nicht ohne unsere Zustimmung, aber der Rest bleibt Ihnen überlassen.«

Der Jugo zog einen dunklen Zigarillo hervor und inhalierte tief. »Ich haben keine Wohnung. Sie helfen mir, eine zu finden?«

»Wir haben da bereits etwas in Aussicht«, warf Heinemann ein. Pohl, der abwesende zweite Vorsitzende war immerhin im Immobiliengeschäft. Sollte der doch 'ne Hütte abtreten. »Ich denke, in ein, zwei Wochen können wir Ihnen eine entsprechende Wohnung zur Verfügung stellen. Solange bezahlen wir natürlich die Hotelrechnung.«

»Haben Sie sonst noch etwas auf dem Herzen?« drängte Eichmann, der nach eigenem Befinden heute schon zuviel verhandelt hatte.

»Nur noch eins«, bemerkte Milosevic. »Ich habe eine Spieler, den ich mitbringen möchte. Für Mittelfeld. Junge ist gut und kostet keine Pfennig Ablöse. Sie verpflichten?«

»Wer ist denn das?« wollte Bierbach wissen.

»Heißt Petar Velic«, antwortete der Trainer.

»Noch nie was von gehört«, muffelte der Manager. »Wo hat der denn zuletzt gespielt?«

Milosevic rutschte auf der Sitzfläche ein Stück nach hinten. »War sich zuletzt in Düsseldorf, bei Amateuren. Ist aber große Talent.«

»Na gut, wir können uns das Ganze ja mal überlegen«, entschied Eichmann. »Unterschreiben Sie bei uns?«

Nach einem kurzen Moment nickte der Angesprochene und unterzeichnete seinen Vertrag. Für Heidtmann hatten sie gerade entschieden länger gebraucht.

»Nun gut«, schleimte Eichmann. »Nachdem Sie also der neue Trainer der Eintracht sind, kann Sie Herr Heinemann der Mannschaft vorstellen. Die Jungens trainieren gerade mit Ihrem zukünftigen Assistenten, Herrn Schwarzbach. Sie sind doch sicher interessiert, Ihre neue Mannschaft kennenzulernen, nicht wahr?«

Milosevic, der noch nie so elegant vor die Tür befördert worden war, stand überrascht auf und sah Heinemann fragend an. Der wußte zwar auch nicht genau, was los war, konnte sich aber zumindest eine vage Vorstellung machen.

»Dann wollen wir mal«, rief der Sportliche Direktor jovial und öffnete dem Jugo die Tür. Bevor er hinter dem neuen Trainer den Raum verließ, fing er ein gutgelauntes Blinzeln des Präsidenten auf.

Bierbach räusperte sich und richtete sich auf seinem Stuhl auf. Der Sturm konnte losbrechen.

»Und jetzt?« lauerte er.

Eichmann zündete sich erst in seiner gewohnt umständlichen Art eine Zigarette an und trank einen Schluck Kaffee, bevor er seine Breitseite abfeuerte.

»Und jetzt packen Sie Ihre Sachen zusammen und verschwinden aus unseren Geschäftsräumen. Ab sofort sind Sie nicht mehr der Manager der Eintracht.«

Der Gefeuerte war perplex. Insgeheim hatte er zwar mit einer Entlassung gerechnet, aber niemals so direkt und unmißverständlich.

Amüsiert verschränkte er die Arme vor seiner Brust. »Wahnsinn. Und wie gedenken Sie, das zu begründen?«

»Ganz einfach«, antwortete Eichmann seelenruhig.

Bierbach war plötzlich nicht mehr so optimistisch.

»Ich habe mir in den letzten zwei Wochen sämtliche Abrechnungen der vergangenen anderthalb Jahre angesehen«, fuhr der Präsi fort, »und dabei habe ich einige Punkte gefunden, die Sie mir vielleicht erklären können.«

Bierbachs Augen zuckten zusammen. Eichmann hatte seine Schwachstelle gefunden.

»Zum Beispiel kann ich mir Ihre unglaublich hohen Spesenabrechnungen nicht erklären, Herr Bierbach. Durchschnittlich rechnen Sie pro Monat acht bis neun Geschäftsessen mit der Eintracht ab, jede Rechnung über mindestens 150 Mark. Und nach Ihren Tankquittungen müßten Sie im Jahr auf mindestens 200.000 Kilometer kommen, die Sie für uns abreißen. Dabei weiß ich zufällig, daß Ihr Wagen gerade mal insgesamt 38.000 Kilometer auf dem Tacho hat. Und das nach drei Jahren. Denn wenn Sie schon mal weitere Strecken im Auftrag der Eintracht zurücklegen, dann sowieso nur per Lufthansa erster Klasse. Den Gipfel haben Sie sich aber im Februar dieses Jahres erlaubt. Während Ihres Winterurlaubes veranstalteten Sie ein Arbeitsessen für weit über 1000 Mark, legten eine Quittung des ›Tropen-Restaurants‹ in Kitzbühel vor, welches sich bei genauer Betrachtung als Nobelpuff entpuppte, und wollten Ihren Urlaubsfick von der Eintracht bezahlt kriegen. Was Besseres ist Ihnen nicht eingefallen, was?«

Während seiner Aufzählung war Eichmann lauter und lauter geworden. Den Rest seiner Vorwürfe schleuderte er Bierbach förmlich ins Gesicht.

Der Manager war fertig. Soweit er vermutete, beschiß jeder, der dazu die Möglichkeit hatte, den Verein mit fingierten Spesenabrechnungen. Aber er konnte es halt nicht beweisen. Eichmann hatte ihn tatsächlich in der Hand.

»Wollen Sie mich wirklich wegen der paar Kröten an die Luft setzen? Das ist doch völlig absurd«, warf er ein. »Hier zieht doch jeder die Kohle aus dem Club, die er kriegen kann.«

Eichmann inhalierte einen tiefen Zug seiner bevorzugten Tabakmarke und grinste. »Die anderen sind mir scheißegal. Ich kann Ihnen Betrügereien mit einem Gesamtschaden von 16.000 Mark nachweisen, in nur anderthalb Jahren. Wer weiß, was früher war. Und wenn Sie nicht innerhalb der nächsten fünf Minuten verschwunden sind, gebe ich den zuständigen Kripoleuten der Wirtschaftskriminalität den Tip, daß die sich mal Ihre Videotheken und Spielhallen vornehmen. Ich wette, daß da ähnliche Sachen laufen.«

In Bierbachs Kopf überschlugen sich die Gedanken. Dieser aufgeblasene Flachwichser hatte bestimmt genug Material gegen ihn gesammelt, um ihn mindestens zwei Jahre hinter Gitter zu bringen. Denn wenn er sich ehrlich sein Geschäftsverhalten vor Augen führte, würde man mit Sicherheit etwas finden.

»Wer garantiert mir, daß Sie mich nicht doch in die Pfanne hauen?« fragte er schließlich schwach.

»Ich«, plusterte sich der Präsi auf. »Wenn Sie die Eintracht ohne ein weiteres Wort verlassen, ist die Sache ausgestanden.«

»Bekomme ich die Unterlagen?« fragte Bierbach.

Eichmann brach in lautes Lachen aus: »Sie spinnen wohl. Nein, mein Lieber, die behalte ich. Als Versicherung, sozusagen.«

Bierbach schnaufte wütend durch und stand auf. Eichmann hatte es tatsächlich geschafft, binnen dreier Tage die ganze Führungsgewalt der Eintracht in seine Hand zu bekommen. Heinemann machte sowieso, was sein Kumpel wollte, und Pohl traute sich ohne schriftliche Genehmigung noch nicht mal auf das Vereinsscheißhaus. Von Eichmanns skrupelloser Art konnte sich sogar der Bundeskanzler eine Scheibe abschneiden.

Im Türrahmen drehte sich Bierbach noch einmal um. »Irgendwann werden Sie dafür die Quittung bekommen. Und dann werde ich einer der ersten sein, die vor Freude einen Kopfstand machen werden, Sie arrogantes Arschloch!«

Eichmann grinste nur hämisch, während Bierbach an der verdutzten Sekretärin vorbei Richtung Ausgang stürmte.

5.

Um Himmels Willen, beruhige dich, dachte Dieter. Er stand an der Ampel, die das letzte Hindernis vor der Zufahrtsstraße zum Stadion der Eintracht war. Sein rechter Fuß, mit dem er das Bremspedal gedrückt hielt, zitterte wie Espenlaub.

Seit der Vertragsunterzeichnung hatte er kaum Zeit gehabt, einmal richtig Luft zu holen. Wie die Presse so schnell von seiner Verpflichtung Wind bekommen hatte, war ihm schleierhaft. Bereits zwei Stunden, nachdem er wieder zu Hause war, wollte der erste Schmierfritze ein kurzes Interview mit ihm führen. Danach stand das Telefon nicht mehr still.

Die nächsten beiden Tage waren noch anstrengender. Die vielen Wege, die er erledigen mußte, um alles für sein Abenteuer Bundesliga klar zu machen, hielten ihn gänzlich in Beschlag. Nachdem der Vereinsarzt gestern sein O.K. gegeben hatte, stand seiner Profilaufbahn nichts mehr im Wege.

Die Ampel sprang auf Grün, mit flatternden Fingern legte er den ersten Gang ein und hoppelte los. Nach zwanzig Metern blinkte er nach rechts und bog in die schmale, asphaltierte Abzweigung ein, die ihn zu den Umkleidekabinen der Eintracht brachte. Bereits auf dem Parkplatz spürte er den Flair der neuen Welt, in die er so plötzlich gestolpert war.

PS-starke Boliden mit mindestens 120 Pferden unter der Haube belegten die Lücken, die die Architekten für sie geplant hatten. Dieter fand ganz am Ende des kleinen Platzes noch ein Loch und stellte seine TÜV-gefährdete Möhre neben einen blinkenden Sportwagen.

Von seinen neuen Mannschaftskollegen war keiner zu erblicken, als er mit flauem Gefühl die Tür des Renaults hinter sich zuschlug. Er hatte sowieso noch nie jemanden davon in Natura gesehen, da er die Niederlagen der Eintracht höchstens in der Sportschau verfolgt hatte. Und das letztemal, daß er ein Bundesligaspiel im Stadion gesehen hatte, lag schon gut fünf Jahre zurück.

Von der Zufahrt hörte er das herannahende Geräusch eines kräftigen Motors, kurz darauf erschien die silbergraue Lackierung eines exclusiven Geländewagens auf dem Parkplatz. Der Fahrer donnerte zügig durch die Reihen der parkenden Autos, bis er scharf auf die Bremsen stieg und die Scheibe herunterkurbelte.

»Ey, du Arsch, is dat deine Karre?« schimpfte er und zeigte mit dem Kopf auf den Renault.

»Ist er«, bestätige Dieter. Das ärgerliche Jungengesicht hinter dem viel zu großen Lenkrad kam ihm bekannt vor.

»Du stehs auf meinem Platz. Verpiß dich da.«

Betont langsam drehte sich Dieter suchend um und schüttelte arglos den Kopf. »Tut mir leid, hier steht nirgendwo, daß der reserviert ist.«

Der Bengel im Jeep bekam einen hochroten Kopf. »Wenne deine Scheißpinne nich sofort wegstells, kannse wat erleben. Hier is nur für Spieler.«

Dieter war beruhigt. Er war hier also richtig.

»Dann is ja gut, ey«, imitierte er die gewählte Ausdrucksweise seines Kollegen. »Seit heute bin ich nämlich einer.«

Offensichtlich brauchte der Motorcrosspilot seine Zeit, bis er begriff. Dann blinkte das Zeichen des Erkennens. »Bis du etwa der Neue? Der Provinzlibero?«

Lächelnd nickte Heidtmann. Es war ihm zu blöde, sich auf so dumme Art provozieren zu lassen. »Ich bin der Neue, ja. Und du? Fährst du den Mannschaftsbus?«

Die wütende Antwort seines Mitspielers ging im Geheul des Motors unter. Der Jeep schoß nach vorn und quetschte sich rücksichtslos in eine Lücke, die vielleicht für ein Fahrrad gereicht hätte.

Dieter zerrte grinsend seine Sporttasche aus dem Kofferraum und trabte zügig Richtung Stadion. Die Rentner, die seit Jahren jede Trainingseinheit der Eintracht begutachteten und kommentierten, sahen uninteressiert an ihm vorbei. Offensichtlich war sein Bild im lokalen Sportteil der Tageszeitung doch nicht so gut gewesen, daß er sofort erkannt wurde.

Kräftig stieß er die Flügeltüren auf und versuchte, sich in dem Gewirr von Treppen und Gängen zu orientieren. Nirgends stand ein Hinweisschild, das ihm den Weg zu den Umkleidekabinen zeigte.

Seine Nervosität hatte ein wenig nachgelassen, das flaue Gefühl in der Magengegend war nicht mehr ganz so schlimm.

Dieter blickte sich noch suchend um, als der Kandidat für die nächste Camel-Trophy polternd die Eingangstüren aufstieß.

»Na, wat is? Hasse dich verlaufen?«

Das schadenfrohe Grinsen ging von einem Ohr zum anderen. Dieter grinste zurück und musterte das Milchgesicht unter den seitlich gescheitelten, dunklen Haaren. Noch ein kleines Schnauzbärtchen und der kann bei den Neonazis 'ne Riesenkarriere machen, dachte Dieter amüsiert.

»Schon möglich. Nimmst du mich mit?«

Das Führerdouble zeigte sich versöhnlich. »Meinetwegen. Die Kabinen sind im Keller, da runter. Wie heißt du eigentlich?«

»Dieter«, gestand Dieter wahrheitsgemäß. »Und du?«

Einen Moment schien der Bengel beleidigt zu sein, daß er doch nicht so bekannt war, wie er gehofft hatte. Nach einem kurzen Moment entspannten sich seine Gesichtsmuskeln.

»Ich bin der Stefan Steinbrink. Spiele im Mittelfeld. Und du sollst unser neuer Libero sein?«

Heidtmann zuckte die Schulter. »Hat mir euer Präsi jedenfalls erzählt.«

Steinbrink nahm die Treppenstufen in den Keller mit weit ausladenden Schritten. Trotz der Hitze, die sich in den Flachdachanbauten des Stadions unbarmherzig ausbreitete, schien er nicht auf seine Springerstiefel verzichten zu wollen.

»Wenne genauso spielst, wie du einparkst, dann Mahlzeit. Hauptsache, die ham nich noch so'n Knoblauchfresser geholt«, stellte er mürrisch fest.

Dieter zog überrascht die Augenbrauen hoch, sagte aber nichts, da sie schon vor der Umkleidekabine standen. Steinbrink stieß die Tür auf und ging wortlos zu seinem Platz. Etwa fünfzehn Figuren standen halbwegs bekleidet durcheinander und bereiteten sich auf das bevorstehende Training vor. Unschlüssig trat Dieter näher. Beachtung schenkten ihm die Gestalten hier genauso wenig wie gerade die Rentner vorm Eingang.

»Moin. Bin der Dieter. Soll hier Libero spielen«, rief er seinen neuen Kollegen zu.

Den gewünschten Effekt erzielte er offensichtlich nicht. Zwar nickten ihm alle kurz zu, wendeten sich dann aber sofort wieder ihren Schienbeinschonern oder Schnürsenkeln zu. Nur der

Typ in dem knallgelben Torwarttrikot und den überdimensionalen Handschuhen stand von seinem Platz auf und kam auf Dieter zu.

»Grüß dich. Ich bin Ulli Spengler, der Ball-aus-dem-Netz-Holer und Kapitän. Schön, daß du da bist.«

Insgeheim atmete Dieter auf. Wenigstens einer, der einen vernünftigen Eindruck machte.

»Wo kann ich mich den häuslich niederlassen, ohne jemandem auf die Füße zu treten?« fragte er arglos, wobei er Steinbrink einen leichten Seitenblick gönnte.

Spengler zog ihn leicht am Ellbogen. »Da vorne. Der letzte Haken auf der Seite.«

Dieter warf seine Tasche über die Schulter und steuerte seinen Platz an. Das Holz der Sitzbank war hier leicht gesplittert, außerdem lag direkt das Scheißhaus daneben. Schnüffelnd legte er die Nasenflügel an und fing an, sich umzuziehen.

Die anderen waren inzwischen fast alle fertig und polterten nach und nach aus der Kabine. Nur einer kam noch nach Dieter. Ein lang aufgeschossener Brecher, dem man die südosteuropäische Abstammung schon auf zehn Kilometer ansah. Er nickte leicht und riß sein T-Shirt über den Kopf.

Neben Dieter nestelte ein Bleichgesicht hibbelig an einem Knieschoner. Seit Heidtmann die Kabine betreten hatte, starrte der Typ angestrengt auf den Boden.

»Hey«, ulkte Dieter, »ich bin der Neue. Wer bist du denn?«

Sein Sitznachbar zuckte erschrocken zusammen. Seine kalkweiße Gesichtsfarbe schlug blitzschnell ins Knallrote um.

»Ich... ich bin der Urs«, stotterte der Knabe entgeistert.

Im Geist zog Dieter die Brauen hoch. »Du bist doch der Schweizer, den die vor der Saison geholt haben, oder?«

Urs nickte. Dann sprang er auf und raste wie von der Tarantel gestochen aus der Kabine.

»Was hat der denn?« fragte Dieter fassungslos. Außer ihm war nur noch der Zuspätkommer in der Kabine. Ohne den Ansatz einer Reaktion zog er sich eine Trainingsjacke über und widmete sich seinen Schuhen.

Schöne Scheiße, dachte Dieter genervt. Die Kameradschaft in diesem Haufen war nach seinem Geschmack unter aller Sau. Bei Rot-Weiß hatten sie sich meistens schon eine halbe Stunde vor Trainingsbeginn getroffen, in der Kabine rumgeflachst oder dem bedauernswerten Trainer Spangenberg den Schlüssel zum Geräteraum geklaut. Diese Zeiten waren wohl endgültig vorbei.

Seufzend zog Dieter seine Schnürsenkel fest und lief ebenfalls auf den Platz. Das Kribbeln im Magen meldete sich wieder, als er durch die langen, schmalen Katakomben den Rasen ansteuerte.

Seine Mannschaftskameraden standen bereits im Halbkreis in der Nähe des Anstoßpunktes. Ein bulliger Mitvierziger blätterte eine Liste durch, wobei seine Augen gelegentlich auf die Spieler schossen.

Dieter reihte sich an einem Ende der Versammlung ein und verschränkte die Arme vor der Brust. Keiner der anderen sagte einen Ton, alle starrten unbehaglich auf den Typ vor ihnen. Dieter hatte dessen Bild in der Zeitung gesehen. Dragan Milosevic, sein neuer Trainer.

Als der letzte seiner Kameraden endlich aus der Kabine gekommen war, warf Milosevic seine Papiere auf den Rasen und stemmte die Hände in die Hüften. Urs, der Schweizer, und zwei, drei andere duckten sich ängstlich.

»Sind endlich alle da«, stellte der Chef fest. »Wir fange an mit laufen. Drei Runden um Platz. Dann wir treffen uns wieder hier. Los jetzt. Und Tempo.«

Zögernd setzte sich die Menge der Spieler in Bewegung. Die beiden, die an der Spitze liefen, legten ein gemütliches Joggingtempo vor. Milosevic schnitt eine böse Grimasse.

»Tempo habe ich gesagt. Bewegt euch«, brüllte der Coach. »Oder ich machen euch Beine.«

Dieter meinte noch den Nachsatz ›faules Pack‹ gehört zu haben, dann nahm er lieber die Beine in die Hand. Die Sonne brannte erbärmlich heiß auf die Köpfe der Spieler, schon nach zwei der drei Runden waren alle ins Schwitzen gekommen.

Prustend trudelte nach knapp vier Minuten auch der letzte wieder am Anstoßkreis ein. Für 1200 Meter eine verdammt gute Zeit. Milosevic grinste hämisch.

»Gut. Jetzt ihr macht Stretching. Zwanzig Minuten. Du da«, wies er auf den Kapitän, »machen vor, andere machen nach. Los.«

Während der nächsten Minuten schlich der Trainer pausenlos durch die Reihen seiner Schäfchen, die sich mit knackenden Knochen durch den Rasen bissen. Spengler, der Vorturner, war im Erfinden von neuen Übungen ein wahrer Meister. Schließlich war auch diese Tortur überstanden.

Drachen-Dragan bat, nachdem auch die letzten ihre Beine entknotete hatten, zum Testspiel. Nach der Schinderei sahen einige schon ziemlich fertig aus; für einen Bundesligaprofi eigentlich ein Armutszeugnis. Dieter konnte sich jetzt erklären, warum die Eintracht nach vier Spielen noch keinen einzigen Pluspunkt auf dem Konto hatte. Die körperliche Verfassung seiner Kollegen war unter aller Kritik. Wenn er als viertklassiger Amateur problemlos mithalten konnte, sprach das eigentlich für sich.

Eines unterschied das Training hier aber von dem, was er bisher kannte. In Trainingsspielen hatten sie alle Risiken vermieden, hier wurde richtig draufgehalten. Die Zweikämpfe waren beinhart, schon nach fünfzehn Minuten dankte er dem Erfinder der Schienbeinschoner. Zu seinem Glück war er in der stärkeren Gruppe gelandet und hatte nicht allzuviel zu tun. Heidtmann beschränkte sich auf Ausputzerarbeiten und einige lange Pässe.

Nach einer halben Stunde hatte Milosevic erst mal genug. Dieters Team hatte 3:0 geführt. Dragan stellte die Gruppen neu zusammen, diesmal spielten die besten Stürmer gegen die stärksten Verteidiger. Dieters Ruhe war vorbei.

Nach und nach erfuhr er während der Bolzerei auch die Namen seiner Kollegen. Sein rechter Verteidiger, Hans Peter Korff, war ihm allerdings schon vorher ein Begriff. Vor vier Jahren war Korff Stammspieler in der Nationalelf, bis eine Verletzung ihn ein halbes Jahr aus der Bahn warf. Danach fand er zwar nicht mehr ganz den Anschluß, war mit seiner Routine aber Gold wert.

Frank Pusch, der linke Verteidiger, hatte während der gesamten Trainingseinheit noch kein Wort verloren. Allerdings kannte er kein Erbarmen, wenn einer der Stürmer an ihm vorbeigehen wollte.

Der Vorstopper, Marco van den Brink, hieß hier nur die Tulpenzwiebel. Der Holländer besaß schon seit Jahren den deutschen Paß, weil er früher bei Düsseldorf sonst einen Ausländerplatz belegt und somit keine Chance zu einem Einsatz gehabt hätte. Mit 31 lag seine beste Zeit auch schon hinter ihm.

Als Pusch das Leder nach einem Angriffsversuch von Urs fast aus dem Stadion gedonnert hatte, ließ Dieter verschnaufend den Kopf hängen. Korff trat neben ihn und gab ihm einen Klaps auf die Schulter.

»Na, Kleiner, alles klar?«

Dieter grinste. »Geht so. Nimmt uns der Alte eigentlich immer so ran?«

Korff verdrehte die Augen. »Das Arschloch kannst du vergessen. Seit der das Training übernommen hat, habe ich mehr Schimpfwörter zu hören bekommen, als in zehn Jahren vorher. Der wird hier nicht alt.«

Korff fuhr sich mit der linken Hand durch die schweißnassen Haare und deutete auf den Schweiger, der zuletzt mit Dieter in der Kabine war.

»Guck dir den mal an«, fuhr er fort. »Dragan hat darauf bestanden, daß dieser Landsmann von ihm auch 'nen Vertrag kriegt. Der Typ ist 'ne Nulpe, der kann die Pocke noch nicht mal richtig aufpumpen. Ist aber das Schätzchen vom Boß. Ich garantiere dir, daß der Samstag spielt.«

Tief ausatmend richtete sich Dieter wieder auf. Steinbrink hatte auf der anderen Seite das Spiel wieder aufgenommen, der nächste Angriff lief. Als einer der Reservisten durch das Mittelfeld dribbelte, schlug Milosevics Mitbringsel gnadenlos zu. Obwohl der Ball schon weit weg war, zog der Jugo voll durch. Der andere schrie auf und klappte zusammen.

»Der hat se wohl nicht alle«, giftete Spengler in seinem Tor und lief los, um sich das Unglück anzusehen. Korff und Dieter kamen mit.

Der Gefoulte lag inzwischen von seinen Kollegen umringt auf dem Rücken und hielt sich mit schmerzverzerrtem Gesicht den rechten Knöchel. Milosevic schlich heran und drängelte sich durch die Spielertraube. Nach einem kurzen Blick auf die Verletzung herrschte er seinen Landsmann kurz auf serbokroatisch an und gab dem Masseur armwedelnd zu verstehen, daß es Arbeit gab.

»Gibt nichts zu sehen«, fauchte der Coach ärgerlich, »weiterspielen. Wir machen noch halbe Stunde.«

Spenglers Gesicht verdüsterte sich. Als Kapitän fühlte er sich jetzt gefordert.

»Moment mal, Trainer, so geht das nicht. Der Petar kann doch nicht unsere eigenen Leute zusammentreten.«

Milosevic drehte sich überrascht zu seinem Keeper um und machte große Augen.

»War sich Unglücksfall«, donnerte er. »Kann jeder passieren. Los, weiter jetzt.«

Der Kapitän schüttelte den Kopf. »Von wegen Unglück. Ich hab genau gesehen, daß der absichtlich auf die Knochen gegangen ist. Der gehört in die Klopperliga, aber nicht hier hin.«

Die Blicke der Mannschaft pendelten zwischen Trainer und Kapitän hin und her. Spenglers Mut, sich mit dem Coach anzulegen, imponierte ihnen.

»Werde mit ihm reden«, schnaufte Milosevic kurz angebunden. »Los, spielen.«

Spengler war zwar immer noch nicht zufrieden, gab aber Ruhe. Langsam lief er zurück zu seinem Gehäuse, die anderen nahmen auch wieder ihre Plätze ein.

Steinbrink schlenderte grinsend neben Dieter zurück in ihre Hälfte. »Verstehe gar nicht, was der Ulli hat«, schmunzelte Stefan amüsiert, »solange der nur den Pollacken abserviert, ist das doch O.K.«

»Bitte?« fragte Dieter entgeistert. »Hast du se noch alle?«

»Reg dich ab. Diese Polensau soll sich nicht so anstellen. Der langt auch ganz schön hin.«

Dieter bleib fassungslos stehen. »Du hast doch wohl den Arsch auf«, schimpfte er. »Am liebsten würde ich bei dir genauso zulangen.«

Steinbrink drehte sich langsam um und musterte Dieter abschätzend. »Kannst es ja mal versuchen, du Pisser.«

»Ich habe gesagt: weiterspielen«, dröhnte Milosevic, der plötzlich neben den beiden aufgetaucht war. »Das gilt auch für euch.«

Dieter hob beschwichtigend die Hand. »Schon gut. Keine Panik.«

Steinbrink grinste nur unverschämt.

»Ihr beide kommen nach Training zu mir«, drohte Dragan. »Mache ein paar Extrarunden mit euch.«

Bevor beide eine Antwort zustande brachten, hatte sich der Trainer abgewendet, um seinen Stammplatz im Schatten anzusteuern. Die beiden Kampfhähne musterten sich feindselig, dann ging das Spiel weiter.

»Ich geb dir einen Tip«, flüsterte Spengler, als sich Dieter bei einem Eckball vor ihm aufbaute. »Leg dich nicht mit SS-Siggi an. Der Arschficker kann ganz schön ungemütlich werden.«

Dieter lehnte sich erschöpft gegen den Pfosten. So langsam reichte es ihm für den ersten Tag. »Wen meinst du?« fragte er ahnungslos.

Spengler ruckte seine Handschuhe zurecht. »Den Stefan. Weißt du nicht, daß der ein stark verklemmtes Verhältnis zur Vergangenheit hat? Wenn der besoffen ist, erzählt der dir einen vom Führer, der in Argentinien das vierte Reich vorbereitet.«

Der Libero verdrehte die Augen. »Scheiße. So einer ist das?«

»Genau so einer. Paß auf, der Adrian ist frei«, bölkte der Keeper in normaler Lautstärke, wobei er Dieter zu dem freistehenden Angreifer schubste.

Schließlich hatten sie es doch geschafft. Dragan ließ es gut sein und versammelte seine Leute wieder um sich.

»Genug für heute. Morgen wir machen nur früh Gymnastik, Nachmittag ist frei. Samstag dann Taktik, zwei Stunden vor Spiel.«

Die Spieler nickten, die ersten drehten schon Richtung Dusche ab. Zwei Stunden bei 35 Grad im Schatten durch die Sonne zu wetzten, hatte alle geschafft.

»Moment«, dröhnte der Trainer. »Ich sage noch Aufstellung für Samstag.«

Erstaunte Blicke, ungläubiges Gemurmel. Milosevic zückte wieder seine Papiere und räusperte sich.

»Also, in Tor spielt Spengler, Außenverteidiger sind Korff und Pusch. In Abwehrmitte spielt van den Brink, Libero ist Heidtmann. In Mittelfeld dann Velic, Neuenberg, Murbach und Steinbrink. In Angriff dann Zwingli und Klimke. Einwände?«

Niemand wagte aufzumucken. Gleich drei Leute hatten ihren seit Jahren fest gebuchten Stammplatz verloren: Wenning, der Oldie des Teams, Meier und Baltus fanden sich nur auf der Ersatzbank wieder. Trotzdem fehlte ihnen offenbar die Luft, um zu protestieren.

Dieter stand ungläubig am Mittelkreis und konnte es nicht fassen. Samstag würde er sein erstes Bundesligaspiel bestreiten, ausgerechnet im Derby gegen Schalke. Spengler merkte ihm seine Freude an und gab ihm einen Knuff in die Seite, sagte aber nichts.

»Hee, du da. Komm her. Und du auch, Steinbrink«, bölkte Milosevic. »Ihr noch laufen fünf Runden, aber erst euch geben die Hand. Streit in Mannschaft kann ich nicht brauchen, ist nicht gut für Leistung.«

Ausnahmsweise waren sich Dieter und SS-Siggi einig. Diese Sepp Herberger Philosophie war schon seit zwanzig Jahren überholt.

Auf der Tribüne lehnte sich ›Bully‹ Heinemann nachdenklich an einen Stützpfeiler und beobachtete aufmerksam die Trainingsbemühungen der Eintrachtkicker. Milosevic hatte seit seiner Amtsübernahme keine Neuerungen eingeführt, die ihm unbekannt gewesen wären. Der einzige Unterschied, den Heinemann erkannte, war die Schnauzerei des Jugoslawen. Kloth war in einem Monat nicht auf diese Menge von Schimpfwörtern gekommen, die Milosevic schon während des Warmmachens von sich gab.

»Hoffentlich haben wir da keinen Fehler gemacht«, dachte er laut.

Herbert Eichmann, der neben seinem Sportlichen Direktor stand, runzelte die Stirn. »Was meinst du damit?«

Heinemann deutete mit einem Kopfnicken auf den Trainer, der behäbig zum Anstoßkreis schlurfte und seine Spieler zusammenrief. »Den da. In den letzten Tagen hat sich bei mir ein ungutes Gefühl breitgemacht. Die Spieler mögen ihn nicht, außer einer großen Fresse hab ich noch nichts Beeindruckendes feststellen können. Ich weiß nicht recht, Herbert.«

Der Präsi winkte ab: »Abwarten, Bully. Spielerisch sind die Jungs nicht schlechter als Köln oder Stuttgart. Bloß diese verdammte Disziplinlosigkeit. Kloth hatte die Mannschaft nicht mehr im Griff, Milosevic ist genau der Richtige. Wenn sogar die alten Hasen kuschen, hat der Trainer zumindest Respekt.«

»Trotzdem«, beharrte Heinemann, »wenn wir Samstag gegen Schalke nicht gewinnen, sieht es beschissen aus. Selbstvertrauen hat sowieso keiner mehr. Und Milosevic ist nicht gerade der geborene Psychologe. Von unserem Zuschauerschnitt ganz zu schweigen. Meinst du, 0:10 Punkte locken beim nächsten Heimspiel noch einen ins Stadion?«

»Wir verlieren nicht«, behauptete der Präsi zuversichtlich.

»Hör auf, Herbert, du bist nicht auf einer Pressekonferenz«, entgegnete der Sportliche Direktor ärgerlich. »Die Schalker sind zur Zeit gut in Schwung, ganz im Gegensatz zu uns. Nach dem Vorverkauf haben wir im eigenen Stadion ein Auswärtsspiel.«

»Wir verlieren trotzdem nicht«, antwortete Eichmann störrisch. »Ich kann keinen Sieg versprechen, aber einen Punkt holen wir mindestens. Wart's ab.«

»Deinen Optimismus möchte ich haben«, resignierte Bully.

»Hast du dich nach dem Schiedsrichter erkundigt?« wechselte Eichmann plötzlich das Thema.

Heinemann nickte. »Ja. Es bleibt dabei, Ahlmann pfeift.«

»Und in welchem Hotel steigt er ab?«

Der Direktor zog die Brauen hoch. Er kannte seinen Präsi zu gut, um nicht zu wissen, daß der was im Schilde führte.

»Im Excelsior. Warum?«

»Nur interessehalber«, log Eichmann. »Besser, du vergißt, daß ich dich gefragt habe.« Gleichzeitig gab er seinem Kumpel einen Klaps auf die Schulter und wendete sich Richtung Treppe.

»Sehen wir uns vor Samstag noch?« wollte Heinemann wissen, aber Eichmann schüttelte den Kopf.

»Nee, schaff ich nicht. Morgen habe ich ein paar Termine, die ich nicht verschieben kann. Um halb drei Samstag im VIP-Raum. Mach's gut.«

Heinemann hob grüßend die Hand, um sich dann wieder dem Geschehen auf dem Rasen zuzuwenden.

Der Präsident lief eilig durch die Katakomben der Stadionrückseite und gelangte schließlich durch einen Seitengang in die Geschäftsstelle. Die Bürozeiten waren für den Vormittag abgelaufen; die letzten Besucher, neugierige Schulkinder, die einen Blick auf ihre Idole erhaschen wollten, und die Schwerbehinderten, die auf ihren Ausweis für ihre Kollegen ermäßigte Karten im Vorverkauf besorgten, waren verschwunden. Eichmann wischte sich mit dem Hemdsärmel über die Stirn und trat ins Büro der Clubsekretärin.

Gabriele Himmel, die gerade über irgendwelchen Abrechnungsbögen der fliegenden Händler im Stadion saß, sah auf und begann zu strahlen. Wie immer, wenn ihr Boß alleine auftauchte.

Eichmann ließ die Tür hinter sich ins Schloß fallen und trat um den Schreibtisch herum. Die Sekretärin grinste und stand auf.

»Na, Herbie, geschafft?«

Der Präsi gluckste. Als er vor drei Jahren die gutproportionierte, dafür aber etwas naiv-unterbelichtete Tippse engagiert hatte, geschah das lediglich mit gewissen Hintergedanken. Und er hatte sich nicht getäuscht. Keine drei Wochen später hatte er sie in seinem Bett gehabt.

»Kann man wohl sagen«, stöhnte er und drückte ihr einen Kuß auf die Wange. Wegen der Hitze trug sie nur eine leichte Baumwollbluse, durch die sich deutlich ihre Brustwarzen abmalten. Eichmann bekam Stielaugen.

»Setz dich, du Armer. Möchtest du etwas zu trinken?«

Herbie nickte, wobei er ihr einen Klaps auf den in engen Jeans sitzenden Hintern gab. Die Himmel war zwar schon 29, hatte aber immer noch die Figur einer achtzehnjährigen.

Die Sekretärin trippelte kurz in den Nebenraum, und Eichmann vernahm kurze Zeit später das Zuschnappen der Kühlschranktür. Mit zwei beschlagenen Gläsern kam sie wieder zu ihm.

»Hast du noch zu tun?« fragte er scheinheilig, während er sich auf ihren Bürostuhl fallen ließ. Der kalte Eistee wirkte Wunder.

»Das Schlimmste ist weg«, erklärte Gabi, »wenn du willst, kann ich Pause machen.«

Eichmann nickte. »Schließ ab«, befahl er grinsend. »Und zieh die Lamellen zu. Ich hab Appetit auf dich.«

Die Himmel fand seinen schleimigen Anbiederungsspruch auch noch anmachend. Dämlich kichernd drehte sie tatsächlich den Schlüssel im Türschloß und verdunkelte die Fenster. Dann stellte sie ihr Glas auf den Schreibtisch und ging zu dem Zweizentnermann, der seine Krawatte bereits abgestreift hatte.

Seine Finger glitten über die strammen Hüften der Sekretärin, ihr Parfüm drang ihm in die Nasenflügel. Irgendein teures Duftwasser von Chanel, das er ihr regelmäßig zum Geburtstag und zu Weihnachten schenkte. Als Geliebte war sie sensationell billig. Vielleicht lag das daran, daß er ihr alle drei Monate regelmäßig versprach, sich von seiner Frau scheiden zu lassen, sobald das Geschäftliche geregelt war. Dabei hatte er immer verschwiegen, daß seine Restaurantkette unwiderruflich auf den Namen seiner gehörnten Gattin lief.

Gabi hatte, einen wollustigen Seufzer nach dem anderen ausstoßend, inzwischen ihre Bluse aufgeknöpft. Eichmanns Zunge glitt über ihre gebräunte Haut, spielte mit ihrem Bauchnabel, wobei sie zu quicken anfing. Seine rechte Hand glitt langsam höher, bis sie ihre linke Brust umfaßte. Gabi Himmel war selig.

Nach und nach gingen sie in den Nahkampf über. Eichmann war es für eine ausgedehnte Nummer aber doch zu warm, bei seinem Gewicht kam er leicht ins Schwitzen. Kurzentschlossen ließ er sich wieder in den Sessel fallen und zog seine Gespielin vor sich auf die Knie. Nach einem Moment hatte sie begriffen, was er wollte, und brachte seine Flöte auf Vordermann.

»Wenn wir Samstag verlieren, gehen hier die Lichter aus«, murmelte er halblaut, während sich Gabi alle Mühe gab.

»Warum?« fragte sie undeutlich mit vollem Mund.

»Überleg doch mal«, stieß er keuchend hervor. »0:10 Punkte, abgeschlagen Tabellenletzter. Das schaffen wir im Leben nicht mehr.«

Ihre Antwort konnte er wegen der Schmatzgeräusche nicht verstehen. Mit der rechten Hand drückte er ihren Kopf leicht zurück. Er mußte erst seinen Plan an die Frau bringen, vorher durfte er seine Selbstkontrolle nicht verlieren.

»Warum schaust du mich so an?« blinzelte sie enttäuscht. »Ist es nicht gut?«

Eichmann nickte heftig. »Doch, gerade deshalb. Aber mir geht die Mannschaft nicht aus dem Kopf. Die krebsen am Tabellenende herum, während wir beide uns in deinem Büro lieben«, verdrehte er die Tatsachen, denn die Arbeit machte im Moment alleine seine Sekretärin.

»Kann ich dir denn nicht irgendwie helfen?« fragte sie mitleidig, wobei sie ihn weiter zärtlich streichelte. Eichmann verstand nicht, wie sich ein Mädchen wie sie in einen alten Sack wie ihn verknallen konnte. Wenn sie es auf sein Geld abgesehen hatte, dann wäre sie bestimmt längst von der Fahne gegangen. Einmal im Monat Essen gehen war bei seinem Millionenvermögen sicher viel zu wenig.

»Du könntest etwas für mich tun«, schleimte er. »Der Schiedsrichter, der Samstag das Spiel leitet, ist ein schräger Hund. Ich habe gehört, daß der für eine kleine Spende schon mal der Heimmannschaft einen Elfmeter zukommen läßt. Verstehst du?«

Nach einer Minute hatte sie tatsächlich kapiert. »Und?«

Eichmann seufzte. »Ich kann mich bei dem nicht blicken lassen. Bully auch nicht. Wenn uns einer sieht, weiß das sofort ganz Deutschland. Aber dich kennt keiner.«

Diesmal brauchte Gabi länger, bis sie gerafft hatte.

»Ich soll den bestechen? Wie denn?«

Der Präsi war sofort Feuer und Flamme. »Ganz einfach. Du brauchst nur in das Hotel dieser Pfeife gehen und ihm einen Umschlag in die Hand drücken, mit schönen Grüßen von mir. Noch besser wäre allerdings...« sinnierte er nachdenklich, ohne den Satz zu beenden.

»Was?« wollte sie ahnungslos wissen.

Eichmann stöhnte, als käme er sich selber mies vor.

»Das kann ich nicht von dir verlangen, mein Schatz. Der Ahlmann steht auf junge hübsche Damen wie dich. Aber das wäre zuviel.«

Empört wollte sie ihn mit seinem Ständer sitzen lassen, aber als sie seine traurigen Augen sah, verflossen ihre Bedenken im Nichts.

»Mal sehen, was sich machen läßt«, resümierte sie, während ihr Mund seine Arbeit wieder aufnahm. Einen ganz kurzen Moment dachte sie daran zuzubeißen, aber dann konzentrierte sie sich wieder auf das Präsidentenzepter.

Eichmann hatte, was er wollte. Grinsend lehnte er sich gemütlich zurück, während er genüßlich die Augen schloß.

Samstag würde die Eintracht nicht verlieren, das stand fest. Wenn Gabi bei dem Schiri genauso gut war wie bei ihm, gab das mindestens drei Elfmeter extra.

»Na, Kleiner, wie hasset überstanden?« grinste Spengler, als Dieter tropfnaß aus dem Duschraum trat. Die Extrarunden, die er und SS-Siggi drehen mußten, hatten ihm beinahe den Rest gegeben.

»Geht so«, schmunzelte der neue Libero seinem Keeper zu. Aus den Tiefen seiner Sporttasche kramte er sein Badetuch und frische Unterwäsche hervor.

»Hab dir ja gesagt, daß du den Stefan am besten in Ruhe läßt«, erinnerte der Torwart, der bereits seine Locken in Form brachte, gutgelaunt. »Mit dem hasse nur Ärger am Hals.«

»Wenn ich so eine Scheiße hör, dann dreh ich durch«, protestierte Dieter aufgebracht. »Hat hier eigentlich keiner was dagegen, wenn der seine Schnauze so aufreißt?«

Spengler stöpselte den Fön aus.

»Doch. Offiziell hat der vom Präsidium 'nen Maulkorb verhängt bekommen, einmal sogar 'ne saftige Geldstrafe, als er in der Presse vor einem Freundschaftsspiel gegen 'nen türkischen Club gestänkert hat. Seitdem hält er sich schon ein bißchen zurück. Mit der Zeit gewöhnst du dich daran«, tröstete er Heidtmann.

»An so ein Nazischwein? Nie.«

»Wart's ab. Hier rein, da raus«, entgegnete Spengler, wobei er mit seinen Fingern den Ohrendurchzug darstellte.

Die Kabine war schon relativ leer, außer den beiden drückten sich nur noch drei, vier andere Figuren herum. Ein langer Blonder, von dem Dieter nur wußte, daß er Helmut hieß und im Sturm spielte, kam langsam zu ihnen herübergeschlurft.

»Na, Chef, wat meinse? Schafftet der Bengel?« grinste er zu Spengler.

Der verdrehte die Augen. »Laß man, Helmut, der Junge spielt dich doch in 'ner Telefonzelle schwindelig.«

Helmut begann zu grölen, wobei er seine sanierungsbedürftigen Beißer zeigte. Dann hielt er Dieter die Hand hin: »Auf jeden Fall: Willkommen an Bord. Ich bin Helmut Meier, großes M und kleine Eier.« Dabei prustete er wieder vor Lachen.

Dieter gab artig Pfötchen und war sprachlos. So einen dämlichen Spruch hatte er lange nicht gehört.

Spengler kam zu seinem Libero und knuffte ihn in die Seite. »Das mit den kleinen Eiern stimmt«, erklärte er, »wenn der Helm mal 'nen Samenstau hat, kann der sich sogar 'nen Strohhalm überstülpen.«

Meier brüllte wieder los und winkte noch einmal. »Also, ihr zwei. Bis morgen dann.« Sein Gelächter war noch von draußen, vom Kabinengang zu hören.

Dieter hatte sich inzwischen erholt. »Was war das denn?« fragte er schwer angeschlagen.

»Helmut darfst du nicht so ernst nehmen. Ist 'ne Seele von Mensch, aber ein bißchen zurückgeblieben. Soviel ich weiß, hat der noch nicht mal die Sonderschule geschafft. Trotzdem ein lieber Kerl.«

Spengler war inzwischen gestylt und angezogen. Seine Tasche über die Schulter werfend gab er Dieter noch einen Klaps. »Ich schieb dann ab«, meinte er. »Trödel nicht so rum, der letzte muß die Duschen auswischen. Mach's gut.«

Dieter grüßte zurück und brachte sich selber in Form. Murbach und Zwingli, die beiden anderen Trödeltaschen, unterhielten sich in einer für ihn fremden Sprache. Während Murbach irgendetwas auf Bayrisch grantelte, warf Zwingli gelegentlich seine schweizerischen Urlaute ins Rennen. Für Dieter klang beides nach Kisuaeli.

Schließlich machte er sich pfeifend auf den Weg nach draußen, die erste Erschöpfung war verschwunden. Seine Beine waren zwar ein bißchen schwer, aber die Aussicht auf seinen ersten Bundesligaeinsatz ließen ihn den beginnenden Muskelkater vergessen.

Als er durch die Pendeltüren ins Freie trat, war er von der gleißenden Sonne geblendet. Sofort schlug ihm die brütende Sommerhitze entgegen, die sich jetzt schon seit mehreren Tagen in der Stadt hielt. Dieter beeilte sich, zu seinem Auto zu kommen.

»He, du Held, warte doch mal.«

Überrascht drehte sich Dieter um. Die weibliche Stimme, die energisch hinter ihm herschmetterte, kam ihm bekannt vor. Endlich hatten sich seine Augen wieder an das helle Licht gewöhnt. Als er die Ruferin erblickte, machte sein Herz einen Sprung.

»Das gibt's doch nicht«, stammelte er erfreut. »Was machst du denn hier?«

Die blonden Haare des Mädchens hingen locker in ihre Stirn, ihre Augen funkelten ihn neugierig an. Sie sah noch besser aus als am Sonntag, als er sie mit seinem Wagen fast über den Haufen gefahren hatte.

»Wollte mich für den versauten Abend revanchieren. Deine Mutter hat mir am Telefon gesagt, daß ich dich hier finde.«

Fasziniert starrte Dieter sie an. Wie so oft in solchen Situationen war seine Kehle zugeschnürt. Unbeholfen stellte er seine Tasche ab und reichte ihr die Hand. Etwas Besseres fiel ihm im Moment nicht ein.

»Was war denn am Sonntag? Ich hab schon gedacht, du wolltest mich auf elegante Art abservieren.«

Das Mädchen blinzelte ihn entschuldigend an. »Ach, nein. Ich habe überraschend Besuch bekommen und hab es nicht mehr geschafft, dich anzurufen. Wann hast du denn mal wieder Zeit?«

Dieter zuckte die Achseln. »Von mir aus heute Abend. O.K.?«

»Gerne.«

Da standen sie nun, wobei Dieters Kribbeln im Magen immer stärker wurde.

»Wie heißt du eigentlich?« fragte er plötzlich.

»Vanessa«, antwortete sie grinsend.

6.

»Unser nächster Vorbericht kommt aus dem städtischen Stadion der Eintracht, wo heute Schalke 04 seine Visitenkarte abgibt. Edwin Tapperwein hat sich im Vorfeld dieses Derbys ein wenig umgehört.«

Der Studioreporter der Sportsendung auf WDR 2 gab seinem Kollegen vor Ort locker und lässig wie immer das Stichwort. Übergangslos wurde die Leitung geschaltet, und Tapperwein ließ die Hörer in den Genuß seiner Weisheiten kommen:

»Ja, guten Tag, meine sehr verehrten Damen und Herren, ich melde mich hier aus dem Stadion der Eintracht, des Tabellenletzten der Bundes-

liga, der sich heute vor der guten Kulisse von vielleicht 25.000 Zuschauern vorgenommen hat, zumindest einen Punkt hier zu behalten. Ob das gegen die momentan gut aufgelegten Schalker gelingen wird, bleibt abzuwarten, zumal der neue Trainer der Eintracht, Milosevic, heute gleich drei Neulinge aufbietet, um frischen Schwung in die Elf des Gastgebers zu bringen. Drei unbekannte Namen, denn wer, liebe Zuhörer, hat schon mal etwas von einem Dieter Heidtmann gehört, der, erst in der laufenden Woche verpflichtet, als Libero der Abwehr neuen Rückhalt geben soll. Oder wer kennt den jungen Außenstürmer Adrian Klimke, der von Stahl Vorwärts Billerfeld zur Eintracht wechselte, um endlich die heiß ersehnten Tore zu schießen. Und im Mittelfeld kommt heute ein Landsmann des Trainers zum Einsatz, nämlich Petar Velic, ein defensiver Mann, der auf Anhieb den alten Hasen Karl Heinz Wenning aus der Mannschaft gedrängt hat...«

Milosevic richtete sich auf, streckte seinen affenartig behaarten Unterarm aus und schaltete das Radio ab. In der Kabine herrschte atemlose Stille.

»Ihr haben selber gehört«, dröhnte der Coach, »niemand traut uns zu, Punkt zu holen. Jeder denkt, wir verlieren heute gegen Schalke. Aber wir zeigen es. Mit Punkt bin ich nicht zufrieden, ich will sehen Sieg von euch.«

Andächtig hielten die Spieler ihre Köpfe gesenkt und spielten die interessierten Zuhörer. Dabei verebbte die Wirkung der markigen Trainerworte spätestens an ihrer Ohrmuschel. Das Wichtige war bereits in der Mannschaftssitzung besprochen worden, diese Scharfmacherei hatten sie nicht nötig. Wenn sie heute verlieren würden, war der Arsch ab.

Auf dem Gang ertönte der Pfiff des Schiedsrichters, sofort kam hektische Unruhe auf. Dieter fuhr sich noch einmal mit den Innenflächen seiner schweißnassen Hände durchs Gesicht und stand auf. Zwingli, der wie immer neben ihm saß, war kalkweiß.

»Komm, Urs, die packen wir heute«, flüsterte der Libero seinem flattrigen Stürmer zu. Der Schweizer zuckte zusammen, versuchte aber tatsächlich ein Lächeln.

Auf dem Kabinengang herrschte Gedränge; die 22 Aktiven, die drei Schiedsrichter, dazu noch die Trainer, Ersatzspieler und sonstigen Betreuer verbreiteten das absolute Chaos. Die Spieler der beiden Gegner wechselten noch ein paar flapsige Sprüche, dann folgten sie den Unparteiischen Richtung Spielfeld.

Das Gefühl war der absolute Hammer. Schon im Aufgang zur Rasenfläche hörte Dieter die tobende Menge, die Anfeuerungsrufe der Fans. Obwohl die Eintracht ein Heimspiel hatte, waren die Schalker zumindest von der Phonstärke überlegen. Bei den hochsommerlichen Temperaturen konnte sich Dieter eigentlich etwas Besseres vorstellen, als elf Mark für eine Stehplatzkarte auszugeben.

Aus den Lautsprechern dröhnte die verzerrte Stimme des Stadionsprechers, der einpeitschend die Namen der Mannschaftsaufstellungen durchgab. Jeder Name wurde von enthusiastischen Freudengesängen der eigenen Fans, von gellenden Pfiffen der gegnerischen Anhänger begleitet. Für einen kurzen Moment kam sich Dieter vor wie in einem Zirkus.

Nach der Platzwahl und den letzten Gymnastikübungen auf dem Rasen konnte es losgehen. Der Schiedsrichter gab das Spiel frei.

In den ersten zehn Minuten passierte gar nichts. Die Eintracht hatte Angst, sich einen schnellen Konter einzufangen, die Schalker warteten erst einmal ab. Erst ganz allmählich wurde der Druck auf das blau-weiße Tor stärker.

Dieter hatte die strikte Order, sich in der ersten Hälfte auf gar keinen Fall zu weit nach vorne zu wagen. Da die Schalker offensichtlich lieber auf Fehler der Gastgeber warteten, anstatt selber die Initiative zu ergreifen, hatte die Abwehr der Eintracht zunächst nichts zu tun. Bis zur 21. Minute.

Klimke hatte auf Linksaußen einen Zweikampf verloren, der Schalker Vorstopper trat schnell an und schickte seinen Mittelstürmer mit einem langen Ball auf die Reise. Van den Brink, der Vorstopper, schlief den Schlaf des Gerechten und hatte, bevor er überhaupt antrat, schon zehn Meter verloren. Pfeilschnell schoß der gegnerische Stürmer auf und davon. Dieter trat blitzschnell an, mit einem verzweifelten Sprung fuhr er dem Angreifer von der Seite zwischen die Beine. Mit der Stiefelspitze erwischte er gerade noch das Leder, der Schalker kam ins Stolpern und fabrizierte eine prächtige Bauchlandung.

Die Proteste seiner Mitspieler nützten nichts, der Schiedsrichter entschied auf Einwurf für die Eintracht. Als die Proteste der Schalker zu heftig wurden, zeigte er einem Mittelfeldspieler sogar die gelbe Karte.

Spengler half seinem Libero auf die Beine. »Gut gemacht, Kleiner. Unsere Tulpenzwiebel ist wohl noch in der Kabine.«

Van den Brink winkte ab. »Quatsch. Ich bin ausgerutscht.«

»Erzähl nichts«, donnerte ihn der Kapitän an. »Bleib gefälligst bei deinem Mann und halt die Augen auf.«

Nach dieser Aktion war wieder strikte Flaute angesagt. Die Eintracht wurde wieder vorsichtiger, die Schalker warteten auf den nächsten Fehler. Der Schiedsrichter sah schon auf seine Uhr, um zur Halbzeit zu pfeifen, als Velic, der es vorgezogen hatte, fast die ganze Halbzeit den Schatten der Haupttribüne nicht zu verlassen, in Höhe der Mittellinie den Ball verlor. Auf einmal waren drei, vier Angreifer auf dem Weg zum Eintrachttor, nur noch Korff und Dieter standen in der Abwehr. Geschickt ließen die Schalker die beiden Verteidiger ins Leere laufen, bis der rechte Außenstürmer mit einem satten 15-Meter-Schuß Spengler keine Chance ließ. Schalke führte kurz vor der Pause 1:0.

Auf dem Weg in die Kabinen wurden die Eintrachtkicker mit gellenden Pfiffen ihrer Anhänger bedacht. In der ersten Hälfte hatten sie gerade eine kümmerliche Torchance zustande gebracht, die Zwingli auch noch unbeholfen verstolperte. Sonst war Stille angesagt.

Milosevic kochte. Wahrscheinlich hinderte ihn nur die Anwesenheit der Vereinsoberen daran, seine Spieler körperlich zu züchtigen. Dieter wußte plötzlich, woher er den Gesichtsausdruck kannte. Jack Nicholson hatte in ›Shining‹ mal ähnlich dreingeblickt.

Der Trainer warf seine Taktik über den Haufen. Für den völlig enttäuschenden Murbach wechselte er Ossenkamp, das andere Zonenschnäppchen von Torpedo Chemnitz, als frischen Stürmer ein. Dieter sollte sich jetzt verstärkt in den Angriff einschalten, Korff hinter ihm den Ausputzer spielen. Die restlichen zwölf Minuten der Pause gab der Coach die schlimmsten serbokroatischen Schimpfwörter von sich, die man sich denken konnte.

Die zweite Hälfte begann, wie die erste aufhörte. Unbeholfene Angriffe der Eintracht gegen eine massierte Schalker Abwehr. Fünf Minuten nach Wiederbeginn platzte den Zuschauern der Kragen. Die ›aufhören, aufhören‹-Rufe mußte man fast bis zum Kölner Dom hören können.

Nach 53 Minuten fing Dieter einen Abpraller kurz hinter der Mittellinie ab und marschierte unentschlossen nach vorn. Bei Rot-Weiß hätte er jetzt sein Herz in beide Hände genommen und hätte es auf eigene Faust probiert, aber die schlechten Leistungen seiner Kollegen schienen auf ihn abzufärben. Auf gut Glück schlug er blind einen langen Paß nach vorne. Ossenkamp hechelte dem Ball hinterher, verlor aber das Laufduell gegen den Schalker Vorstopper. Kurz hinter der Strafraumgrenze kam der Ex-Zoni ins Straucheln und küßte die Grasnarbe. Zur Überraschung aller gellte die Pfeife des Schiedsrichters durch das Stadion. Es gab Elfmeter für die Eintracht.

Nach zwei Schrecksekunden war der Teufel los. Die Schalker Fans rissen fast die Zäune ein, die Ordner mußten Schwerstarbeit verrichten. Alle elf blau-weißen Spieler bestürmten den Schiedsrichter, der als einziger ein Foul gesehen haben wollte. Der Referee blieb hart. Nach gut drei Minuten konnte sich Zwingli den Ball auf dem ominösen Punkt zurechtlegen.

Fast sah es so aus, als ob sich der Schweizer vor Angst in die Hosen scheißen würde, aber er behielt die Nerven. Halbhoch schlug der Ball rechts vom Keeper ins Netz. Das völlig überraschende 1:1 war gefallen.

Was 55 Minuten eine dicke Schlafpille war, entwickelte sich nach dem Ausgleich zu einem Rassespiel. Die Schalker drehten mächtig auf, Angriff auf Angriff rollte auf das Tor der Eintracht. Doch der Gastgeber schien durch das Erfolgserlebnis noch einmal Luft zu bekommen. Geschickt wurde jetzt aus der Abwehr gekontert, einige schöne Spielzüge brachten Beifall auf offener Szene. Besonders Neuenberg, der in der letzten Saison innerhalb weniger Spiele zum Regisseur im Mittelfeld geworden war, drehte mächtig auf. Fast jeder Spielzug der Eintracht lief jetzt über ihn.

Nach 70 Minuten schien alles verloren. Wieder verlor Velic unnötigerweise einen Ball, blitzschnell lief der Angriff über die rechte Seite. Pusch kam einen Schritt zu spät, eine lange Flanke segelte in den Strafraum der Eintracht. Dieter stieg hoch, um mit einem Kopfball zu klären, aber van den Brink sprang ihm in den Rücken. Über beide hinweg segelte der Ball auf den Schlappen eines Mittelredakteurs der Schalker, der nicht lange fackelte. Spengler sah den Ball noch nicht einmal, der hoch oben in den linken Winkel einschlug.

Bei dem Getöse der Schalker Spieler und Fans dauerte es einige Zeit, bis sich der Schiedsrichter Gehör verschaffen konnte. Ahlmann, der Unparteiische, wollte eine Abseitsstellung gesehen haben.

Die Proteste nach dem unberechtigten Elfmeter waren nichts im Vergleich mit dem, was jetzt losbrach. Aus der Schalker Fan-Ecke flogen die ersten Pappbecher auf das Spielfeld, in der Traube aus schimpfenden Spielern war plötzlich nur noch eine hocherhobene rote Karte zu sehen. Der vorhin verwarnte Kicker flog vom Platz.

Fünf Minuten brauchte der Schiri, bis er die Situation wieder in der Hand hatte. Er blieb bei seiner Entscheidung, das Tor nicht anzuerkennen. Es blieb beim 1:1.

Mit nur noch zehn Spielern wollten die Schalker den Punkt retten, etwas anderes schien ihnen selber nicht möglich. Aber die Eintracht setzte nach. Dieter hielt es nicht mehr hinten, immer wieder schaltete er sich in die Angriffe seiner Mannschaftskameraden ein. Einmal rettete der Schalker Keeper mit einer artistischen Leistung, ein anderes Mal stand ein Abwehrspieler auf der Linie, von wo aus er Zwinglis Kopfball wegschlug.

Noch zwei Minuten waren zu spielen, als Dieter etwa zwanzig Meter vor dem gegnerischen Tor eine Anspielstation suchte. Angegriffen wurde er nicht. Urplötzlich trat er noch drei, vier Schritte, täuschte einen Schuß an, wich dann aber nach rechts aus und schlenzte das Leder mit dem Innenrist elegant an einem entgegenstürzenden Schalker vorbei. Der Keeper wurde lang und länger, aber der Schuß war zu gut plaziert. Dieter wollte schon die Arme hochreißen, als der Ball vom Lattenkreuz zurücksprang. Zwingli kam wie ein Torpedo herangeschossen und beförderte den Abpraller mit einem Flugkopfball in die Maschen. Die Eintracht führte kurz vor Schluß mit 2:1.

Der Widerstand der Schalker war gebrochen. Nach der Jubelfeier der Eintracht, die das vollkommen vergessene Gefühl einer Führung ausgiebig genossen, war das Spiel gelaufen. Die halbherzigen Angriffe der Blau-Weißen blieben spätestens an der Strafraumgrenze hängen. Als Schiedsrichter Ahlmann dreißig Sekunden vor Ablauf der Zeit seine Pfeife trällern ließ, war im Stadion der Teufel los.

Die Eintrachtfans konnten es gar nicht fassen, daß die eigene Mannschaft die hochgewetteten Schalker besiegt hatte; die Anhänger der Verlierer wollten am liebsten den Unparteiischen an den nächsten Baum knüpfen. Den Gewinnern war es egal.

Dieter taumelte zusammen mit Spengler und Zwingli Arm in Arm zu den eigenen Fans, die euphorisch ihre grün-schwarzen Fähnchen schwangen. Erst viele Minuten nach Schluß schafften es die erschöpften, aber überglücklichen Kicker, unter die wohlverdiente Dusche zu entfliehen.

»Das war's«, ließ Heinemann einen Seufzer der Erleichterung gen Himmel. »Hätte ich nie für möglich gehalten.«

Eichmann schlug seinem Freund gutgelaunt seine Pranke auf den Rücken.

»Ich habe es dir doch gesagt«, jubelte er. »Das war erst der Anfang. Jetzt rollen wir das Feld von hinten auf.«

»Freu dich nicht zu früh«, warnte der Sportliche Direktor und kommissarische Manager den optimistischen Höhenflug seines Chefs, »5:14 Tore und 2:8 Punkte sind weiß Gott kein Anlaß, die Mannschaft zu überschätzen.«

»Mach ich ja gar nicht«, beruhigte sich der Präsi, »aber du hast gesehen, daß es doch so etwas wie spielerische Substanz und Moral gibt. Wenn wir am Mittwoch im Pokal weiterkommen und dann beim HSV nicht untergehen, sieht die Welt schon anders aus.«

Heinemann gönnte sich einen tiefen Schluck aus der Bierpulle, ehe er selbstgefällig seinen Brustkorb streckte. »Was sagst du denn zu unserem neuen Libero? Gar nicht schlecht, was?«

Seinem fetten Grinsen war der Stolz über seine Entdeckung anzumerken. Der Neue hatte auch wirklich eine ordentliche Partei abgeliefert.

»Hoffentlich war das nicht nur 'ne Eintagsfliege«, scherzte

Eichmann, dem nach dem Sieg zentnerweise Steine vom Herzen gefallen waren. »Für einen Debütanten ganz ordentlich.«

Heinemann lehnte sich bequem in seinen Sessel zurück und legte die eleganten italienischen Halbschuhe samt Inhalt auf die massive Tischplatte. »Sag mal, Herbert, hast du eigentlich was mit dem Schiedsrichter gekungelt? So offensichtlich, wie der die Schalker beschissen hat, das war ja schon peinlich.«

Der Präsi zuckte die Achseln. »Ich hab dir schon mal gesagt, daß du nicht so neugierig sein sollst«, erklärte er mit erhobenem Zeigefinger. »was du nicht weißt, macht dir keine Magengeschwüre.«

»Die hab ich sowieso«, entgegnete Bully. »Dieser Tapperwein vom WDR hat in der Pressekonferenz gerade ganz schön vom Stapel gelassen. Und der verehrte Kollege aus dem Schalker Präsidium hat doch nur die Schnauze gehalten, weil der Angst vorm Kindermann hat.«

»Mir doch egal«, wiegelte Eichmann ab. »Wir haben 2:1 gewonnen, wie, ist in einer Woche vergessen.«

Von der Tür des Konferenzzimmers ertönte ein energisches Klopfen. Ohne auf Antwort zu warten, riß Milosevic die Tür auf.

»Da kommt ja der Sieger des Tages«, schleimte Heinemann. »Glückwunsch, Trainer. Die ersten zwei Punkte haben wir im Sack.«

Der Jugo strich wie ein zufriedener Kater über seinen spärlichen Kopfbewuchs. »Habe ich doch gesagt, wir gewinne das Spiel«, behauptete er schmunzelnd. »Passe Sie auf, die Eintracht kommen noch richtig nach oben.«

»Hoffentlich«, antwortete Eichmann ruhig. »Die erste Halbzeit war ja unter aller Sau. Wenn wir nicht so ein verdammtes Glück gehabt hätten, wäre die Sache ganz anders ausgegangen. Aber ich denke, daß wir auf dem richtigen Weg sind.«

Milosevic schluckte seine scharfe Antwort herunter und nickte. »Denke ich auch. Nach Ausgleich war Mannschaft gut drauf. Da müsse wir weitermachen.«

Heinemann sprang auf und beförderte seine geleerte Flasche in den nächsten Abfalleimer. »Meine Herren, die ersten zwei Punkte der Saison sind eingefahren. Ich denke, daß wir diesen Umstand würdig begehen sollten.«

Neugierig sah Milosevic auf. Eigentlich hatte er mal nachhören wollen, wie es mit einer eventuellen Siegprämie außerhalb der vertraglichen Vereinbarungen aussah, aber die kühle Reserviertheit des Präsidenten ließ ihn vorsichtig werden.

Eichmann fing bereits an zu grinsen. »Meinst du etwas Bestimmtes?«

»Mhm«, machte Bully, wobei er sich ausgiebig die Eier kratzte. »Wir waren lange nicht mehr bei Maria.«

»Gute Idee«, stimmte der Präsi zu.

Drachen-Dragan runzelte die Stirn. »Wer ist das?«

»Maria ist die Besitzerin eines äußerst luxuriösen Etablissements in Essen-Bredeney«, erklärte Heinemann grinsend. »Sauber, korrekt, sehr diskret und immer mindestens sechs blitzsaubere Mädels im Angebot.«

Der Jugo kapierte. »Ein Puff?«

Eichmann verzog das Gesicht. »Nein, kein Puff. Bei Maria kann man sich richtig wie zu Hause fühlen, sich von allem Streß erholen. Ihre weiblichen Angestellten sind lediglich bereit, einem alle Wünsche zu erfüllen.«

»Also doch eine Puff«, stellte Milosevic richtigerweise fest.

»Wenn Sie unbedingt wollen, auch das«, gab sich Eichmann geschlagen. »Aber wenn schon, dann ein Luxuspuff. Kommen Sie, Dragan, wir haben uns ein bißchen Entspannung verdient. Und der erste Saisonsieg ist mir auch eine Einladung wert. Statt Freistoß mal ein Freifick.«

Milosevic grinste ebenfalls. »Auch gut, wenn sich Prämie anfassen läßt.«

Die drei Männer sahen sich unternehmungslustig an, als plötzlich das Telefon auf dem Tisch des Konferenzzimmers zu bimmeln begann. Eichmann nahm höchstpersönlich den Hörer ab, meldete sich und hielt sofort die Muschel zu.

»Geht schon mal runter und wartet auf mich. Ich komm in zwei Minuten nach«, rief er gutgelaunt.

Erst als sich die Tür hinter den beiden anderen Männern geschlossen hatte, gab er die Leitung wieder frei. »Schießen Sie los. Was kann ich für Sie tun?«

7.

Das erste, was Dieter spürte, waren diese verdammten Kopfschmerzen.

Mit der Kraft einer Tausend-Watt-Birne strahlte ihm etwas ins Gesicht, drang durch seine geschlossenen Augenlieder und bohrte sich in seinen Sehnerv. Mit einer fahrigen Bewegung hielt er sich den rechten Arm vor das Gesicht. Sofort wurde es dunkel, aber der Druck auf der Stirn war mindestens genauso schlimm.

Vorsichtig drehte er sich auf die Seite und schlug langsam die Augen auf. Undeutlich erkannte er neben sich unter der Bettdecke einen blonden Haarschopf. Natürlich wußte er überhaupt nicht, wo er war. Allerdings meinte er sich erinnern zu können, daß die Wände seiner heimatlichen Schlafstätte mit Holz verkleidet waren. Diese hier waren tapeziert und weiß gestrichen.

Als er schmatzend seine verklebten Augen rieb, brüllte plötzlich der Wecker auf dem entlegenen Nachttischchen los. Wie eine Luftschutzsirene drang das andauernde Piepen in seine gequälten Ohren. Bevor er ausrasten konnte, schob sich ein zu dem Haarschopf gehörender Arm unter der Decke hervor und drückte auf ›Aus‹. Aus den Augenwinkeln erkannte Dieter, daß es gerade viertel nach acht war. Den Tag wußte er allerdings nicht.

Der Haarschopf drehte sich zu ihm um. Es war Vanessa, die ihn aus verschlafenen Augen verliebt anblinzelte.

»Morgen, mein Ritter. Gut gepennt?«

Wie man zu so früher Stunde bereits gute Laune haben konnte, war Dieter unerklärlich. Genauso, warum er bei ihr im Bett lag.

»Geht so«, erklärte er heiser. »Wie bin ich eigentlich hier gelandet?«

Vanessa sah ihn einen Moment verdutzt an, begann aber dann zu lachen. »Ist ja kein Kompliment für mich«, beschwerte sie sich. »Wenn du keinen Tequilla verträgst, solltest du die Finger davon lassen.«

»Au, Scheiße«, fluchte er leise, »kein Wunder, daß mein Schädel so brummt. Hast du mal ein Aspirin da?«

Sie schüttelte den Kopf. »Da hab ich was viel Besseres. Steh schon mal auf und spring unter die Dusche. Du mußt gleich weg.«

Verdattert blickte er auf. »Wieso das? Kommt dein Mann gleich?«

Vanessa platzte los. »Mein Gott, mußt du besoffen gewesen sein. Um neun Uhr hast du Training. Hast dich doch selber gestern abend beschwert, daß dieser Leuteschinder euch sogar nach einem Sieg antreten läßt. Hoch jetzt mit dir!«

Offensichtlich hatte sie weniger als er getrunken, denn das Aufstehen bereitete ihr überhaupt keine Probleme. Während er vorsichtig mit dem linken Bein nach dem Boden tastete, konnte sich Dieter an ihr nicht satt sehen. Leider hatte sie den Bademantel griffbereit.

Nach zwei Minuten hatte er seinen Körper endlich von der Matratze gehievt. Ächzend schleppte er sich zur nächsten Tür, hinter der er das Badezimmer vermutete. Zu seiner Enttäuschung führte sie nur in einen Flur, unter dem ein Stockwerk tiefer der eigentliche Wohnbereich lag.

Anerkennend pfiff er leise durch die Zähne. Zwar kannte er sich nicht mit dem aktuellen Mietspiegel aus, aber für so eine Bude mußte eine alte Oma verdammt lange stricken.

»Das Bad ist links von dir«, rief Vanessa aus der kleinen Küche unterhalb der Wendeltreppe. Dieter hörte sie dort mit einigen Küchengeräten und Konservendosen herumscheppern. Da ihm beim bloßen Gedanken an Nahrungsaufnahme schon schlecht wurde, ging er lieber wie befohlen unter die Dusche.

Das kalte Wasser wirkte Wunder, seinem Brummschädel ging es augenblicklich besser. Nach fünf Minuten war er schon wieder soweit hergestellt, daß er unbedingt einen Kaffee brauchte.

Als er, nur mit seiner Unterhose bekleidet und mit einem Badetuch in der Hand, schließlich die schmale Treppe herunterlief, fühlte er sich schon halbwegs menschlich. Sein blondes Unfallopfer hatte fürsorglicherweise bereits die Kaffeemaschine angeworfen und zwei relativ frische Brötchen auf einen Teller gelegt. Das einzige, was ihn störte, war ein Glas mit einer merkwürdigen, schmutziggrauen Flüssigkeit, welches neben seiner Kaffeetasse stand.

»Puuh, das wwar gut«, seufzte er. »Was ist denn das?« deutete er fragend auf das Gebräu.

»Austrinken«, befahl Vanessa. »Macht müde Männer munter. Hundertfach erprobt.«

Erst, als er neugierig in das Glas blinzelte, wurde ihm die Zweideutigkeit ihrer Bemerkung klar. Dieter lachte. »Bist du nymphoman?« fragte er grinsend.

»Gestern war dir das egal«, entgegnete sie schnippisch, wobei sie das Brotmesser auf die Arbeitsplatte knallte. Ihre blauen Augen sprühten Funken.

Dieter hob abwehrend die Hand. »Friede. Ich trink ja schon.«

Bevor er das Glas an seine Lippen setzte, biß er krampfhaft die Zähne zusammen. Er glaubte, Eierschalen und Fischflossen erkannt zu haben, aber um sie nicht noch mehr zu reizen, schloß er die Augen und kippte das Zeug in einem Zug herunter.

»Nicht«, schrie Vanessa, aber es war schon zu spät. Dieters Augen traten aus ihren Höhlen, seine rechte Hand griff nach der Kehle, die aus flüssigem Feuer zu bestehen schien. Wäre der Gehörnte persönlich aus der Besenkammer gestürzt, es hätte ihn nicht gewundert.

Vanessa stürzte zum Spülbecken und goß Leitungswasser in eine benutzte Tasse.

»Hier, trink das«, bettelte sie, »dann geht's gleich besser.«

Hastig kippte er das Wasser in sich hinein. Das Brennen ließ nach, sein Herzschlag und der Kreislauf normalisierten sich langsam. »Was war das denn?« krächzte er, als seine Lungen wieder Luft aufnahmen.

»Mein Geheimrezept«, erklärte das Mädchen. »Eine halbe Flasche Tabasco, zwei geriebene Chilischoten, etwas Cayennepfeffer, zwei ganze rohe Eier mit Schale, mit einem kräftigen Schuß Karottensaft abgelöscht. Für den besseren Geschmack hab ich noch ein Stück Salzhering reingetan.«

»Du bist ja pervers«, rutschte es ihm heraus. »Das ist ja widerlich.«

»Kann schon sein«, stimmte sie zu, »vertreibt aber jeden Kater. Allerdings sollte man das eigentlich nur in kleinen Schlukken trinken. Nicht ex und hopp.«

»Hab ich gemerkt«, erklärte er. »Krieg ich denn dafür einen Kaffee?«

Schmecken konnte er zwar nichts, weil seine Geschmacksnerven noch paralysiert waren, aber das Koffein und die Brötchen taten gut. Sein Kater hatte sich auch schlafen gelegt. Nachdem er den letzten Krümel verdrückt hatte, nahm er sich eine von ihren Zigaretten.

Vanessa sah eindringlich auf die Uhr. »Du mußt los«, drängte sie, »schon zwanzig vor neun. Fang dir bloß keinen Anschiß ein.«

Dieter schlürfte den letzten Rest Kaffee aus seiner Tasse und drückte die halbgerauchte Kippe aus.

»Schon gut«, gab er klein bei, »ich geh ja schon. Sehen wir uns nachher noch?«

Das Mädchen rollte die Augen. »Du weißt wohl gar nichts mehr, was?« stichelte sie. »Wer wollte mich denn unbedingt seinen Eltern vorstellen, he?«

»Schon gut, schon gut«, winkte er ab. »Ich verzieh mich jetzt. Ich hol dich gleich ab.«

Vanessa kam mit ihm zur Tür und drückte ihm einen Kuß auf die Wange. Bisher hatte er sich ganz gut zurückhalten können, aber als er den schwachen Duft ihres Parfüms in die Nase bekam, war es vorbei. Heftig nahm er sie in den Arm, wobei seine Hand langsam unter ihren Bademantel kroch. Mein Gott, dachte er, sie fühlt sich genauso gut an, wie sie aussieht.

Vanessa gab ihm einen Klatsch auf die Finger. »Wer ist denn hier nymphoman, du oder ich?« fragte sie lachend.

Dieter grinste zurück, gab ihr noch einen Kuß auf die Nase und stürmte gut gelaunt in den Flur.

Als er vehement aus der Haustür stürzte, empfing ihn strahlender Sonnenschein. Gestern abend, als er mit Vanessa und einer Flasche Tequila seinen gelungenen Bundesligaeinstand gefeiert hatte, war ein gewaltiges Gewitter niedergegangen. Die Wolken hatten sich wieder verzogen; Gott sei Dank war mit ihnen auch diese drückende Schwüle verschwunden.

Der Renault stand noch da, wo er ihn geparkt hatte. Pfeifend zog er seinen Schlüssel aus der Tasche, öffnete die Wagentür und ließ sich auf den Fahrersitz fallen. Von seiner guten Laune angesteckt sprang der Motor sofort an.

In seiner jetzigen Stimmung war es ihm sogar egal, daß der Trainer für neun Uhr am Sonntagmorgen ein Extratraining angesetzt hatte, zumal sie gestern gewonnen hatte. Einen Moment dachte er daran, einfach wieder nach oben zu Vanessa zu gehen, denn ihm hatte der Coach nichts gesagt. Die frohe Kunde vom versauten Wochenende hatte er im Kabinengang aufgeschnappt, als er auf dem Weg von der Pressekonferenz nach Hause war. Er konnte noch nicht einmal genau sagen, wer ihm zugerufen hatte, daß heute Training war.

Die Stadt und die Autobahn waren leer, die unentwegten Frühaufsteher, die auch sonntags nicht im Bett liegen bleiben konnten, sondern sich stattdessen lieber an irgendwelchen Stauseen, Baggerlöchern oder Freibädern die Füße platt treten lassen wollten, waren schon weg. Mit atemberaubenden 110 röhrte sein kleiner Franzose über die A430. Als das Armaturenbrett zu klappern begann, nahm Dieter das Gas dann doch zurück.

Der Parkplatz hinter den Umkleidekabinen war gähnend leer, lediglich ein dicker Benz stand einsam und verlassen in einer Bucht. Während er einparkte, schielte Dieter kurz auf seine Armbanduhr. Drei Minuten vor neun.

Mit seiner geschulterten Sporttasche trabte er mißtrauisch zu den Kabinen. Entweder hatten seine Kollegen es vorgezogen, mit öffentlichen Verkehrsmitteln zu kommen, oder das Training fand nicht hier statt.

Daß er vielleicht auch von einem netten Kameraden verarscht worden sein könnte, dämmerte ihm, als er vor der verschlossenen Kabinentür stand. Die Eingangstür zu den Stadionkatakomben war zwar aufgeschlossen, aber innerhalb der Räumlichkeiten war kein Schwanz zu sehen.

Stirnrunzelnd donnerte Dieter seine Tasche in eine Ecke und zündete sich ärgerlich eine Zigarette an. Tief inhalierend nahm er sich vor, fünf Minuten zu warten und dann Training Training sein zu lassen. Sonntagsmorgens konnte er sich etwas Besseres vorstellen, als in einem düsteren Gang seine Zeit zu vertrödeln.

Als die Fluppe bis zum Filter heruntergebrannt war, war er es leid. Fluchend schnappte er seine Sachen und trat den Rückweg an. Während er die Flügeltür Richtung Parkplatz aufdrückte, hörte er hinter sich eine Tür ins Schloß fallen.

Stutzend drehte sich Dieter um. Gerade hatte er niemanden gesehen, aber so täuschen konnte er sich nicht.

Angestrengt spitzte er die Ohren. Ganz weit entfernt meinte er, in der Stille Wasser rauschen zu hören. Langsam ging er wieder zurück; je näher er den Umkleidekabinen kam, umso deutlicher wurde das Geräusch.

Als er wieder vor der Kabinentür stand, gab es keinen Zweifel mehr. Innen lief eine Dusche, deutlich konnte er das Plätschern des Wassers auf den geschmacklosen grünen Fliesen ausmachen. Neugierig drückte er kurz gegen das Holz. Mit einem leichten Schnacken sprang die Tür auf.

Perplex blieb er einen Moment stehen. Da er sich nicht erinnern konnte, jemals an Halluzinationen gelitten zu haben, mußte, nachdem er seinen Platz hier verlassen hatte, jemand die Tür aufgeschlossen haben. Besoffen war er auch nicht mehr, und selbst wenn, hätte er eher weiße Mäuse erwartet.

Vorsichtig trat er einen Schritt in die Kabine, außer dem laufenden Wasser war nichts zu hören. Auf dem Boden sah er einige nasse Fußtritte, die von den Duschräumen wegführten. Schritt für Schritt trat er weiter in den Raum hinein, bis er durch die Verbindungstür in den dunklen Waschraum gelangte. Die Finger seiner linken Hand tasteten nach dem Lichtschalter. Grell sprangen die Neonröhren an und beleuchteten unbarmherzig den ganzen Raum. Dieter prallte zurück.

Auf dem Fliesenboden, unter der letzten Dusche in der rechten Ecke, lag der Körper eines Mannes, mit dem Gesicht zur Wand. Im ersten Moment dachte Dieter an einen Übriggebliebenen der gestrigen Siegesfeier, aber dann schüttelte er kräftig den Kopf. Langsam trat er näher. Erst als er noch einen Meter von dem leblosen Körper entfernt war, sah er, daß sich in das ablaufende Wasser ein dünner, roter Strahl mischte.

Mit zitternden Fingern ging Dieter ein wenig in die Hocke, nachdem er geistesabwesend das Wasser abgedreht hatte. Der Mann vor ihm war tot, daran gab es keinen Zweifel. Die Augen schauten blicklos ins Leere, der Mund stand wie sprachlos vor Schreck aufgerissen. Es war der Präsident der Eintracht, Herbert Eichmann.

Aus Dieters Kehle drängte ein ächzender, leiser Schrei, bevor er wie von einer Tarantel gestochen aufsprang und verzweifelt ein Telefon suchte.

»Schatzi, aufstehen. Das Präsidium ist am Telefon.«

Die anheimelnden Töne seiner Liebsten konnten Kriminalhauptkommissar Bernd Wielert nicht im mindesten beeindrucken. Murrend zog er die Decke über den Kopf und versuchte, sich schlafend zu stellen.

»Nun komm, Schatzimaus. Es gibt Arbeit für dich.«

Selbst diese verlockende Aussicht konnte Wielert nicht bewegen, freiwillig die Bettdecke zurückzuschlagen. Gestern abend hatte Kollege Bach sein in Polizeikreisen schon berühmt-berüchtigtes Gartenfest veranstaltet. Und mit 36 Jahren konnte er die Nachwirkungen nicht mehr so einfach ignorieren.

»Verdammt, Bernd, beweg deinen Arsch aus den Federn«, drohte seine Angetraute streng, »da ist ein Mord passiert.«

Das wirkte. Der Ton seiner Gattin hatte diesen bösen Unterton angenommen, der jeglichen Widerspruch bereits im Keim erstickte. Seufzend schlug er das Laken zur Seite und wuchtete die Füße über die Bettkante.

Irmgard stand mit dem Telefonhörer in der Hand in der Diele. Während ihrer Versuche, den diensthabenden Beamten der Mordkommission aus dem Bett zu locken, hatte sie noch nicht einmal den Hörer zugehalten. Wielert konnte sich die Flachsereien der Kollegen schon bildhaft vorstellen.

Während er mit der linken Hand noch den Gürtel seines Bademantels zuzog, griff er mit der rechten nach dem Sprechgerät.

»Wielert«, krächzte er heiser.

»Rodi, morgen Herr Hauptkommissar. Wir haben gerade einen Mordfall gemeldet bekommen. Ihr Kollege Bach ist schon mit einem Wagen zu Ihnen unterwegs.«

Wielert gähnte herzhaft und kramte nach seinen Zigaretten. Nach 16 Jahren Ehe wußte seine Frau natürlich, was er wollte. Aus dem Türrahmen zur Küche kam plötzlich eine Hand hervor, in der bereits eine Kippe glimmte. Dankbar nahm Wielert einen tiefen Zug.

»Wen hat es denn erwischt?« erkundigte er sich uninteressiert.

Aus dem Hörer drang das Rascheln von Papier, ehe der junge Kollege weitersprach.

»Einen Herbert Eichmann. Zwei Kollegen vom Streifendienst sind schon am Tatort.«

Wielert stutzte. Der Name kam ihm sehr bekannt vor. »Eichmann?« fragte er zurück.

»Ja, Herbert Eichmann«, kam die Antwort. »Der Präsident der Eintracht. Ist in den Duschräumen des Stadions tot aufgefunden worden.«

»Leck mich doch am Arsch«, platzte der Kommissar heraus. »Das ist ja ein Fressen für die Presse. Bach ist schon unterwegs?«

»Ja, Herr Hauptkommissar«, eiferte Rodi.

Ohne ein weiteres Wort legte Wielert auf und drückte den Zigarettenstummel in einen Aschenbecher. Erst gestern hatte er diesen fetten Fußballpräsi zehn Reihen vor seinem eigenen Platz im Stadion gesehen. Verdammt schneller Abgang, dachte er ärgerlich.

»Irmchen, setzt du bitte einen Kaffee auf?« rief er Richtung Küche, während er selber ins Badezimmer marschierte. »Klaus wird gleich da sein. Der wird bestimmt auch 'nen Täßchen gebrauchen können.«

»Ist schon längst fertig«, bekam er noch mit, bevor er todesmutig das kalte Wasser andrehte.

Unter der Dusche spülte er sich seinen Kater vom Kopf und wurde langsam richtig wach. Mit seiner Beförderung zum Hauptkommissar vor drei Jahren hatte er seine, als zwanzigjähriger aufgestellten Ziele erreicht. Seine Karriere war wie im Bilderbuch verlaufen, bei den Lehrgängen und Prüfungen zwar nicht der Beste, aber immer in der Spitzengruppe. Seine erste Bewährungsprobe bei der Rauschgiftfahndung endete mit der Beschlagnahmung von zwei Kilo Heroin und der Festnahme von drei langgesuchten Dealern; nur ein Jahr später gelang es ihm, inzwischen bei der Sitte gelandet, einen Ring von Mädchenhändlern auffliegen zu lassen. Langsam und stetig stieg es mit ihm nach oben. Vor sechs Jahren wurde er dann zur Mordkommission versetzt, die Erfolge blieben nicht aus. Nur einen einzigen Fall hatte er bisher als unerledigt zu den Akten legen müssen, alle anderen waren abgehakt. Im Präsidium hatte er den klangvollen Spitznamen ›Mister 99,9 Prozent‹. Die Aufklärungsquote seines Dezernats lag zwar nur bei knapp 97, aber darüber wurde gnädig hinweggesehen.

Trotzdem fühlte Wielert jetzt ein Kribbeln wie schon lange nicht mehr. Er hatte sich immer eingestanden, daß seine bisherigen Morde nicht gerade außergewöhnlichen Spürsinn verlangt hatten. Überwiegend waren es Beziehungsdelikte gewesen, bei denen der Kreis der Täter von vorneherein recht klein war. Aber wenn jetzt eine stadtbekannte Leiche in den Umkleidekabinen des Stadions der hiesigen Bundesligamannschaft gefunden wurde, versprach das nichts Gutes.

Nachdem er sich abgetrocknet und die spärlicher werdenden Haare trocken gerubbelt hatte, sprang er in die bereitliegenden Klamotten. Merklich frischer als noch vor 15 Minuten trat er schließlich in die Küche, in der sich sein Kollege bereits breitgemacht hatte und mit großem Appetit das zweite Brötchen verdrückte.

»Morgen, Bernd. Auch 'n Häppchen?«

Wielert wurde schlecht. Bach hatte zwei dicke Scheiben Käse auf dem Brötchen plaziert und das Ganze mit einer Zentimeterschicht Erdbeermarmelade überdeckt. Wie sein Magen das nach der gestrigen Fete aushielt, war unbegreiflich.

»Laß man, 'n Kaffee reicht. Kau schneller, wir müssen los.«

Bach verdünnte die Pampe in seinem Mund mit einem großen Schluck Kaffee und rülpste.

»Warum denn? Wär das erstemal, daß 'ne Leiche freiwillig seinen Mörder verrät. Wozu die Eile?«

»Weil der Fall bestimmt jede Menge Wirbel auslösen wird«, erwiderte der Hausherr. »Ich wette, daß die Presse schon da ist.«

»Warum?« fragte Bach zurück, »nur weil so 'n Obdachloser abgetreten ist?«

Wielert verbrannte sich die Lippen. Ärgerlich setzte er das Porzellangefäß auf die Küchentheke.

»Hast du nicht gehört, wen es da erwischt hat?«

»Nee. Hab nur was von 'ner Leiche in einem Duschraum gehört. Dachte, das wär vielleicht ein Stadtstreicher.«

»Von wegen«, prustete der Ranghöhere. »Herbert Eichmann war zwar ein mieser Penner, aber gleichzeitig auch Präsident unserer gestern so überraschend erfolgreichen Bundesligaelf. Und der wurde ausgeknipst.«

Bach war sprachlos, was bei ihm äußerst selten vorkam.

»Kommst du zum Essen nach Hause oder seh ich dich die nächste Woche nur zum Hemdenwechsel?« erkundigte sich Irmgard beiläufig. Bei einem frischen Mord spielte sie schon seit Jahren nur die zweite Geige, ohne sich künstlich darüber aufzuregen.

»Weiß ich nicht«, antwortete Wielert. »Wenn ich es schaffe, rufe ich dich nachher an. Und sag Petra, daß wir unsere Radtour nachholen.«

Insgeheim war er froh, mit seiner Tochter bei diesen Temperaturen nicht auf einem ungemütlichen Drahtesel durch die Gegend schaukeln zu müssen. Daß er stattdessen einen frischen Mord auf dem Tisch hatte, war ein kleineres Übel.

Rechtzeitig zog er Bach von seinem Hocker, bevor sein Kollege, verfressen wie er war, schon wieder in das Brotkörbchen greifen konnte.

»Los jetzt. Meinetwegen kannst du dich an 'ner Pommesbude auftanken. Die Arbeit ruft.«

Bach klemmte sich doch noch ein Brötchen zwischen die Kiefer und folgte artig. Bereits im Auto schluckte er bei rasender Fahrt den letzten Bissen.

Durch die leeren Straßen hatten sie keine Mühe, zügig den Tatort zu erreichen. Mit quietschenden Reifen bog der Vectra schließlich in die kleine Abzweigung, die hinter das Stadion führte. Zwei Streifenwagen und die Kutsche der Kollegen vom Erkennungsdienst waren schon da. Sonst parkten hier nur noch ein fünfhunderter Benz und ein verbeulter Renault.

Wielert riß stöhnend die Tür auf. Obwohl es erst kurz vor zehn war, stand die Sonne schon heiß am Himmel. Die ersten Schweißperlen wischte er mit dem Handrücken ab und ließ sein Feuerzeug klicken. Mit einer Kippe konnte er es ruhig angehen lassen.

Einer der Bereitschaftspolizisten kam schlurfend auf sie zu. Bach und Wielert schirmten ihre Augen gegen die Sonne ab und gingen ihm ein paar Schritte entgegen.

»Morgen, die Herren. Wenn Sie mir folgen wollen?«

»Keine Panik«, grunzte Bach. »Ist der Notarzt noch nicht da?«

Der Schupo schüttelte den Kopf: »Noch nicht. Müßte aber jeden Moment kommen. Wir haben auch gleich einen Leichenwagen bestellt.«

»Toll«, lobte Wielert und setzte sich wieder in Marsch. »Sind die Angehörigen verständigt?«

Wieder Kopfschütteln.

»Die Ehefrau des Toten ist nicht zu Hause, andere haben wir nicht ermitteln können«, kam prompt die Antwort.

Bach puhlte sich den Rest des Frühstückbrötchens aus den Zähnen und riß die Flügeltür zu den Innenräumen auf. Nach dem eifrigen »Da lang« des Milchgesichts in der sandfarbenen Uniformbluse polterten sie in den Keller.

Der Erkennungsdienst war voll in Aktion. Drei Beamte wieselten mit Kameras und tausend anderen Utensilien durch die Kabine und den Duschraum, wobei sie die Mordkollegen mit einem barschen »Raus hier« des Feldes verwiesen. Wielert und Bach warteten auf dem Gang. Außer ihnen standen noch drei Schupos und ein bleicher junger Mann, der zittrig eine Zigarette in den Fingern hielt, neben ihnen.

»Wer ist das denn?« wollte Wielert von einem Kollegen wissen und nickte, als er Auskunft erhielt.

»Tach, Herr Heidtmann. Sie haben den Toten gefunden?«

Dieter zuckte zusammen. Nachdem er aus der nächsten Telefonzelle den Mord gemeldet hatte, hatte er sich erst einmal kräftig übergeben müssen. Ein wenig flau war ihm immer noch.

»Ja«, nickte er schließlich. »Scheußliche Sache.«

Wielert nickte und zückte seinen Dienstausweis. »Ich bin Kriminalhauptkommissar Wielert von der Mordkommission. Können Sie mir ein paar Fragen beantworten?«

»Ja«, antwortete Dieter.

»Was machen Sie hier eigentlich? Überstunden?«

Die Zigarette verschwand unter Dieters Turnschuhen. »Quatsch. Ich dachte, wir hätten heute morgen Training. Darum bin ich hier. Weil keiner da war, wollte ich mich wieder verziehen, als ich die Dusche laufen hörte. Da hab ich nachgesehen und Herrn Eichmann gefunden.«

»Und warum ist kein anderer da, wenn Training sein soll?«

Dieter lachte freudlos auf. »Vielleicht hat mich ja einer auf den Drops genommen«, vermutete er. »Soll schon mal vorkommen.«

Wielert legte den Kopf schief und sah den jungen Mann vor ihm nachdenklich an. Weiter sagte er aber nichts, denn die Kollegen vom EKD waren fertig.

»Ihre Leiche«, dröhnte der gewohnte Spruch, der das Stichwort für die Ermittlungsbeamten war. Wielert bat Dieter, hier zu warten und nickte Bach zu.

»Schöne Sauerei«, meinte der schließlich, als sie die Leiche kurz in Augenschein genommen hatten. »Das war ein Profi, sage ich dir. Ein kurzer, trockener Stich und presto. Genau ins Herz.«

»Seit wann heißt du Sauerbruch«, murmelte Wielert gelangweilt. »Laß den Weißkittel erst mal sehen, ob er noch was anderes findet.«

»Keine anderen Verletzungen«, fuhr Bach unbeeindruckt fort. »Zumindest keine zu entdecken. Der hat noch nicht mal mehr Zeit zum Schreien gehabt«, beendete er seine Vermutungen.

»Sag mal, Klaus, seit wann bist du der Leichenbeschauer? Warte gefälligst auf den Obduktionsbericht, bevor du ein Urteil abgibst.«

»Was ist dir denn über die Leber gelaufen?« erkundigte sich der Gescholtene.

»Gar nichts«, antwortete Wielert barsch. »Ich hab nur das Gefühl, als ob das ein Scheißfall wird. Wenn der Erkennungsdienst nur eine verwertbare Spur findet, schmeiß ich ein Hundertliterfaß.«

Von der Tür her drang der Notarzt in den Duschraum. Die gemütlichen Rundungen um die Hüfte des vielleicht 50-jährigen Mediziners hatten ihren Grund. Die Zeit, bis der Doc seine Tasche aufbekommen hatte, hätte Wielert und Bach zu einem kompletten Reifenwechsel ihres Dienstwagens gereicht.

Während der Druide seinen Job tat, spielte Bach den aufmerksamen Beobachter. Wielert ging wieder auf den Kellergang und widmete seine ganze Aufmerksamkeit Heidtmann.

»So, junger Mann, noch einmal. Sie haben also gedacht, daß heute Training wäre, aber außer Ihnen ist nur ein Toter in der Kabine. Ein bißchen merkwürdig, nicht wahr?«

Dieter schluckte. »Ich habe Ihnen doch gesagt, daß ich wahrscheinlich verarscht worden bin. Glauben Sie etwa, daß ich der Mörder bin?«

Wielert zuckte die Achseln. »Ich glaube gar nichts«, erklärte er. »Nur merkwürdig ist es doch, finden Sie nicht?«

Dieter antwortete nicht, sondern beobachtete aus den Augenwinkeln die Sargträger, die mit einer Zinkwanne im Umkleideraum verschwanden. Der dicke Arzt kam, mit einem Taschentuch feudelnd wie Louis Armstrong, prustend in den Gang.

»Stich ins Herz, glatte hundert Punkte«, quietschte er mit seiner unangenehm hohen Stimme. »Sonst keine sichtbaren Verletzungen, weder am Thorax noch an den Extremitäten. Morgen früh haben Sie den Obduktionsbericht.«

Wielert hob dankend die Hand und schenkte Dieter erneut seine Aufmerksamkeit.

»Seit wann kannten Sie den Toten?« wollte er wissen.

»Seit einer Woche«, erklärte Dieter. »Ich bin noch nicht lange bei der Eintracht.«

»Stimmt ja«, nickte der Polyp, »Sie sind ja der neue Libero. Gutes Spiel gestern.«

»Danke«, antwortete Dieter knapp.

»Wissen Sie, ob Herr Eichmann hier noch weitere Verwandte in der Stadt hat?«

»Keine Ahnung. Fragen Sie doch Herrn Heinemann, der kannte unseren Präsidenten entschieden besser als ich.«

»Gute Idee«, bestätigte Wielert, »wäre ich gar nicht drauf gekommen.«

»Kann ich jetzt gehen?« fragte Dieter. Dieser ganze Zauber schlug ihm auf den Magen.

»Sie können. Aber kommen Sie morgen früh bitte ins Präsidium, wegen des Protokolls.«

Dieter nickte, schulterte seine Tasche und schob ab. Wielert sah ihm noch einen Moment hinterher und schlenderte wieder zum Tatort.

Bach hatte inzwischen den Einsargern bei der Arbeit zugesehen. Während der Tote vorsichtig in die wasserdichte Plastikhülle gestopft wurde, unterhielten sich die beiden über die Aussichten der Eintracht, doch noch deutscher Meister zu werden.

»Wie war's?« fragte Bach.

Wielert winkte ab. »Der Kleine hatte keine Ahnung. So wie

der gezittert hat, kann der noch nicht mal im Affekt ein Gänseblümchen zertreten.«

»Nun denn«, schnaufte sein Gehilfe. »Dann ab ins Präsidium. Mal sehen, was wir über den teuren Verblichenen herausfinden können.«

8.

Am nächsten Morgen war die Stimmung der beiden Beamten auf dem Nullpunkt. Herbert Eichmann war zwar eine stadtbekannte Persönlichkeit, aber alle Archive und Informationsquellen, die sie angezapft hatten, ergaben nur das Bild des gutherzigen Geschäftsmannes, der seinen Angestellten gute Löhne zahlte und seinen Restaurantkunden immense Geldbeträge aus der Brieftasche zog. Bei allen Wohltätigkeitsveranstaltungen war Eichmann mindestens durch eine Spende vertreten, unterstützte großzügig dic örtliche SPD, ohne daß, für alle Fälle, die CDU zu kurz kam, und war zudem noch der ideale Ehemann, der mit seiner Frau, die im Moment in Amerika weilte, zwar noch das Konto, aber sonst nichts mehr teilte. Geschäftliche Konkurrenten oder gar Personen, die ein Interesse an seinem Ableben haben konnten, hatten sie nicht gefunden.

Wielert schlug ärgerlich den dünnen Schnellhefter zu, in dem er seine bisherigen Erkenntnisse notiert hatte.

»Das gibt's doch gar nicht«, fluchte er, während Bach aufmerksam durch den Verkehr der Innenstadt chauffierte. Sie waren auf dem Weg zum Stadion. Bully Heinemann und Hans Jürgen Pohl, die beiden letzten Führungsclowns des Bundesligisten, erwarteten sie zu einem Gespräch.

»Dieser Eichmann war ein bunter Hund, der jede Sau, die was zu sagen hatte, persönlich kannte. Aber nichts, was mit dem Mord zutun haben könnte. Der muß doch Feinde gehabt haben«, grübelte der Hauptkommissar laut.

Bach rieb sich die Nase. »Nicht unbedingt. Und wenn, dann kann das nur mit dem Verein zu tun haben. Sein Unternehmen lief, seine Frau bumst sich durch die Staaten, die Politiker beider Seiten kassieren von ihm. Ist doch alles optimal.«

»Wunderbar«, höhnte Wielert, »bis auf die Tatsache, daß dieser Menschenfreund erstochen wird. Die Sache stinkt zum Himmel, Klaus.«

»Ein Verrückter?« vermutete sein Kompagnon.

»Blödmann. Verrückte laufen Amok oder zerstückeln ihre Opfer. Der fette Sack aus der Gerichtsmedizin hat doch gesagt, daß ein Stich gereicht hat. So genau, wie das Messer im Herz saß..., nein, das war Maßarbeit.«

»Ein gekaufter Mörder? Glaubst du doch wohl selber nicht. Nach dem Obduktionsbericht wurde Eichmann direkt von vorne erstochen. Der hat seinen Mörder vorher gesehen. Und er muß ihn gekannt haben.«

»Warum das denn?« staunte Wielert, dessen Gehirn noch im Wochenende war.

»Muß ich dir das wirklich erklären?« fragte Bach überrascht.

Nein, das mußte er nicht. Eichmanns Körper wies keine Spuren eines Kampfes auf, mit einem Unbekannten wäre er bestimmt nicht runter in die Umkleide gegangen. Der Einstichkanal war schräg aufwärts nach oben – aber schnurgerade, also kam das Messer von vorne. Eichmann muß völlig überrascht gewesen sein, als hätte er dem Täter nie zugetraut, daß er eine Waffe zücken würde. Rätsel über Rätsel.

»Raubmord scheidet auch aus«, gähnte Wielert, »genauso wie ein Eifersuchtsdrama. Haben wir die Ehefrau eigentlich schon erreicht?«

Bach verneinte. Dann zog er den Wagen in eine Parklücke vor dem Stadion und bremste ab. Die Kicker des Vereines standen zusammen und unterhielten sich verstört. Als die beiden Kripoleute auftauchten, verstummten die Gespräche.

»Die nehmen wir uns auch noch vor«, flüsterte Wielert leise, als sie die Geschäftsstelle betraten. Bach nickte stumm, während sie die Treppen nach oben stiegen.

Die Sekretärin empfing sie mit verheulten Augen. Als Wielert seine Marke präsentierte, wurde sie erneut undicht. Undeutlich stammelte sie etwas in die Gegensprechanlage und zeigte dann auf die schwere Tür zum Nebenraum. Wielert und Bach traten ein.

Die beiden Männer im Konferenzraum erhoben sich. Bully Heinemann war den Beamten bekannt, der andere, ein etwa 60-jähriger, dünner Kahlkopf, nickte nur kurz.

»Herr Heinemann?« fragte Wielert ruhig, während Bach die Tür wieder zuschnacken ließ. Der Sportliche Direktor nickte.

»Ich bin Kriminalhauptkommissar Wielert, das ist Kriminalhauptmeister Bach. Wir sind von der Mordkommission und würden uns gerne mit Ihnen unterhalten.«

»Aber selbstverständlich«, antwortete Heinemann und bot Platz und Kaffee an.

Als man beides genommen hatte, ging Wielert sofort zur Sache über: »Haben Sie eine Vermutung, wer Herrn Eichmann ermordet haben könnte?«

Die beiden Vorstandsheinis sahen sich kurz an. Heinemann schüttelte schließlich für beide den Kopf. »Nein, in keinster Weise. Herr Eichmann war im Verein sehr beliebt, von den Spielern und Mitarbeitern geschätzt und respektiert. Ich kann noch gar nicht fassen, daß er tot ist.«

Hätte er jetzt ein paar Tränen abgedrückt, die beiden Beamten wären nicht überrascht gewesen.

»Wir haben uns in den letzten 24 Stunden eingehend über Herrn Eichmann informiert«, fuhr Bach fort. »Nirgendwo haben wir Anhaltspunkte für ein Motiv gefunden. Offensichtlich hatte ihr ehemaliger Kollege keine Feinde oder Neider, zumindest nicht außerhalb seiner Vereinsaktivitäten. Hat er hier jemandem auf die Füße getreten?«

Der Glatzkopf, von dem die Polypen vermuteten, daß es Pohl, der Zweite Vorsitzende war, wurde blaß. Heinemann sprang sofort in die Bresche. »Es gibt immer mal Auseinandersetzungen«, beschwichtigte er. »In der letzten Zeit hat es bei der Eintracht personelle Veränderungen gegeben. Sie haben sicher davon gelesen.«

»Meinen Sie Kloth, den gefeuerten Trainer?« fragte Wielert, der montags im Büro ausgiebig den Sportteil studierte.

»Unter anderem«, bestätigte Heinemann. »Mit Herrn Kloth und Herrn Bierbach war einfach keine Zusammenarbeit mehr möglich. Von beiden haben wir uns nach eingehenden Gesprächen getrennt.«

»Wer ist Bierbach?« erkundigte sich Bach.

»Unser ehemaliger Manager«, mischte sich jetzt auch Pohl ein. Seine Stimme klang noch brüchiger als sonst. Der Tod seines langjährigen Vormundes ging ihm nahe.

Wielert war überrascht. »Wann ist der denn gefeuert worden? Da hab ich noch gar nichts von gehört.«

»Herr Bierbach hat uns erst letzte Woche im gegenseitigen Einverständnis verlassen«, informierte Heinemann. »Sein Aufgabengebiet ließ ihm zu wenig Zeit für seine hauptberufliche Tätigkeit. Und außerdem hat er als Manager zu wenig Geld bei unseren Sponsoren locker gemacht. Für beide Seiten war eine Trennung das Beste.«

Wielert lehnte sich langsam zurück und dachte nach. Diese beiden Heinis verheimlichten ihnen etwas.

»Sagen Sie mal, wo waren Sie eigentlich gestern morgen? So um neun Uhr?«

Pohl schoß förmlich in seinem Sitz nach vorne, Heinemann blieb gelassen.

»Ich war in der Kirche«, stotterte der Zweite Vorsitzende. »In der Frühmesse. Fragen Sie den Pastor, ich habe sogar die Kollekte eingesammelt.«

Bach hob beschwichtigend die Hand. »Das ist nur eine Routinefrage, Herr Pohl. Alibis zu überprüfen gehört nun mal zu unserem Job.«

»Ich meinte ja nur«, stammelte der Kahle.

»Herr Heinemann?« fragte Wielert mit einem Seitenblick.

»Ich war zu Hause«, kam die Antwort. »Am Samstagabend haben Herr Eichmann, Herr Milosevic und ich unseren ersten Saisonsieg gefeiert. Ich war am Samstag gegen Mitternacht zu Hause und bin am Sonntag gegen zehn Uhr aufgestanden.«

»Gibt es dafür Zeugen?«

Vor der Antwort zögerte der Sportliche Direktor einen Moment. »Nein, tut mir leid«, sagte er schließlich. »Seit ich geschieden bin, pflege ich größtenteils alleine zu nächtigen.«

»Nochmal zu dem Toten«, wechselte Bach das Thema. »Hat er sich in der letzten Zeit eigenartig benommen? So, als ob er vor irgendetwas Angst gehabt hätte?«

Von beiden kam ein entschiedenes ›Nein‹.

»Herbert Eichmann hatte vor niemandem Angst«, dozierte Heinemann. »Ich habe selten einen Mann gekannt, der so umsichtig seine Entscheidungen getroffen hat wie er. Wenn er sich Feinde gemacht haben sollte, so ist mir zumindest nichts davon bekannt.«

In Wielerts Magen begann es fürchterlich zu rumoren. Er hatte das Gefühl, daß dieser Heinemann freiwillig noch nicht mal mit seiner Haarfarbe rausrücken würde. Diese aalglatten Typen mit ihrer geschäftsmäßigen, coolen Art kotzten ihn einfach an.

Abrupt stand der Hauptkommissar auf und gab seinem Kollegen einen Wink. »Für's erste war das alles«, resümierte er kurzangebunden. »Wenn wir weitere Fragen haben sollten, melden wir uns wieder bei Ihnen.«

»Selbstverständlich«, nickte Heinemann betrübt. »Ich werde alles tun, damit der Tod meines Freundes aufgeklärt werden kann. Herr Pohl ist, denke ich, der gleichen Ansicht.«

Von dem senilen Greis kam ein eifriges Nicken.

Bach und Wielert verabschiedeten sich und traten wieder ins Sekretariat. Die Vereinstippse spielte immer noch Wasserfall. Ihr Papierkorb lief von gebrauchten Taschentüchern fast über.

Als die beiden Kripobeamten in ihr Zimmer kamen, versuchte sie, sich zusammenzureißen. Wielert sah sie beruhigend an und hockte sich auf ihre Schreibtischkante. Galant reichte er ihr ein neues Paket Papiertücher.

»Schlimm?« fragte er mitleidig.

Die Frau vor ihm schneuzte sich kräftig und wischte sich anschließend die Augen.

»Ich verstehe das alles nicht«, stammelte sie fassungslos. »Wie kann ein Mensch nur so etwas tun? Herbert hat doch keinem Menschen etwas zuleide getan.«

»Wie gut kannten Sie ihn?« lauerte Bach sofort. Automatisch schaltete er sein Gehirn auf Aufnahme.

»Wir wollten heiraten«, stieß sie unter einem erneuten Tränenschub hervor.

Die beiden Ermittler sahen sich überrascht an.

»Sie beide?« echote Wielert. »Herr Eichmann war doch verheiratet.«

Die Sekretärin nickte. »Schon. Aber er wollte sich scheiden lassen. Noch am Donnerstag hat er hier gesessen und mir gesagt, daß seine Frau langsam einsehen würde, daß ihre Ehe nicht mehr funktioniere. Und dann wollten wir heiraten.«

Vor lauter Trauer segelte das zerfetzte Taschentuch aus ihrer Hand, automatisch bückte sie sich, um es aufzuheben. Wielert sah dezent zur Seite, während Bach ihr ungeniert in den Ausschnitt spähte. Ein Kostverächter war dieser Eichmann bestimmt nicht.

»Wußte sonst jemand von Ihren Plänen?« setzte Wielert nach. Von dieser Frau Himmel konnte er bestimmt mehr erfahren als diese beiden Penner nebenan in zehn Jahren erzählt hätten.

»Nein, es war... sozusagen unser Geheimnis«, sinnierte sie gedankenversunken. »Und jetzt ist er tot.«

Wielert gab ihr einen Moment Zeit. »Frau Himmel, können Sie sich vorstellen, wer Interesse an dem Tod Eichmanns haben könnte? Hatte er Feinde?«

Die Himmel wiegte vorsichtig ihren Kopf. »Feinde weiß ich nicht, aber es gab einige, die ihn nicht leiden konnten. Dieser Bierbach, zum Beispiel. Der hat ihm letzte Woche sogar noch gedroht. ›Arschloch‹ hat er zu Herbert gesagt. Und daß er irgendwann eine Quittung bekommen würde.«

Bach schnellte automatisch vor. »Klaus Bierbach war doch der ehemalige Manager, nicht wahr? Haben Sie früher schon mal Drohungen von ihm gehört?«

Die Trauernde überlegte. »Nee, hab ich nicht. Aber Herbert hat den doch gefeuert. Genauso wie den alten Trainer, den Herrn Kloth. Die beiden konnten sich auch nicht leiden.«

Wielert nickte zufrieden. Diese Frau war eine Goldgrube. »Hat Herr Kloth Herrn Eichmann auch gedroht?«

Kopfschütteln. »Weiß ich nicht. So oft war der Trainer auch nicht hier oben bei mir. Nur zu Vorstandssitzungen oder Pressekonferenzen. Aber Herbert hat irgendwann mal gesagt, daß er diesen Säufer auch gar nicht in der Geschäftsstelle sehen wollte.«

»Frau Himmel, überlegen Sie ganz genau. Hat sich Herr Eichmann in der letzten Zeit sonderbar verhalten? Hatte er vielleicht Angst?«

Bach und Wielert hörten es förmlich in ihrem Kopf knacken. »Eigentlich nicht«, beschloß die verhinderte Witwe. »Er hat sich Sorgen wegen der Mannschaft gemacht. Weil die so weit im Keller stand. Aber sonst war er so wie immer.«

Bach wollte noch einmal nachhaken, aber sein Chef schüttelte unmerklich den Kopf.

»Wir lassen Sie jetzt erst einmal in Ruhe«, fuhr Wielert laut fort. »Wenn Ihnen noch etwas einfällt, was uns helfen könnte, rufen Sie uns bitte an. Einverstanden?«

Draußen, vor dem Stadioneingang, zündete sich Wielert erst einmal eine Zigarette an. Die Berufskicker gingen inzwischen auf einem Nebenplatz ihrer Arbeit nach.

»Was hältst du von den Vögeln da oben?« murmelte der Hauptkommissar seinem Kollegen zu.

Bach legte den Kopf schief. »Schwer zu sagen. Diese beiden Vorstandsfritzen sind entweder völlig ahnungslos oder hängen dick in der Sache drin.«

»Heinemann ja, Pohl nicht«, entschied Wielert. »Der Alte ist doch viel zu bescheuert, um überhaupt irgendetwas mitzukriegen. Aber dieser Heinemann ist mir nicht geheuer. Der weiß irgendwas. Wenn mich jemand für blöd verkaufen will, merk ich das.«

»Glaubst du, der hängt in der Mordsache drin?« erkundigte sich Bach bei seinem Vorgesetzten.

»Weiß ich nicht. Vielleicht war dieser Eichmann doch nicht so ein Menschenfreund, wie uns alle glauben machen wollen. Ich denke eher, daß dieser Heinemann irgendetwas über den Toten weiß, was wir auch wissen müssen. Aber da er sich wahrscheinlich selber damit die Finger schmutzig macht, hält er lieber die Schnauze.«

»Sticht dich wieder dein Instinkt?« witzelte Bach, der die Ahnungen Wielerts seit mehr als zehn Jahren kannte. Meistens hatte sein Boß aber recht behalten.

»Nenn es, wie du willst. Irgend etwas stimmt nicht mit diesem Club. Einmal trennt sich der Manager im beiderseitigen Einvernehmen, dann wird er vom Präsidenten gefeuert. Der Trainer wird von der gleichen Person geschaßt, obwohl in der Zeitung von einer freiwilligen Entscheidung wegen Erfolgslosigkeit zu lesen ist. Und plötzlich liegt der Drahtzieher dieser ganzen Sachen tot in der Dusche. Das stinkt doch zum Himmel.«

»Wohin zuerst?« fragte Bach. »Der Trainer oder der Manager?«

Wielert seufzte. »Der Trainer«, entschied er.

Erich Kloth wohnte in der Nähe des Dortmunder Westfalenparks. Für die zwanzig Kilometer über die A430 brauchte der Vectra fast eine Stunde. Vormittags machten die LKWs auf dem Ruhrschnellweg sowieso ihre Ralley, montags war es jedoch am schlimmsten. Schrittweise kamen die beiden Beamten der Dortmunder Flora näher, während die Dieselabgase durch die Lüftungsschlitze bliesen. Bei dem Smog war es lebensgefährlich, die Fenster zu öffnen.

Genervt hatten sie es schließlich doch geschafft. Bach drückte auf die Tube, als sie unweit der Westfallenhalle endlich die Bahn verlassen konnten. Nach ein paar Seitenstraßen lag die Reihe schmucker Einfamilienhäuser vor ihnen, in denen auch Kloth seiner Arbeitslosigkeit entgegensoff.

Erst nach dem zweiten Schellen knackte es in der Gegensprechanlage. Wielert machte Meldung, worauf der Summer ertönte. Bach drückte das Gartentor auf, und die beiden gingen über die Steinfliesen durch einen ungepflegten Garten, auf dessen Rasen sich Kinderspielzeug türmte. In der Haustür erwartete sie eine aparte, vielleicht 30-jährige Frau. In ihrem Fetzen von Bikini machte sie eine gute Figur.

»Frau Kloth?« fragte Wielert, worauf er ein zustimmendes Nicken erhielt. Er zog die Dienstmarke.

»Frau Kloth, wir hätten gerne Ihren Mann gesprochen. Ist er zu Hause?«

Die dunkelhaarige Nixe bat sie herein. Als die Beamten an ihr vorbeigingen, rochen beide die Fahne. Bach sah auf die Uhr. Es war kurz vor halb zwölf.

Erich Kloth war im Wohnzimmer. Er saß barfüßig in einem irrsinnig klobigen Fernsehsessel, seine haarigen Beine endeten in einer fleckigen Unterhose. Das Unterhemd sah noch einigermaßen sauber aus.

Kloth war unrasiert, und das schon seit ein paar Tagen. Gebannt starrte er auf den Großbildfernseher, auf dem ein Fußballspiel lief. Als Wielert und Bach in den Raum kamen, sah er nur kurz auf.

Die beiden Kripoleute schauten sich um. Auf dem Marmortisch stand eine Batterie Bierflaschen, alle restlos geleert. Wo deren Inhalt war, ließ sich leicht erraten. Kloth war mindestens genauso betrunken wie seine Frau.

»Können Sie sich an das Spiel erinnern?« fragte er mit leichten Schwierigkeiten. »Vor mehr als zehn Jahren, RWE gegen den VfL. 5:1 haben wir die abgefickt, 5:1. War mein letztes Jahr als Spieler. Dann kam diese Scheißverletzung.«

Wütend griff er neben seinen Sessel und holte die angebrochene Flasche hervor. Mit einem Schluck hatte er den halben Inhalt vernichtet.

Gleichgültig trottete seine Frau in den Garten, ohne den drei Männern noch einen Blick zu gönnen. Gefährlich schwankend drehte sie die Gartenliege in die Sonne, zog das Oberteil ihrer Bekleidung über den Kopf und knallte sich in die Sonne. Bach bekam Stielaugen.

Wielert wischte, bevor er sich auf die Couch fallen ließ, unauffällig mit der Hand über das Polster. Ein Staubsauger hätte hier reiche Beute gemacht.

»Herr Kloth, wir kommen von der Mordkommission. Mein Kollege und ich untersuchen den Mord an Herbert Eichmann.«

»Diese alte Sau«, donnerte Kloth. »Kann nicht sagen, daß es mir leid tut.«

»Sie wissen schon davon?« fragte Bach.

»Klar. Stand ja in der Bild. Hamse den Mörder schon?«

Wielert musterte den Betrunkenen messerscharf. An den glasigen Augen konnte er nichts erkennen. Kloth hielt sich erstaunlich gut, Wielert schätzte ihn auf glatte zweieinhalb Promille.

»Nein. Wir hatten gehofft, daß Sie uns vielleicht ein paar Hinweise geben könnten.«

Kloth lachte böse auf. »Hinweise? Von mir aus sollnse dem Kerl 'n Orden verteilen. Das war das Beste, was der machen konnte.«

»Sie mochten ihn nicht?« fragte Bach eher rhetorisch.

Kloth leerte erst seine Pulle, ehe er schwerfällig weitersprach. »Nee, das können Se mir glauben. Gefeuert hat mich diese Sau. Einfach so. Nur weil die Herren Stars zu faul waren, ihre teuren Beine mal laufend über das Spielfeld zu bewegen. Gerade mal vier Spiele haben wir verloren. Aber der hat ja nur auf einen Grund gewartet.«

Wielert zündete, ohne zu fragen, eine Zigarette an.

»Hatten Sie außerdem noch mit ihm Schwierigkeiten? Abgesehen vom sportlichen Bereich, meine ich?«

Kloth warf einen letzten Blick auf die Mattscheibe, auf der gerade in Zeitlupe das 3:0 der Essener gegen den Revierrivalen zu bewundern war. Energisch drückte er auf seine Fernbedienung, das Bild verschwand.

»Mit dem hatte jeder was zu knacken. Eichmann war das größte Schwein, das ich jemals kennengelernt habe. Der ging über Leichen. Wenn ihm was nicht gepaßt hat, hat er solange gestochert, bis er seinen Willen durchsetzen konnte.«

»Komisch«, mischte sich Bach ein, »Herr Heinemann hat uns gerade ganz etwas anderes erzählt. Demnach soll Eichmann eine Seele von Mensch gewesen sein, der keiner Fliege was zu leide tun konnte.«

Kloth winkte ungehalten ab. »Das ist genauso ein Arschloch«, schimpfte der Alki. »Heinemann und der Präsi waren ein ganz dickes Ei. Und eine Krähe hackt der anderen kein Auge aus.«

Wielert versuchte sich vorzustellen, wie Kloth mit einem Messer auf Eichmann losging und zustach. Das Bild haute gut hin, er traute Kloth ohne weiteres zu, im Jähzorn einen Menschen kaltblütig abzustechen.

»Wo waren Sie eigentlich gestern morgen, Herr Kloth? So um neun, halb zehn?«

»Wo schon?« kam die Gegenfrage. »Hier war ich. Bin gestern erst gegen Mittag aufgestanden. Fragen Sie meine Frau.«

Bach schnellte sofort los.

»Wird sofort erledigt«, zwinkerte er Wielert zu, schoß durch die Terrassentür in den Garten. Bevor er seine Routinefrage abließ, genoß er erst ausgiebig den Anblick der Sonnenanbeterin.

»Haben Sie denn eine Ahnung, wer außer Ihnen ein Motiv für einen Mord an Eichmann haben könnte?« fragte Wielert gedehnt. Entweder war der Angesprochene zu besoffen, um die Anspielung zu verstehen, oder er überhörte sie absichtlich.

»Da gibt es genug«, antwortete er völlig ruhig. »Eichmann hat, während er Präsident der Eintracht war, so ziemlich allen auf die Füße getreten, die mit ihm zu tun hatten, Heinemann einmal ausgenommen. Mir, Bierbach, einigen von den Spielern. Glaube fast, daß sich mehr Leute über seinen Abgang freuen als umgekehrt.«

Dabei griff er wieder neben seinen Sessel und beförderte eine frische Pulle ans Tageslicht. Mit einem Feuerzeug ließ er den Korken abspringen und setzte den Hals an den Mund.

»Was machen Sie jetzt eigentlich«, erkundigte sich Wielert hartnäckig. »Haben Sie neue Angebote?«

Aus den Mundwinkeln lief dem Trainer ein kleines Rinnsal aus Bier und Speichel auf die Brust. Offensichtlich störte es ihn nicht sonderlich.

»Erst mal Urlaub«, grunzte der Coach, während er kräftig rülpsen mußte. »Die Eintracht hat mir 'ne Abfindung gezahlt, davon kann ich ein paar Monate ganz gut leben. Und bis dahin sind bestimmt noch ein paar andere Trainer geflogen. Mal sehen, auf welchem Schleudersitz ich dann lande.«

Bach kam grinsend aus dem Garten zurück, seine Befragung war beendet. Er blinzelte Wielert zu, sagte aber nichts.

Der Chef hatte fürs erste genug. Sorgfältig quetschte er seine Zigarette in den überfüllten Aschenbecher und stand auf.

»Vielen Dank für die Auskünfte, Herr Kloth. Wenn wir noch Fragen haben, melden wir uns noch mal.«

Kloth nickte zustimmend und ließ den Fernseher wieder anspringen. Sein Ebenbild, nur um etliches jünger, stürmte energisch an der Bochumer Legende Tenhagen vorbei. Wehmütig starrte der Suffnik auf den Bildschirm. Die beiden Polizisten beachtete er gar nicht mehr.

»Schieß los«, drängte Wielert, als sie zügig über den Gartenweg wieder zum Auto gingen.

»Also«, begann Bach gedehnt. »Frau Kloth meint, daß ihr Mann am Sonntagmorgen mit Sicherheit zu Hause gewesen sein muß. Am Samstag haben die beiden tierisch einen drauf gemacht. Kloth muß völlig abgefüllt gewesen sein. Seine Gattin hält es für unwahrscheinlich, daß er überhaupt in der Lage war, Sonntag alleine aus dem Bett zu kommen. Sie selber ist erst um zwei Uhr nachmittags wach geworden. Da lag ihr Mann neben ihr.«

»Und? Glaubst du ihr?«

Bach nickte. »Ja. Zumindest sagt sie die Wahrheit, ob ihr Mann nicht doch gestern früh aus dem Haus gegangen sein könnte, ist damit nicht gesagt.«

Wielert ließ sich auf dem Beifahrersitz nieder, nachdem sein Kollege ihm die Tür geöffnet hatte.

»Hat sie sonst noch was gesagt?«

»Allerdings«, grinste Bach. »Die Ehe der Kloths muß wohl am Stock gehen. Die Tussi hat mich mit glasigen Augen angeblinkert und gefragt, ob ich nicht mal privat wiederkommen wollte. Ihr Alter bringt es wahrscheinlich nicht mehr.«

»Geiler Sack«, schmunzelte auch Wielert. »Hast du zugesagt?«

»Nee, der Quicki auf der Liege war auch nicht schlecht. Na ja, beinahe jedenfalls. Wenn ich mich nicht losgerissen hätte, wäre ich bestimmt der erste Bulle gewesen, den man im Dienst vergewaltigt hätte.«

»Weiter im Text«, wurde Wielert wieder dienstlich. »Zuerst zu Bierbach oder erst 'ne Currywurst?«

»Erst die Arbeit«, stöhnte Bach, »und dann eher Gyros.«

Und wieder ging es über die A430, diesmal in anderer Richtung. Der Stau war um keinen Zentimeter kleiner geworden, die Hitze war allerdings noch schlimmer als vorher. Nach einer halben Stunde hatten sie es hinter sich gebracht.

Bierbach war nicht zu Hause. Über Funk ließen sie sich die Adressen seiner Videotheken und Spielhallen geben und versuchten ihr Glück. Im dritten Laden wurden sie fündig.

Die Spielhalle war gigantisch. Sie lag in einer Seitenstraße der Fußgängerzone und war in den Räumen einer ehemaligen Diskothek untergebracht. Im Erdgeschoß häuften sich Billardtische, Flipper und Videogeräte, in einer Nische standen Geldspielautomaten. Bierbach war in der ersten Etage, saß vor einem der Groschengräber, ließ sich mit Kaffee vollaufen und donnerte Heiermänner in die Einwurfschlitze.

Außer dem Besitzer und den beiden Kripoleuten war nur noch die Aufsicht in der Halle, eine junge Studentin, die uninteressiert eine Illustrierte durchblätterte. Als Wielert und Bach an ihr vorbeigingen, blickte sie kaum auf.

Bierbach schaute nur kurz zur Seite und widmete seine Aufmerksamkeit sofort wieder den routierenden Walzen, bis ihm Wielert die Dienstmarke vor's Gesicht hielt.

»Tach, Herr Bierbach. Ich bin Kriminalhauptkommissar Wielert, mein Kollege Bach. Wir kommen von der Mordkommission.«

Plötzlich war Bierbach sehr interessiert. »Guten Tag, meine Herren. Ich habe Sie ehrlich gesagt schon erwartet. Nehmen Sie doch Platz.«

Dabei schob er einen der leeren Stühle neben sich einladend ein Stück zur Seite. Wielert setzte sich, Bach zog sich ebenfalls einen Stuhl heran.

»Wieso haben Sie uns erwartet?«

»Ganz einfach«, erklärte der gutgelaunte Ex-Manager. »Wenn Herbert Eichmann umgebracht wird und ich ein paar Tage vorher bei der Eintracht rausfliege, ist es doch nur logisch, daß Sie mich befragen wollen. Oder?«

Wielert nickte. Wenigstens war dieser Bierbach nicht besoffen.

»Allerdings«, bestätigte er. »Herr Bierbach, eine Frage vorweg. Wo waren Sie gestern morgen gegen neun Uhr?«

Sein Gegenüber grinste. »Ich war in Bochum, im Aquadrom. Meine Frau, mein Sohn und eine Bekannte mit ihrem Mann waren mit. Gegen halb zehn sind wir reingegangen. Vielleicht hat meine Frau sogar noch die Karten irgendwo in der Handtasche.«

Bach seufzte. Ein Verdächtiger weniger.

»Das läßt sich auch so überprüfen. Erzählen Sie uns lieber etwas über den Toten.«

Bierbach leerte seinen Kaffee und sah die beiden fragen an. »Auch einen? Milch? Zucker?«

Die Beamten wollten schwarz.

»Anne, bring mal drei Kaffee. Einen für mich und zwei schwarze«, bölkte Bierbach quer durch die Halle seiner Angestellten zu. »Über Eichmann gibt es einiges zu erzählen«, wendete er sich wieder dem Thema zu, »wenig positives, aber viel negatives. Was haben Sie denn bisher für ein Bild von ihm?«

Wielert ließ sich seine Überraschung nicht anmerken. Eigentlich war er gewohnt, selber die Fragen zu stellen. »Über Eichmann? Ein sehr ambivalentes. Einmal hören wir, daß er der netteste Chef und Mitmensch war, den man sich vorstellen konnte, andererseits war er ein mieses Schwein, das über Leichen ging. Was stimmt denn nun?«

Bierbach schüttelte vage die rechte Hand. »Schwer zu sagen. Ich würde fast sagen, beides. Wenn man ihm nicht in die Quere kam, war Eichmann ein wahrer Freund. Sein Spezi, der Heinemann, konnte von dem haben, was er wollte. Aber wenn Eichmann jemanden nicht leiden konnte oder ihm jemand im Weg war, dann war der Teufel los. Kloth, der ehemalige Trainer, hatte keinen Erfolg, zugegeben. Aber Eichmann hatte sich unbedingt in den Kopf gesetzt, den Milosevic zu holen, aus welchen Gründen auch immer. In jedem Club gibt es nach vier verlorenen Spielen in Serie eine Krisensitzung. Die hatten wir auch. Aber egal, was Kloth auch gesagt hat, Eichmann wollte ihn nicht mehr. Er hat den Trainer abgeschossen, auf eine sehr miese Art.«

Wielert und Bach hörten aufmerksam zu. Sie hatten bisher nicht den blassesten Schimmer, wer der Mörder sein konnte. Jede Information war wichtig.

»Und was war bei Ihnen?« erkundigte sich Bach.

»Im Prinzip dasselbe. Eichmann hat mich abgeschossen wie eine Tontaube. Innerhalb von fünf Minuten war ich meinen Job los.«

»Einfach so?« fragte Wielert skeptisch. »Hatten Sie denn keinen Arbeitsvertrag?«

»Natürlich«, erklärte Bierbach. »Aber Eichmann hatte fast seinen eigenen Geheimdienst. Kloth hat er vorgehalten, daß er besoffen Auto gefahren ist und dabei einen kleinen Unfall produziert hat. Natürlich hat der Idiot auch noch Fahrerflucht begangen. Also bezahlt Eichmann die Reparatur des anderen Wagens, gegen eine Bestätigung des Fahrers, in der Kloth beschuldigt wird. Gleichzeitig besorgt er sich noch ein Gutachten von der Dekra. Kloth konnte gar nichts gegen seine Entlassung machen.«

»Und Sie?« platzte Bach neugierig heraus.

Bevor Bierbach antwortete, wartete er ab, bis die Studentin den Kaffee vor sie hingestellt hatte. Er war so schlecht, wie er aussah.

»Ähnliches«, gab Bierbach zögernd zu. »Ein paar Spesenabrechnungen von mir waren nicht in Ordnung. Eichmann hat die Sache aufgebauscht und mir mit den Steuerprüfern gedroht. Schließlich hatte ich die Wahl. Entweder gefeuert und auf meine Abfindung verzichten oder 'ne Anzeige. Da bin ich lieber den ersten Weg gegangen.«

Nachdenklich kramte Wielert seine Hardbox hervor. So langsam bekam er Hunger, aber trotz des rumorenden Magens brauchte er jetzt eine Nikotindröhnung.

»Das klingt ja sehr aufschlußreich«, stellte er fest. »Ist Heinemann von dem gleichen Kaliber?«

»Der?« fragte Bierbach lächelnd zurück. »Der wär gerne so wie sein Vorbild. Mit Sicherheit wußte er von allem, aber selber ist der auf solche Bolzen nicht gekommen. Und Eichmann hat immer höllisch aufgepaßt, daß ihm keiner an die Karre pissen konnte.«

Die beiden Beamten runzelten gleichzeitig die Stirn.

»Gab es denn da was?«

Bierbach zuckte die Achseln. »Ich weiß es nicht genau«, erklärte er nachdenklich. »Vermutet habe ich immer etwas, aber ich konnte nie etwas nachweisen. Zum Beispiel hat sich Eichmann bei Spielerverkäufen immer persönlich eingeschaltet. Eigentlich ist das eine Aufgabe des Managers, aber er hat darauf bestanden, selber zu verhandeln. Alle Spieler, die während meiner Zeit verkauft wurden, sind unter Wert verscherbelt worden. Denken Sie nur an den Transfer von Kalle Albrecht, Ende der letzten Saison. Wir hatten drei Angebote vorliegen, von Köln, den Bayern und von Bremen. Bayern und Köln hatten beide um die vier Millionen geboten, Werder nur 2,5 Millionen. Wo der Albrecht jetzt die Tore schießt, muß ich Ihnen ja wohl nicht erzählen. Während der ganzen Verhandlungen habe ich nicht einmal mit den Verantwortlichen von Werder sprechen können, Eichmann hat alles alleine gemacht.«

»Was ist daran so ungewöhnlich?« moserte Wielert. »Ich glaube nicht, daß Eichmann deswegen umgebracht wurde.«

»Deswegen bestimmt nicht«, setzte Bierbach nach. »Aber Eichmann hat bestimmt außer der Reihe von Werder eine kleine Anerkennung gekriegt. Da war bestimmt Bestechung im Spiel. Die Eintracht pfeift finanziell aus dem letzten Loch. Wenn ich anderthalb Millionen bei einem Spielerverkauf verschenke, ist das schon vereinsschädigend.«

»Sie behaupten also, Eichmann hätte Spieler unter dem Marktwert verkauft und dafür Bestechungsgelder kassiert«, brachte Wielert hellwach die Sache auf den Punkt. »Mann, das sind ganz schöne Anschuldigungen.«

Bierbach hob die Hand. »Ich behaupte gar nichts. Ich vermute nur. Beweisen konnte man diesem Fuchs ja nie etwas.«

Je länger die Ermittler über Bierbachs Vorwürfe nachdachten, umso besser paßten sie ins Bild. Heinemanns inhaltlosen Phrasen, als hätte er selber Angst vor der Wahrheit. Pohls nervöse Zuckungen. Kloths Rausschmiß. Eichmanns leere Versprechungen an die Vereinstippse. Dieser gekillte Präsi schien es faustdick hinter den Ohren gehabt zu haben.

»Wenn ich mir das so richtig überlege, scheinen einige Leute ein gewaltiges Interesse an Eichmanns Tod gehabt haben zu können«, philosophierte Bach. »Gibt es außerdem noch schmutzige Wäsche?«

»Die Abrechnungen«, stöhnte Bierbach angestrengt. »Letztes Jahr hatte die Eintracht offiziell einen Schnitt von 15.000 Zuschauern. Waren Sie mal da?«

Wielert nickte, Bach schüttelte den Kopf. Er fuhr lieber auf Schalke.

»Das kann auch nicht hinhauen«, fuhr Bierbach fort. »Achtmal haben wir bestimmt eine volle Hütte gehabt, bei jedem Revierderby, gegen den HSV, die Bayern und Stuttgart paßte keine Maus mehr auf die Ränge. Wenn Sie das mal zusammenrechnen, dürfte bei den anderen Spielen dann gar kein Zuschauer mehr dagewesen sein.«

»Steuerhinterziehung?« vermutete Wielert.

»Nicht nur Steuern«, meinte der ehemalige Manager kopfschüttelnd. »Auch gegenüber den Vereinskonten wurde dieser Schnitt abgerechnet. Der Schnitt lag bestimmt um vier- bis fünftausend pro Spiel höher. Bei einem durchschnittlichen Kartenpreis von knapp unter zwanzig Mark sind das fast anderthalb Millionen pro Saison.«

»Und die sind verschwunden?« fragte Wielert perplex.

»Die waren ja offiziell gar nicht da«, donnerte Bierbach ärgerlich. »Eichmann hat nicht nur das Finanzamt, sondern auch den Club beschissen. Denke ich zumindest.«

Bach schaute ratlos zu seinem Chef herüber. Aus einer relativ einfachen Mordgeschichte entwickelten sich mafiaähnliche Verstrickungen.

»Ich verstehe einfach nicht, daß niemand davon gewußt hat«, widersprach Wielert nach einigem Nachdenken. »Wenn Ihre Vermutungen stimmen, ist das doch ein Riesenskandal.«

»Sicherlich«, bestätigte der Zocker, der während ihres Gespräches fortwährend Geldstücke in die Automaten gedonnert hatte. Bach schätzte den Verlust bisher auf gut 200 Mark.

»Die Eintracht ist der einzige Bundesligaverein ohne Schatzmeister«, nahm Bierbach den Faden wieder auf. »Die Finanzen liefen ausnahmslos über die Tische von Eichmann und Heinemann. Klar, daß die beiden ungehindert bescheißen können. Jeder andere Club hat einen Wirtschaftsrat oder so etwas ähnliches. Bei uns gab es so etwas nicht. Die einzige, die außer den beiden Vorsitzenden an die Kohle konnte, war die Himmel. Das müssen Sie sich mal vorstellen! Die Sekretärin konnte alleine Überweisungen von den Konten vornehmen. Glaube aber kaum, daß die irgendetwas mit den Schiebereien zu tun hat. Dafür ist die viel zu blöd und zu ehrlich.«

Bach staunte nicht schlecht. »Mann, ich hätte mir an deren Stelle heimlich ein Nummernkonto in der Schweiz angelegt.«

Der Manager schüttelte den Kopf: »So viel hätten Sie da auch nicht zusammenbekommen. Ich glaube, bei maximal 5000 Mark im Monat war auch für die Himmel Schluß. Bei Summen, die darüber hinaus gingen, mußte eine zweite Unterschrift auf den Auftrag. Eichmann hatte das nur so eingerichtet, damit seine Sekretärin bei kleineren Rechnungen oder Beträgen nicht immer von Pontius nach Pilatus laufen mußte, sondern gleich die Überweisung fertig machen konnte.«

»Unglaublich«, murmelte Wielert. »Warum haben Sie nicht früher mal darüber gesprochen?«

»Ohne Beweise? Eichmann hätte mich an die Wand gestellt. Bildlich gesprochen. Nein, ich konnte nicht. So, wie der verpackt war, hätte der doch alles, was ihn belasten könnte, eher aufgefressen, als rausgerückt.«

Für den Augenblick gaben sich die zwei Spürhunde zufrieden. Bierbach konnte nicht der Mörder sein, und Stoff, über den sie brüten konnten, hatten sie jetzt genug.

»Herr Bierbach, wir müssen jetzt los«, erklärte Wielert, wobei er schon von seinem unbequemen Stuhl hochkam. »Wir melden uns wieder bei Ihnen.«

Bach war über den schnellen Abgang zwar überrascht, sagte aber artig ›Auf Wiedersehen‹. Der Ex-Manager wandte sich wieder konzentriert seinem Hobby zu.

»Leck mich doch am Arsch«, fluchte Bach, als sie wieder in der Hitze standen. »So einen Filz hätte ich da nicht vermutet.«

»Interessant, nicht wahr? Am besten geben wir den Kollegen von der Steuerfahndung mal einen Tip. Vielleicht finden die ja etwas, was uns weiterhelfen kann.«

Bach schielte sehnsüchtig auf die gegenüberliegende Pommesbude. Es war inzwischen kurz nach zwei, sein Magen drohte knurrend.

Auch Wielert hatte Kohldampf. Nachdem die beiden vertrocknetes Gyros mit fettigen Pommes und klebrigem Krautsalat für neun Mark pro Nase verdrückt hatten, machten sie sich wieder an die Arbeit. Sie mußten ins Stadion, um mit den Spielern zu sprechen; morgen fuhr die Eintracht bereits nach Berlin, zum Pokalspiel. Während Bach den Vectra zum drittenmal durch die Hitze quälte, gab Wielert über Funk einige Anordnungen an die Zentrale durch. Die Computerheinis in ihren klimatisierten Büros sollten auch mal ans arbeiten kommen.

9.

Dieter war geschlaucht. Über sieben Stunden hatte die Fahrt nach Berlin gedauert, zweimal hatten sie im Stau gesteckt, und durch die Ex-DDR konnten sie nur im Schneckentempo fahren. Bisher hatte er immer gedacht, daß Bundesligisten für solche Strecken das Flugzeug bevorzugen würden, aber für ein Pokalspiel bei einem Amateuroberligisten war der Bus wohl gut genug.

Das Hotel war unter aller Sau, genau wie das Abendessen. Hüftsteak mit Folienkartoffeln und Salat stand auf der Karte, eine Frikadelle mit Bratkartoffeln und Mischgemüse hatten sie schließlich bekommen. Alleine der Hunger hatte es reingetrieben.

Die Stimmung in der Mannschaft war beschissen. Seit der Boß abgemurkst worden war, wußte keiner mehr, wer im Verein überhaupt noch etwas zu sagen hatte. Dazu war bei ihrer

Abfahrt auch noch das Gerücht aufgekommen, daß urplötzlich die Steuerfahnder aufgetaucht waren. Daß der derzeitige Vorsitzende Heinemann dennoch mit nach Berlin gefahren war, wunderte Dieter nicht wenig.

Zusammen mit Korff bewohnte er ein kleines Doppelzimmer im obersten Stockwerk. Der Ausblick auf den Kudamm und die Gedächtniskirche waren das einzig Bemerkenswerte. Mürrisch sortierte Dieter sein Waschzeug im Badezimmer ein, während Korff es sich auf dem Bett bequem gemacht hatte. Aus dem hoteleigenen Radio trällerte Marianne Rosenberg, aus der Klimaanlage zog ein dermaßen kalter Wind, daß ein Eisbär sich wie zu Hause gefühlt hätte.

»Sach ma, Kleiner, wie sieht denn dein Abendprogramm aus?« rief Korff unternehmungslustig.

»Ich hab auch einen Vornamen«, grummelte Dieter.

»Wat bisse denn so gereizt?«

»Ich bin nicht gereizt. Aber mit einsfünfundachtzig bin ich nicht der Kleine, O.K.?«

Korff winkte beschwichtigend ab. »Schon gut, schon gut. Hasse denn heute abend schon wat vor?«

»Nicht das ich wüßte«, überlegte Dieter. »Hast du was geplant?«

Korff grinste. »Wir haben da sonne feste Runde«, erklärte der Exnationalspieler. »Bei Auswärtsspielen und in den Trainingslagern setzen wir uns abends zusammen und spielen ein bißchen Karten. Bisse interessiert?«

Dieter hatte seine Utensilien inzwischen verstaut und kam in das Zimmer zurück.

»Kommt drauf an. Was spielt ihr denn?«

»Siebzehn und vier«, kam die prompte Antwort. »'n Zwanni Grundeinsatz, nach oben offen.«

Dieter brauchte ein wenig, bis er kapiert hatte. Das einzige, worum er bisher gespielt hatte, war eine Runde Pils beim Kneipenskat. Hier ging es um richtige Beträge.

»Bist du irre?« fragte er entsetzt. »Ich verzock doch nicht mein ganzes Monatsgehalt.«

»So schlimm wird es schon nicht«, beruhigte Korff. »Nur der Baltus hat bisher mal derbe wat verloren, aber am nächsten

Abend war dat schon wieder ausgeglichen. Kannst ja ruhig mal die anderen fragen.«

»Wer macht denn sonst noch mit?«

»Der Siggi Baumann, Albert Murbach, Ralf Baltus und ich. Na, steigste ein?«

Dieter winkte uninteressiert ab: »Laß mal lieber. Bei Kartenspielen hab ich noch nie Glück gehabt.«

Korff legte die verschränkten Unterarme unter seinen Kopf und schloß die Augen. »Dann nicht, wenne nich wills. Aber halt bloß die Schnauze. Glaube nicht, daß dieser Flachwichser von Trainer begeistert wäre.«

Dieter nickte. »Keine Angst, ich sag schon nichts.«

Dabei schlüpfte er in die brandneuen Turnschuhe des vereinsunterstützenden Sportartikelherstellers, warf Korff noch ein kurzes ›Ciao‹ an den Kopf und trat auf den Gang. Es war erst kurz nach halb acht, laut Trainer sollten sie spätestens um elf im Bett sein. Wie im Kindergarten.

In der Hotelhalle lungerten einige seiner Kameraden in den mit ekelhaft rotem Leder überzogenen Sitzgarnituren und blätterten in den ausliegenden Stadtführern der Hauptstadt. Dieter ging durch in die kleine Hotelbar. Ulli Spengler, Helm Meier und Kalle Wenning saßen um einen kleinen Tisch. Gelegentlich war Gelächter zu hören. Kurzentschlossen setzte sich Dieter zu ihnen.

»Ach, unser Libero«, dröhnte Helmut gutgelaunt. »Samma, weisse eigentlich, wie du aussem Neger 'n Indianer machen kanns?«

Dieter rollte die Augen. Vor diesem Scherzkeks war man auch nirgend sicher.

»Sach schon«, drängte Wenning.

»Ganz dünn abschälen«, gluckste Meier, wobei er sich vor Vergnügen auf die Schenkel klopfte. Wenning donnerte gröhlend seine Faust auf den kleinen Bartisch, während Spengler und Dieter sich ein gequältes Lächeln abrangen. Sadistische Rassistenwitze konnten sie beide nicht ab.

Dieter bestellte sich bei der Bedienung einen Apfelsaft. Es dauerte tatsächlich keine fünf Minuten, bis er zum inflationären Preis von fünf Mark ein verschmiertes, klebriges Glas mit höchstens zehn Prozent Apfelanteil erhielt.

»Kommse noch 'n bißchen mit inne Stadt?« erkundigte sich Wenning, während er die Lachtränen aus den Augenwinkeln wischte. Meier nickte sofort, Spengler winkte ab. Dieter sagte gar nichts.

»Ich kenn da 'n tollen Laden«, dröhnte Helmut durch die ganze Bar. »Is gar nich weit von hier, direkt hinterm Postamt. Echt tolle Mädels.«

Wenning sprang sofort an. »Wat sitzen wir hier noch rum. Los geht's.«

Spengler zog langsam eine Zigarette hervor und blinzelte den beiden zu.

»Übertreibt es nicht«, warnte er. »Morgen früh um zehn ist Training.«

Wenning zuckte die Achseln. »Wenn schon. Ich spiel ja sowieso nich. Kommse mit, Dieter?«

Heidtmann winkte vorsichtshalber ab. Unter lautstarkem Lachen zogen Wenning und Meier schließlich Richtung Ausgang.

»Hoffentlich fangen die sich keinen Tripper ein«, schmunzelte der Kapitän. »Wie ich den Helmut kenne, drückt der dem erstbesten Mäuschen 'n Fünfziger mehr in die Hand, damit die es ohne Gummi macht.«

Dieter verschluckte sich fast an seinem Getränk. »Bitte?«

Spengler sah belustigt zur Seite. »Du bist wohl noch grün hinter den Ohren was? Was meinst du denn, wo die beiden hindackeln? Zum Reichstag, deutsche Geschichte bestaunen?«

»Mir doch egal«, erklärte Dieter. »Ich finde es nur ein bißchen merkwürdig, am Abend vor einem wichtigen Spiel die Sau rauslassen zu wollen. Und vor allem wundert es mich, daß keiner im Verein was dagegen hat.«

Der Keeper sah Dieter einen Moment nachdenklich an. Dann tippte er ihm auf die Schulter und zeigte auf einen der Nebenräume.

»Spielst du Schach?« fragte er harmlos.

»Ein bißchen.«

»Komm, wir spielen eine Partie. Da haben wir wenigstens unsere Ruhe.«

Ohne auf seinen Libero zu warten, stand Spengler auf, schnappte sein Wässerchen und stiefelte los. Dieter kam kurze Zeit später nach.

In dem Nebenraum standen ein paar Tische, in einer Ecke lagen Zeitungen, einige Bücher und zwei Schachbretter. Spengler schnappte sich ein Brett samt der Figurenschachtel und steuerte den entlegensten Tisch an.

Wortlos machten sie die ersten Züge. Als Spengler seinen Springer auf dem Damenflügel ins Spiel brachte, räusperte er sich geräuschvoll. »Warum bist du nicht mit Kalle und Helm losgezogen? Eine 16-jährige Drogenabhängige, die es dir für den nächsten Schuß besorgt, ist doch sicher reizvoller als ein mittelmäßiges Schachspiel.«

Dieter sah überrascht auf. »Ich steh nicht auf so was«, antwortete er schnell. »Erstens hab ich 'ne sehr nette Freundin, und zweitens kann ich diesen nervigen Helmut nicht ab. Länger als fünf Minuten kann ich den nicht ertragen.«

Spengler grinste. »Und was machst du, wenn Helmut morgen eingewechselt wird und er das Siegtor schießt? Fällst du ihm dann nicht um den Hals?«

Dieter verstand nicht, worauf sein Kapitän hinaus wollte. »Natürlich. Warum denn auch nicht?«

»Ich denke, du kannst ihn nicht ab?«

»Was hat das denn damit zu tun?« fragte Dieter überrascht.

»'ne ganze Menge«, erklärte Ulli, während er Dieters Läufer in eine Falle laufen ließ. »Zugegeben, ein Teil der Leute, die morgen mit dir auf dem Platz stehen, sind Riesenarschlöcher. In unserer Mannschaft gibt es Neonazis, Zocker, Perverse, die es ihrer Frau nur besorgen können, wenn sie in einem Gummianzug stecken und angepißt werden und so weiter und so weiter. Bei den beiden Zonis, die wir gekriegt haben, weiß keiner so genau, ob die nicht früher für den Stasi geschnüffelt haben. Unser Präsident wurde in der Dusche abgestochen, warum, weiß der Himmel. Aber trotzdem haben alle etwas gemeinsam.«

Fasziniert sah Dieter zu seinem Kapitän herüber. »Was denn?« hauchte er neugierig.

»Alle verdienen mit der Eintracht ihr Geld. Und zwar nicht wenig. Und du brauchst, um dein Geld zu verdienen, die anderen. SS-Siggi ist zwar ein widerwärtiger Wichser, aber auch ein brauchbarer Mittelfeldspieler. Wenn der auf der linken Seite dicht macht und seine Aufgabe auf dem Spielfeld löst, dann ist es mir egal, ob er in seiner Freizeit ›Heil Hitler‹ brüllt. Genauso ist es mir egal, wenn der Neuenburg an Schwänzen lutscht und der van den Brink auf Peitschen und Ketten steht. Solange die in der Mannschaft die Leistung bringen, ist das in Ordnung. Denn es ist schließlich mein Geld, was damit verdient wird. Wenn die Stürmer keine Tore schießen, kriege ich keine Siegprämie, so einfach ist das.«

»Und dafür muß ich über alles weghören, was mir auf die Nerven geht?« fragte Dieter wütend. »Sorry, aber so einen Typen wie SS-Siggi würde ich am liebsten auf den Mond schießen.«

»Deinen verdammten Idealismus kannst du irgendwo vergraben«, entgegnete Spengler ruhig. »Wenn du professionell Fußball spielst, bist du in einem Team. Du kannst dir die Leute nun mal nicht aussuchen. Wenn du aber bei jeder Kleinigkeit auf die Barrikaden gehst, stürzt nicht nur du ab, sondern auch die anderen mit dir. Unruhe und Auseinandersetzungen in der Mannschaft sind das letzte, was wir gebrauchen können. Selbst wenn dich alles ankotzt, halt gefälligst die Schnauze.«

»Findest du es etwa richtig, wenn vier deiner Kollegen sich auf ein Zimmer verziehen und ihre Kohle verspielen? Einen Tag vor einem wichtigen Spiel? Oder wenn zwei andere irgendwelche Bordsteinschwalben anbaggern? Was die anderen machen, möchte ich gar nicht wissen.«

»Eben«, meinte Spengler, »ich möchte es gar nicht wissen. Mein Gott, komm von deinem hohen moralischen Sockel auf die Erde. In deinem Vertrag steht nirgendwo, daß du der Jugend ein leuchtendes Vorbild sein mußt. Solange du es schaffst, nicht im Gefängnis zu landen oder, was noch schlimmer ist, dem Verein in der Öffentlichkeit zu schaden, interessiert sich keine Sau für das, was du tust. Meinst du, die anderen würden was darum geben, wenn du deine Freundin zweimal am Tag verprügeln und vergewaltigen würdest? Solange du das nicht in der Halbzeit im Stadion machst, ist das deine Privatsache.«

»Schöne Einstellung«, grunzte Dieter.

Ulli zuckte mit den Schultern. »So ist es aber nun mal. Du brauchst einfach eine dicke Haut in diesem Geschäft. Sensibelchen gehen hier böse unter. Konzentrier dich einfach auf das, was du kannst. Ob du zu Hause stundenlang Goethe rezitierst oder Tolstois Krieg und Frieden am liebsten im Original liest, ist allen anderen egal. Aber wenn du einen kleinen Fehler machst, durch den der Gegner zu einem Tor kommt, ist der Teufel los. Diese ›elf-Freunde-müßt-ihr-sein‹-Scheiße kannst du verbrennen. Du arbeitest hier. Meinst du, die armen Schweine am Fließband interessieren sich für die Probleme ihrer Kollegen? Pustekuchen, die müssen zusehen, daß die ihre Familie am Kacken halten. Und die meisten unserer Kollegen kommen eben aus diesem Milieu. Die verdienen hier ihre Kohle, genauso wie alle anderen auch. Und das ist das Einzige, was die wollen. Ob die privat saufen, zocken, ihre Frauen betrügen oder sonst was machen – es geht dich nichts an, verstehst du? Du kannst keinen auf dem Spielfeld schneiden, nur weil er dir unsympathisch ist. Im Spiel mußt du 90 Minuten nur daran denken, daß alle elf deiner Mannschaft gewinnen wollen. Im Training mußt du die Ohren auf Durchzug stellen und auch manchmal die Zähne zusammenbeißen. Privat kannst du den Jungs aus dem Weg gehen. Aber wenn es darum geht, ein Spiel zu gewinnen oder zumindest nicht zu verlieren, muß es dir egal sein, ob du mit Rasputin, Goebbels oder Saddam Hussein in einer Mannschaft spielst. Anders hast du keinen Erfolg.«

Nachdenklich sah Dieter lange seinem Gegenüber ins Gesicht. Ganz langsam dämmerte ihm, daß Spengler vielleicht gar nicht so unrecht hatte. Ihm paßte diese Einstellung zwar nicht, aber alles, was Ulli sagte, schien einen Sinn zu machen.

Der Kapitän hatte sein Gesicht in die Handflächen gestützt und beobachtete aufmerksam das Schachbrett. Dieter war hoffnungslos im Nachteil.

»Du bist dran«, meinte Spengler schließlich.

Dieter erwachte wie aus einer Erstarrung. Nach den nächsten zwei Zügen hatte er das Spiel verloren.

Bei der nächsten Partie schwiegen sie sich angestrengt an. Erst, als Dieter zum drittenmal verloren hatte, fand er seine Sprache wieder.

»Ich werde drüber nachdenken«, seufzte er.

Spengler kniff ihm ein Auge zu.

Nach der vierten Niederlage hatte der Libero keine Lust mehr. Es war kurz nach zehn. Dieter spürte die lange Fahrt in den Knochen. Gähnend zog er den Zimmerschlüssel aus der Hosentasche, ging in die Hotelhalle und stieg in den Fahrstuhl.

Zitternd setzte sich der Korb in Bewegung; als er im obersten Stockwerk anhielt, gab es ein verdächtiges Knarren. Dieter beeilte sich, wieder festen Boden unter die Füße zu bekommen.

Sein Zimmer lag am anderen Ende des Ganges, hinter den meisten anderen Türen war kein Laut zu hören. Nur hinter einer vernahm er zwei Stimmen, die sich laut unterhielten.

Desinteressiert wollte er weitergehen, als die Tür plötzlich aufgerissen wurde und Thomas Neuenberg im Bademantel auf den Flur stürmte. Aus dem Zimmer drang die energische Stimme des momentanen Clubvorsitzenden, Bully Heinemann.

»Komm zurück. Damit änderst du doch nichts. Du gehst nicht!«

Neuenberg drehte sich ärgerlich um und schrie lauthals etwas zurück, bevor er in Dieter reinrannte. Heinemann hatte inzwischen auch den Flur erreicht. Mehr als ein Handtuch um die Hüften trug er nicht am Leib. Als er Dieter sah, schluckte er kurz und donnerte seine Zimmertür wieder ins Schloß.

»Was war das denn?« fragte Dieter arglos.

»Nix«, erklärte Neuenburg kurzangebunden. Damit ließ er den Libero stehen und ging eilig den Gang hinunter.

Länger hier herumzustehen, war Dieter zu blöde. Er zückte den Schlüssel und ließ sich in seinem Zimmer – noch in den Klamotten – aufs Bett plumpsen.

»Die haben ja wieder mehr Glück als Verstand gehabt«, dozierte Wielert, während er den Sportteil der WAZ durchstöberte. »Mit Ach und Krach 2:1 gegen Zehlendorf.«

»Wer?« fragte Bach kauend. Zum Frühstücken war er zu Hause mal wieder nicht gekommen.

»Na, wer schon? Die Penner von der Eintracht. Und wenn dieser Neue, der Heidtmann, nicht mit 'nem Sonntagsschuß aus fast 30 Metern getroffen hätte, wäre das ganz böse ausgegangen.«

»Daß du dich überhaupt für diesen Verein interessierst«, murmelte Bach mit vollem Mund.

»Rein beruflich«, schmunzelte Wielert. »Wenn ich das schon lese: Die Eintracht wollte nicht, die Berliner konnten nicht. Gellendes Pfeifkonzert der Zuschauer. Blamable Leistung des Bundesligisten. Einzige Lichtblicke der überragende Neuenberg und Heidtmann, der Libero. Peinlich, peinlich.«

»Der Neuenberg ist bestimmt nicht mehr lange da. Die verkloppen doch alle, die ein bißchen was drauf haben.«

Schmatzend wischte Bach die Krümel von seiner Schreibtischplatte und rülpste. Nach einem gewaltigen Schluck Kaffee war er arbeitsbereit.

Wielert faltete die Zeitung zusammen und gähnte. In den letzten Tagen hatten sie Informationen über jeden gesammelt, der jemals mit der Eintracht zu tun hatte. Weitergekommen waren sie dabei trotzdem nicht.

»Fassen wir noch einmal zusammen«, grunzte Wielert. »Wem traust du am ehesten einen Mord zu? Schieß los!«

Bach runzelte die Stirn und lehnte sich ein wenig zurück. Außer Vermutungen hatten sie nicht gerade viel.

»Einigen«, begann er. »Kloth könnte ohne weiteres im besoffenen Kopp zugestochen haben. Mit dem Haß, den der auf den Eichmann hatte, würde mich das nicht wundern.«

»Und das Motiv? Wenn jeder, der gefeuert wurde, seinen Boß abstechen würde, hätten wir bald keine Arbeitgeber mehr. Wenn dieser Kloth eventuell noch andere Gründe haben könnte, dann ja. Aber nur wegen der Entlassung? Bestimmt nicht.«

»Hat aber kein Alibi«, beharrte Bach. »Seine Frau kann erzählen, was sie will, die war doch selber zu abgefüllt, um überhaupt was mitzukriegen.«

»Was hast du denn bisher über Kloth rausgekriegt?« fragte Wielert.

Bach blätterte ein wenig in seinen Unterlagen, bevor er fortfuhr. »Nicht allzu viel. Könnte dir jetzt einen kompletten Abriß seiner Karriere bieten, aber davon haben wir nichts. Kloth ist verschuldet bis über beide Ohren. Hat sich mit seinem Hausbau ein wenig übernommen, eine Hypothek bei der Dresdner Bank, eine bei der Sparkasse, zusammen weit über 100.000. Vor ein paar Jahren wegen Alkohol am Steuer zu 1000 Mark Geldstrafe verurteilt, im Wiederholungsfall hat ihm der Richter Gefängnis angedroht.«

»Nur wegen Sauferei?« erkundigte sich Wielert erstaunt.

»Nicht nur. Auch ein bißchen Widerstand gegen die Staatsgewalt. Hat dem Kollegen 'nen Satz Jacketkronen verpaßt.«

»Gibt's sonst noch was?«

»Nicht mehr viel. Scheint Eheprobleme zu haben, wie ich schon vermutet habe. Säuft mittlerweile wie ein Loch, in der letzten Zeit gab es einige Beschwerden von Nachbarn über ruhestörenden Lärm. Kloth wurde immer betrunken angetroffen, seine Frau auch. Wenn die die Lampen anhatten, haben die sich gezankt wie die Besenbinder.«

»Widerlich«, entschied der Hauptkommissar. »Wenn ich jemals so werden sollte, nein danke. Trotzdem reichlich wenig für 'nen Mord, findest du nicht?«

»Zugegeben«, bestätigte Bach, »aber bei den anderen sieht es genauso düster aus. Dieser Heinemann war, wie ich festgestellt habe, der einzige, den Eichmann als Freund bezeichnen konnte. Finanziell sieht bei dem alles bestens aus. Vor anderthalb Jahren geschieden, seitdem der biedere, hart arbeitende Geschäftsmann und selbstlose Sportliche Direktor des Clubs. Bei dem seh ich gar kein Motiv.«

»Ich auch nicht. Der einzige, der vielleicht ein erkennbares Motiv hat, hat auch das beste Alibi. Dieser Bierbach kommt mir nicht geheuer vor. Kaum eine Woche entlassen, schon wäscht er schmutzige Wäsche. Glaube kaum, daß der noch mal irgendwo in der Bundesliga 'nen Job kriegt.«

»Hat der doch gar nicht nötig«, bemerkte Bach. »Die Spielhallen und Videotheken laufen bestens, der weiß gar nicht, wohin mit der Kohle. Das mit dem Aquadrom habe ich überprüft. Die Kassiererin konnte sich genau an Bierbach und Gefolge erinnern. Bierbachs Sprößling hat ihr vor die Theke gekotzt. Sowas bleibt haften.«

»Was ist mit den Spielern?« wollte Wielert wissen. »Kommt keiner von denen in Frage?«

»Kaum. Die kriegen einmal im Monat ihre Gehälter überwiesen und spielen schlechten Fußball. Bei deren Leistungen hätte eher Eichmann 'nen Grund gehabt, einige von den Kickern zu killen.« Den Seitenhieb auf die Vereinstreue zur Eintracht seines Kollegen konnte sich Bach nicht verkneifen.

Wielert schüttelte resignierend den Kopf. Sie hatten gar nichts, was verwertbar sein konnte. Kein dringend Tatverdächtiger, noch nicht mal die Mordwaffe hatten sie finden können. Nach dem endgültigen Obduktionsbericht war Eichmann höchstens zehn Minuten tot, bevor er gefunden worden war. Dieser Heidtmann hatte wahnsinniges Glück gehabt, daß er dem Mörder nicht in die Quere gekommen war. Wielert vermutete, daß Heidtmann draußen vor der Kabine wartete, während der Mord geschah. Der Täter mußte sich im Stadionbereich ausgekannt haben, denn er konnte nur verschwunden sein, während Heidtmann den Toten fand. Möglichkeiten, sich vor neugierigen Augen zu verbergen, boten die Katakomben genug.

Der Mörder mußte außerdem ein Profi sein. Ein einziger Stich, direkt ins Herz. Entweder ein absoluter Glückstreffer, oder der Täter wußte, wohin er stechen mußte. Eichmann war so schnell tot, daß er noch nicht mal hatte schreien können. Also wahrscheinlich ein gedungener KIller.

»Sag mal«, platzte Wielert plötzlich heraus, »war einer unserer Freunde bei der Bundeswehr? Oder vielleicht in der Fremdenlegion? Irgendein Verein, in dem du gezeigt kriegst, wie du lautlos einen töten kannst.«

Bach blätterte neugierig seine gesammelten Unterlagen noch einmal durch. Bei der ersten Durchsicht hatte er nichts davon gelesen.

»Bierbach«, stellte er schließlich fest. »Der Manager war früher Wehrpflichtiger. Luftwaffe, Bodenpersonal. In der Grundausbildung bekommst du sowas nicht beigebracht. Höchstens als Einzelkämpfer.«

»War ja nur 'ne Idee«, verteidigte sich Wielert.

»So einfach werden wir den Fall nicht lösen können«, prophezeite Bach. »Aber ich hab auch mal 'ne gute Nachricht.«

Aufmerksam reckte Wielert den Hals.

»Vorhin haben die Kollegen von der Steuerfahndung angerufen. Die waren über deinen Tip mit der Eintracht völlig aus dem Häuschen. Sieht so aus, als ob sie reiche Beute machen würden. So gut scheint Freund Eichmann seine Betrügereien doch nicht getarnt zu haben.«

»Und was ist dabei die gute Nachricht?« wollte Wielert wissen.

»Ganz einfach«, schmunzelte Bach. »Wenn die ein paar Millionen Strafe zahlen müssen, mußt du nicht mehr 30 Mark für 'nen Sitzplatz ausgeben. In der Amateurliga wird das wesentlich billiger.«

Bach hatte Mühe, dem Schnellhefter auszuweichen, mit dem Wielert auf seine große Klappe gezielt hatte.

10.

»Das darf doch gar nicht wahr sein«, brüllte Spengler, als er die Schlagzeilen der Bild gelesen hatte.

Deutschlands Informationsquelle Nummer eins wußte es mal wieder als erster. Der zuständige Journalist aus der Sportredaktion hatte einen Tip aus zuverlässiger Quelle erhalten, daß die Eintracht beim letzten Heimsieg gegen Schalke den Schiedsrichter bestochen haben sollte. Woher diese Information stammte, sagte der Schmierlapp natürlich nicht, aber das war für diese Zeitung nichts Ungewöhnliches. Schlimm war nur, daß die Schalker sofort beim DFB Einspruch gegen die Wertung des Eintrachtsieges eingelegt hatten. Kindermann hatte schon angekündigt, Ermittlungen aufzunehmen.

»Das gibt es nicht«, ächzte auch Korff. »Wir haben den doch nicht bestochen. Wir haben ehrlich gewonnen.«

»*Du* hast die Pfeife nicht bestochen«, stellte Spengler böse richtig. »Ob nicht einer unserer geschätzten Herren Vorsitzenden die Hände im Spiel hatte, weißt du doch gar nicht.«

Korff sah reichlich dämlich aus der Wäsche, ehe er kapierte. »Meinst du etwa...?« begann er.

»Genau das meine ich«, ächzte der Kapitän. »Eichmann war alles zuzutrauen. Und der Schiri wird bestimmt nicht mit einem Schild um den Hals durch die Kabine laufen, auf dem der Preis steht.«

Das Frühstück war gelaufen. In dem großen Saal der Sportschule, in der sich die Eintracht auf das Auswärtsspiel gegen den HSV vorbereitete, war die Stimmung auf dem Nullpunkt. Die sowieso nicht frohen Gesichter waren noch weiter versteinert.

»Wenn das stimmt, können die den Laden zumachen«, mischte sich Wenning ein. »Genau wie damals die Bielefelder. Ich sage nur: Zwangsabstieg.«

»Hör auf zu unken«, warnte Spengler aufgebracht. »Der Bild habe ich noch nie etwas geglaubt.«

»Du hast gut reden«, schimpfte der Oldie des Teams. »Du kriegst mit 26 sofort 'nen neuen Vertrag bei 'ner anderen Mannschaft. Aber mich nimmt doch keiner mehr.«

»Reg dich ab«, beruhigte jetzt auch Korff. »Bis die sowas beweisen können, muß noch viel passieren. Und in der Amateurliga kriegste auch ganz schön Tatters.«

»Scheiß was drauf«, empörte sich Wenning.

»Wenn ich mir das so recht überlege«, meldete sich Dieter zu Wort, »dann könnte schon was Wahres an der Geschichte dran sein. Ich hab mich schon die ganze Zeit gefragt, warum der Schiri so erbarmungslos gegen die Blauen gepfiffen hat.«

»Do host recht«, grantelte Murbach, der Bayer. »Leck mi am Oarsch, aber gstimmt hot do a net eus.«

»Ja, ziehen wir uns nur gegenseitig runter«, schimpfte Spengler. »Um halb vier müssen wir in den Volkspark, das ist unser Hauptproblem. Wenn wir uns jetzt weiter die Köpfe heiß reden, brauchen wir da gar nicht antreten.«

»Müssen wir sowieso nicht«, meldete sich eine leise Stimme, die aber abbrach, als Drachen-Dragan in den Saal trat. Heinemann, der ihm auf dem Fuß folgte, hatte dunkle Ringe unter den Augen.

»Was ist hier los?« wollte der Trainer wissen.

»Schon Zeitung gelesen?« erkundigte sich der Kapitän.

»Miese Verleumdung«, meldete sich Heinemann zu Wort. »Diesen Schmierfinken sollte man gerichtlich belangen.«

Die Blicke der Spieler wanderten ratlos durch den Saal. Korff räusperte sich unüberhörbar. »Jetzt mal ganz ehrlich, Herr Heinemann«, krächzte er dann mit belegter Stimme. »Kann man uns da an die Karre pissen? Sie wissen haargenau, daß wir uns alle 'nen neuen Verein suchen können, wenn da wat gelaufen ist.«

Heinemann hob beschwörend die Hand. »Ich sage in aller Deutlichkeit, mir ist nichts von irgendwelchen Bestechungsversuchen gegenüber dem Schiedsrichter bekannt.« Damit log er nicht einmal. »Ich weiß nicht, wer uns da fertig machen will, aber irgend jemand versucht, Unruhe in den Verein zu bringen. Das ist die einzige Erklärung.«

Spengler trank lustlos einen Schluck Kaffee, bevor er sich wieder einmischte. »Warum Unruhe von draußen? Wir haben doch selber genug am Hals.«

Heinemann warf dem Kapitän einen bösen Blick zu, aber der Trainer war schneller. »Kein Wort mehr«, donnerte der Jugo. »Wir müssen konzentrieren auf Spiel, sonst kriegen die Hosen voll. Wenn Herr Heinemann sagt, ist nichts Bestechung, dann ist auch nicht.«

»Ich glaub den ganzen Scheiß aber langsam nicht mehr«, schrie Korff ebenso laut zurück. »Hier gehen sowieso bald die Lichter aus. Wenn ich schon zur Konkursmasse erklärt werde, dann will ich auch wissen, was hier los ist.«

Heinemann kräuselte die Stirn. »Was wollen Sie damit sagen?« fragte er schneidend.

»Ganz einfach«, nörgelte Korff. »Die Steuerprüfer haben ja wohl fette Beute gemacht, oder? Wen von uns verkloppen Sie denn, um die Strafe zu bezahlen, heh?«

Der augenblickliche Präsident der Eintracht wurde blaß. »Da ist noch gar nichts entschieden«, stammelte er, fassungslos darüber, wie gut die Kicker informiert waren. »Wenn es tatsächlich zu einer Geldstrafe kommen sollte, werden wir unsere Reserven ankratzen.«

»Was für Reserven denn«, pöbelte der Exinternationale. »Die einzigen Reserven, die ich kenne, sind die fünfzig Rollen Klopapier im Geräteschuppen. Nee, Herr Heinemann, jetzt reden wir mal Tacheles. Wen wollen Sie verkaufen?«

Der Rest der Mannschaft und auch der Coach waren platt. Korff hatte ein Eisen angepackt, das sie noch nicht kannten.

Heinemann wand sich vor Verlegenheit. »Erstmal niemanden«, verteidigte er sich schwach. »Aber ich kann nicht ausschließen, daß wir eventuell einen Transfer tätigen müssen.«

Spengler schüttelte angewidert den Kopf. »Sie sind ja wohl die größte Drecksau, die mir je untergekommen ist. Sollte mich nicht überraschen, wenn Sie schon die Angebote sortieren. Wenn hier der Kahn untergeht, will ich darüber Bescheid wissen. Und die anderen auch. Klar?«

»Hier geht überhaupt nichts unter«, schrie Heinemann genervt. »Bisher habt ihr eure Wahnsinnsgehälter noch pünktlich ausgezahlt bekommen, und das wird auch so bleiben. Und wenn ihr eure Ärsche nicht mal langsam ein wenig engagierter über den Rasen schaukelt, steigt ihr sowieso am Ende des Jahres ab. Bin mal gespannt, wer von euch Flaschen überhaupt noch irgendwo anders einen Vertrag bekommt.«

Gleichzeitig machte er auf dem Absatz kehrt und stürmte aus dem Frühstückssaal. Nach seinem Abgang herrschte lange Stille.

Nach den ersten verlegenen Hustern fand Spengler als erster seine Stimme wieder. »Sag mal, Hans Peter, woher weißt du eigentlich das mit den Steuerprüfern? Stimmt das auch?«

Korff nickte enttäuscht. »Leider. Nach'm letzten Training hab ich zufällig zwei von denen reden gehört. Unser sauberer Vorstand muß wohl alle beschissen haben, die man bescheissen kann. Finanzamt, DFB und sogar den Club. Da kommt noch ein ganz dickes Ende nach.«

»Auf jeden Fall ist das nicht eure Problem«, radebrechte Milosevic. »Auch deins nicht«, setzte er energisch nach, als Spengler den Mund öffnete. »Wenn Verein pleite, ihr könnt sowieso nichts ändern. Wir müssen gewinne das Spiel. In zehn Minuten Mannschaftssitzung in Saal nebenan. Und zwar für alle.«

Abgesehen von der Tatsache, daß der HSV einfach super drauf war, an diesem Samstag hätte die Eintracht gegen jeden anderen Bundesligisten auch verloren. Bereits nach zehn Minuten hatte es zum erstenmal im Kasten geklingelt. Den Rest der ersten Hälfte verbrachten die Gäste damit, die Angriffe der Hanseaten abzuwehren. Van den Brink und Heidtmann leisteten Schwerstarbeit. Nur diesen beiden und dem glänzend aufgelegten Spengler war es zu verdanken, daß es zur Halbzeit nur 1:0 für Hamburg stand.

Die zweite Halbzeit begann mit einer Katastrophe. Zwei Minuten nach Wiederbeginn wurde Heidtmann so schwer verletzt, daß er gegen Baltus ausgewechselt werden mußte; direkt im nächsten Angriff schafften die Hamburger das 2:0. Von diesem Kinnhaken erholte sich die Eintracht nicht mehr. Sang- und klanglos ging das Spiel mit 4:0 an den HSV.

Die Stimmung im Bus war natürlich dementsprechend. Während der drei Stunden, die das hochmoderne Reisegefährt wieder bis ins Ruhrgebiet brauchte, hätte man eine Stecknadel fallen hören können. Nicht nur die 2:10 Punkte fraßen an den Nerven der Spieler, auch die ganzen anderen Umstände. Vom ermordeten Präsidenten über den Vorwurf der Schiedsrichterbestechung bis zur fast schon bewiesenen Steuerhinterziehung gingen den Kickern ständig Dinge durch den Kopf, die man als Profi nicht gebrauchen konnte. Sogar Milosevic schnauzte diesmal nicht.

Vor dem Stadion war abends um zehn der Spieltag zu Ende. Mürrisch, kleinlaut und müde stiegen die Spieler aus dem Bus und wollten zu ihren Privatautos traben, als der Trainer für den nächsten Morgen zehn Uhr eine extra Trainingseinheit ansetzte. Die Kicker waren so deprimiert, daß sie nicht widersprachen. Sogar Helm Meier hatte seine gute Laune verloren.

Dieter hatte es nicht ganz so schlimm erwischt, wie er befürchtet hatte. An seinem Knöchel schimmerte zwar ein dicker Bluterguß, aber der ärztliche Betreuer der Eintracht war zuversichtlich, das in zwei bis drei Tagen behoben zu haben. Auf jeden Fall konnte Dieter – sogar mit Zustimmung des Trainers – am Sonntag ausschlafen.

»Na, Alten, hasse die Kritiken gelesen?«

Korff pfefferte seine Tasche auf die Erde und verschränkte die Arme vor der Brust.

Spengler, der noch reichlich übermüdet war, nickte. »Haben gar nicht so unrecht«, erklärte er ehrlich. »Für ein 0:4 sind wir sogar noch ganz gut weggekommen. Nur dieses Arschloch von der Bild hätte sich seine hämischen Bemerkungen sparen können.«

»Wieso denn«, polterte Meier, der seine normale Form wiedergefunden hatte, »bis auf 'n paar Ausnahmen ham doch alle wie Schlaftabletten gepöhlt.«

»Dann sei mal froh, daß du dir den Arsch breitgesessen hast«, erwiderte Korff ärgerlich. Dieses Geschreibsel von dem überalterten Rechtsverteidiger, der die Schwachstelle auf der rechten Abwehrseite gewesen sein soll, hatte ihm gar nicht geschmeckt.

»Jetz nimm dir dat nich so zu Herzen«, tröstete Meier, der die Gedanken seines Mannschaftskameraden erraten hatte. »Kommen au wieda bessere Tage.«

»Wat stehen wir hier eigentlich noch rum«, lenkte Korff ab. »Is noch nich aufgeschlossen?«

»No net«, meldete sich Murbach. »Is ja a saublöde Zoat, Sundags um zehne zu trainiern. Da kimmt ja koa normala Mensch auffi.«

»Ist der Leuteschinder eigentlich schon da?« fragte Spengler.

»Ah, no net. Woaß sowieso net, was dös seu. Deswegn gwinna mer gegn Stuttgart a net. A Schmarrn is dös.«

»Mensch, bring gefälligst 'n Dolmetscher mit oder sprech hochdeutsch«, ärgerte sich Korff. »Dein Gebrabbel ist 'ne Zumutung.«

Murbach bedankte sich bei seinem Kollegen mit dem ausgestreckten Mittelfinger, griff dann aber zu seiner Tasche, als Hemgesberg, der Platzwart, mit hochrotem Kopf von innen die Tür zu den Umkleiden aufschloß. Kaum war er draußen, fing er wild an, mit den Armen zu fuchteln.

»Da liegt einer«, schrie er. »Unten in der Kabine. Der ist tot.«

Spengler runzelte die Stirn. Offensichtlich war Hemgesberg noch von der Trauerfeier gestern besoffen.

»Fuzzi, das war letztes Wochenende. Gib Ruhe.«

Doch der Mann gab keine Ruhe. Mit seinen 155 Zentimetern hüpfte er aufgeregt zu den Spielern.

»Scheiße, da unten liegt der Heinemann. Den haben sie auch abgemurkst, genau wie den Eichmann.«

Murbach, Spengler und Korff sahen sich einen Moment an und rannten dann los. Nur Helm Meier hatte nichts kapiert. Die anderen Spieler, die schon eingetroffen waren, standen noch zu weit weg, um den Platzwart verstehen zu können.

Hemgesberg hatte nicht gelogen. Bully Heinemann war seinem Spezi Eichmann in das Reich des großen Manitou gefolgt. Allerdings war sein Abgang ekelhafter als der seines Vorgängers.

Heinemann lag auf dem Rücken, sein ehemals blütenweißes Hemd war blutgetränkt. Im Gesicht erkannten die drei entsetzten Spieler zwei Stichwunden, unter der zerfetzten Oberbekleidung standen zum Teil kleine Fleischfetzen nach oben. An Heinemann mußte sich ein wahrer Sadist ausgelassen haben.

Die Umkleidekabine war restlos versaut. Blutspritzer waren über alle Wände und den gesamten Fußboden verspritzt. Es sah aus, wie nach den Dreharbeiten zu irgendeinem billigen Kettensägenfilm.

Spengler reagierte als erster. Wie der Blitz schoß er nach oben, schnappte sich Hemgesberg und ließ sich eines der Büros aufschließen. Als er den Mord bei der Polizei meldete, war es genau fünf Minuten vor zehn.

»Wenn das bei denen so weiter geht, stell ich mir ein Feldbett in die Geschäftsstelle«, fluchte Wielert ärgerlich. »Jeden Sonntag dasselbe.«

Bach antwortete nicht, sondern scheuchte den Vectra durch die ausgestorbene Innenstadt. Seine Stimmung war ähnlich gut wie die seines Chefs. Schon beim ersten Mord tappten sie im Dunkeln, jetzt kam der zweite gleich hinterher. Wenn die Leute bei der Eintracht den Rhythmus hielten, waren sie bis Weihnachten mindestens beschäftigt.

Heute war wesentlich mehr auf dem Gelände des Bundesligisten los als letztes Wochenende. Fast der gesammte Kader war versammelt, in kleinen Gruppen standen die Spieler herum und unterhielten sich verstört.

Grußlos stapften die beiden an den Kickern vorbei und marschierten direkt in die Kabine. Der Gerichtsmediziner war bereits mit seiner Arbeit fertig, der Erkennungsdienst brauchte auch nicht mehr lange.

»Scheiße«, entfuhr es Bach, als er einen ersten Blick auf die Szene geworfen hatte. »Halt dich fest, da drin ist einer ausgeflippt.«

Wielert drängte um die Ecke und prallte zurück. So eine Leiche hatte er lange nicht mehr gehabt.

»Donnerwetter«, entfuhr es dem Hauptkommissar leise, »da hat einer ganze Arbeit geleistet. Können Sie schon was sagen, Doc?«

Der dickliche Mediziner hob abschätzend die Brauen. »Bisher hab ich 22 Einstiche gezählt, aber nur oberflächlich. Kann sein, daß ich noch ein paar finde. War bestimmt kein Messer, dafür sind die Wundränder zu zerfetzt.«

»Wie lange tot?« fragte Bach.

»Schwer zu sagen«, entgegnete der Druide. »Vielleicht Mitternacht, vielleicht auch ein bißchen später. Genaues nach der Obduktion.«

Mit seinem Arztköfferchen drängte er sich zwischen den Anwesenden durch und stapfte mürrisch zum Wagen.

»Habt ihr was für uns?« wollte Wielert vom Erkennungsdienst wissen.

Die junge, hübsche Kollegin, die Bach seit ihrem Eintreffen ausgiebiger als die Leiche gemustert hatte, blähte die Wangen. »Jede Menge. Fingerabdrücke zu Tausenden, genau wie letztes Mal. Aber welche davon dem Mörder gehören...«

Sie ließ den Satz unbeendet, aber Wielert wußte auch so, was sie meinte. Zwischen tausend Stecknadeln suchten die den Strohhalm.

»Sehen wir uns die Starkicker einmal an«, murmelte er Bach zu, der bereits anfing zu baggern. Bevor er sich einen Korb einhandeln konnte, zog ihn sein Boß mit nach oben.

»Meinst du etwa, diese Flaschen können dir was erzählen? Die kauen doch noch an zwei Minuspunkten von gestern.«

Wielert warf ihm einen bösen Blick zu, sagte aber nichts. Daß gestern alle Revierklubs, bis auf die Eintracht, zum Teil deutlich gewonnen hatten, war ärgerlich genug. Zu allem Überfluß hatte Bach, das Kameradenschwein, heute morgen demonstrativ einen kleinen Schalkewimpel an den Rückspiegel geheftet.

Die Kicker standen immer noch wie versteinert auf dem Parkplatz, verlegene Blicke um sich werfend. Wielert bat die Spieler zu sich. Langsam bildete sich eine Traube um die beiden Beamten.

»Sie können sich ja wohl denken, warum ich mit Ihnen sprechen will«, sagte der Hauptkommissar. »Kann mir irgend jemand von Ihnen etwas sagen, was mit dem Mord zu tun haben könnte?«

Das gleiche Spiel wie nach der ersten Leiche begann. Bach hatte den Eindruck, daß die vielen Kopfbälle ihre Wirkung bei den Männern hinterlassen hatten. Keiner sagte etwas.

Spengler warf sich schließlich für seine Kollegen in die Bresche. »Was wollen Sie hören?« fragte er zurück. »Heute morgen war Training angesetzt, der Hemgesberg hat den Toten gefunden. Gestern abend, gegen zehn, waren wir aus Hamburg zurück. Mehr kann ich nicht dazu sagen.«

Wielert kaute nachdenklich auf seiner Unterlippe. »Das meine ich nicht«, entgegnete er kopfschüttelnd. »Ich möchte vielmehr wissen, ob Ihnen an dem Verhalten des Herrn Heinemann etwas aufgefallen ist. Wurde er bedroht? War er unnatürlich nervös?«

Bach starrte desinteressiert in die Runde der Spieler. Wielerts Fragen standen im Routinebuch eines jeden Ermittlungsbeamten. Und wenn er die Blicke der Spieler richtig deutete, war hier nichts zu erwarten.

»Natürlich war Heinemann nervös«, antwortete Spengler. »War ja auch kein Wunder. Dank der Steuerprüfer weiß hier doch keiner so richtig, wie es weitergehen soll. Gerüchte sind hochgekommen, angeblich sollen Spieler verkauft werden. Dazu noch diese Bestechungsgeschichte.«

»Was für 'ne Geschichte?« erkundigte sich Wielert neugierig. Außer in der Bild hatte am Samstag in keiner anderen Zeitung etwas darüber gestanden, und die Sportschau hatte er gestern nicht sehen können.

»Vom letzten Spiel«, erklärte Korff. »Hamse noch nix gehört? Die Schalker solln angeblich verschoben worden sein.«

Bach, der schon als Kind in königsblauer Bettwäsche geschlafen hatte, riß die Augen auf. »Ein neuer Bundesligaskandal?« horchte er auf. »Ist da was dran?«

»Keine Ahnung«, meldete sich Spengler erneut. »Heinemann hat vor dem Spiel beim HSV groß und breit erklärt, er wisse von gar nichts. Soll aber nicht heißen, daß da nicht doch was gelaufen ist. Wenn das Spiel wirklich nicht ordentlich über die Bühne gegangen ist, hat das bestimmt noch der Eichmann eingefädelt.«

»Dat hatten wa doch gar nich nötig«, behauptete SS-Siggi aus dem Hintergrund. »Die ham wa auch so an die Wand gedrückt. Und wenn die ganze Scheiße mit den Toten und dem andern Zeuch nich passiert wäre, hätten wa auch gestern in Hamburg 'n Punkt geholt.«

»Na ja, berauschend habt ihr ja wirklich nicht gespielt«, gab Wielert zurück. »Und ein paar Pfiffe des Schiris gegen die Schalker hab ich auch nicht verstanden.«

»Wat wolln Se damit sagen?« pöbelte Siggi böse. »Bei den Spaghettifressern gibt et dat vielleicht noch, aber in Deutschland wird nich mehr beschissen. Der Ahlmann is als Heimschiedsrichter bekannt. Wir sind auch schon 'n paarmal verpfiffen worden, ohne daß der Schwatte bestochen war.«

Wielert sah den Milchbart ausdruckslos an. »Ich will damit gar nichts sagen. Ich denke nur, daß alles, was mit Herrn Eichmann und seiner Ermordung in Verbindung stehen könnte, von uns untersucht werden muß. Mehr nicht.«

»Meinen Sie wirklich, einer von uns hätte mit der Sache zu tun?« wollte Spengler wissen.

»Mal langsam«, beruhigte Wielert, »im Moment hab ich so viele Leute in Verdacht, daß ich gar nicht weiß, wo ich anfangen soll. Wo waren Sie denn beispielsweise heute nacht?«

Der Mannschaftskapitän grinste. »Nach dem Spiel? Zu Hause, wo sonst?«

»Auf die Antwort hätte ich fast 'n Tausender gesetzt«, grinste Wielert zurück. »Ich vermute, die übrigen Herrschaften waren ebenfalls daheim.«

Wielert erntete allgemeines Kopfnicken.

»Sind eigentlich alle heute morgen erschienen?« fragte Bach dazwischen. »Einige Gesichter scheinen mir zu fehlen.«

»Unser Trainer ist nicht da«, antwortete Korff. »Und der Dieter nicht. Sonst sind alle hier.«

»Ist das eigentlich üblich, daß der Trainer zu einem Termin nicht erscheint?«

»Ganz und gar nicht«, erklärte Spengler. »Weiß auch nicht, was los ist.«

Wielert hatte fürs erste genug. »Nun gut, meine Herren, wir werden uns in den nächsten Tagen bestimmt noch öfter sehen. Bis dahin kann sich ja jeder überlegen, was er gestern nach dem Spiel gemacht hat. Bis dann.«

»Willst du die so einfach gehen lassen?« staunte Bach, als sie wieder den Vectra ansteuerten.

»Was soll ich denn sonst machen? Außerdem glaube ich nicht, daß einer von den Spielern der Täter war. Denen fehlt einfach das Motiv. Hier geht es um eine Sache, von der wir noch überhaupt keine Ahnung haben. Entweder lügen uns alle die Hucke voll, oder Eichmann und Heinemann wußten etwas, was sie das Leben gekostet hat. Vielleicht haben die Morde auch gar nichts mit dem Club zu tun.«

»Da sehen wir aber ganz schön alt aus«, stellte Bach fest. »Wohin jetzt?«

»Erst mal zu diesem Heidtmann. Und dann versuchen wir mal, den Trainer aufzugabeln. Bin gespannt, was die zu erzählen haben.«

11.

»Donnerwetter, wußte gar nicht, daß man nach zwei Bundesligaspielen schon ausgesorgt hat«, erklärte Bach erstaunt. »Dieser Heidtmann wohnt ja wirklich in 'ner schnuckeligen Gegend.«

»Hättest dir statt der Titten der Sekretärin lieber die Akten ansehen sollen«, frotzelte Wielert. »Papa Heidtmann hat hier die Kohle, nicht der Sohnemann.«

Mit ausgestrecktem Zeigefinger preßte er den Klingelknopf in die Vertiefung. Ein vornehmer Gong ertönte im Inneren des Hauses, sonst war nichts zu hören.

Nach einer halben Minute versuchte Wielert sein Glück ein zweites Mal, und diesmal hörten sie jemanden eine Treppe herunterkommen. Die Tür ging auf.

Bach war sprachlos. Die blonde Schönheit, die sie fragend ansah, war genau nach seinem Geschmack.

Wielert räusperte sich überrascht. »Guten Tag. Wielert mein Name, das ist Kollege Bach. Wir kommen von der Kripo. Ist Herr Heidtmann zu Hause?«

Bevor sie eine Antwort erhielten, musterte die Frau ausgiebig den Dienstausweis. Erst dann nickte sie: »Dieter ist oben. Kommen Sie mit.«

Gleichzeitig war sie schon auf den ersten Stufen der Treppe, die in das Dachgeschoß führte. Während Wielert die Tür hinter sich schloß, produzierte Bach eine Bauchlandung. Mit seinen Stielaugen hatte er die erste Stufe übersehen.

»Wenn du mit deinem Schwanz denken würdest, wärst du schon Nobelpreisträger«, zischte Wielert grinsend dem Gestrauchelten zu, der sich mit schmerzverzerrtem Gesicht das rechte Knie rieb. Humpelnd kroch er die restlichen Stufen nach oben.

Das Mädchen war inzwischen vor ihnen durch einen Zimmereingang verschwunden. Neugierig linste Wielert um die Ecke. Heidtmann lag noch im Bett, nuckelte an einer Zigarette und schlürfte einen Kaffee. Der Kommissar hätte ohne zu überlegen sofort mit dem Burschen getauscht.

»Morgen, Herr Heidtmann«, begann Wielert jovial. »Überrascht uns hier zu sehen?«

»Allerdings«, entgegnete Dieter. »Was machen Sie hier?«

Bach hinkte seinem Chef hinterher und ließ sich in den nächstbesten Sessel plumpsen. Unter dem Stoff seiner Sommerhose fühlte er bereits eine leichte Schwellung.

»Erfahren Sie gleich«, antwortete Wielert. »Warum waren Sie heute morgen nicht beim Training wie Ihre Kollegen?«

Dumme Frage, dachte Bach, dessen Schmerzen schon so weit nachgelassen hatten, daß er die blonde Venus, die sich zu Heidtmann gesetzt hatte, wieder mustern konnte. Unter dem knappen Herrenhemd hatte sie höchstens einen Slip an. Bach hätte zu gerne nachgesehen, ob er recht hatte.

»Ich hab mich gestern verletzt«, erklärte Dieter. »Kurz nach der Halbzeit bin ich umgeknickt, unser Doc hat mir Trainingsverbot erteilt.«

Dabei schlug er seine Bettdecke ein Stück zur Seite. Der rechte Knochen schillerte in allen Farben, der Geruch der Salbe stach Wielert in die Nase. Der Kommissar kam sich reichlich bescheuert vor.

»Nun gut, das erklärt einiges. Was haben Sie denn gestern abend nach dem Spiel gemacht?«

»Nichts Besonderes«, zuckte Dieter die Achseln. »Ich bin direkt nach Hause gefahren. Um elf kam Vanessa, wir haben noch etwas gegessen und dann in die Röhre geguckt. Großartig bewegen konnte ich mich ja nicht.«

»Was kam denn in der Glotze?« mischte sich Bach ein.

»Irgendein alter Schinken, mit Sean Connery. Warum fragen Sie das alles?«

»Wenn wir Alibis überprüfen, müssen wir das«, seufzte Wielert.

»Warum Alibi? Ist wieder einer ermordet worden?« schmunzelte Dieter. Als er das Gesicht des Bullen betrachtete, verschwand sein Lächeln allerdings sehr schnell.

»In der Tat, es hat einen weiteren Mord gegeben. Bully Heinemann ist heute morgen ermordet in den Umkleidekabinen des Stadions aufgefunden worden. Genau wie der andere, letzte Woche.«

»Oh Gott«, entfuhr es Dieter. »Und da haben Sie mich in Verdacht?«

»Nein«, antwortete Wielert seelenruhig. »Allerdings waren Sie nicht beim Training. Da müssen wir natürlich nachfragen.«

»Dieter war gestern den ganzen Abend hier«, mischte sich Vanessa ein, wobei sie ihr Hemd glattzog. Ihre Brustwarzen malten sich deutlich unter dem dünnen Stoff ab; Bach bekam sofort erhöhten Blutdruck. »Wenn Sie uns nicht glauben sollten, seine Eltern waren auch noch da.«

Der Hauptkommissar winkte ab. »Ist schon in Ordnung, keine Sorge. Und entschuldigen Sie die Störung.«

Dabei winkte er seinem Assi zu, der sich widerwillig erhob. Ein Einzelverhör mit dieser Fee kam aber leider nicht in Frage.

»Mein Gott, was für eine Frau«, stöhnte er sehnsüchtig, als sie wieder im Auto saßen. »Mit der zwei Stunden alleine im Aufzug stecken bleiben.«

»Du gehst mir langsam auf den Sack«, entfuhr es Wielert. »Konzentrier dich lieber auf die Morde, anstatt alle Frauen anzugaffen, die dir über den Weg laufen.«

»Als unverheirateter Jüngling bin ich immer auf der Suche«, verteidigte sich Bach schmunzelnd. »Laß mir doch den Spaß.«

»Ich glaube, ich werde für dich mal 'ne Bordellbeihilfe beantragen«, überlegte sein Boß. »Wenn du deinen Samenstau los bist, können wir ja vielleicht mal vernünftig arbeiten.«

»Reg dich ab«, lenkte Bach ein. »In welchem Hotel wohnt dieser Jugo?«

»Im Arcade. Gib Gas.«

Zwanzig Minuten später erfuhren sie vom Rezeptionsangestellten die Zimmernummer des Trainers. Herr Milosevic sei auch oben. Er habe nicht geweckt werden wollen.

Mit dem Aufzug fuhren sie in die dritte Etage. In den Gängen war niemand, abgesehen von einem Zimmermädchen. Hinter Milosevics Tür herrschte Stille. Wielert drückte auf die Klinke, die Tür gab nach. Es war nicht abgeschlossen.

Der Jugoslawe lag leise schnarchend in seine Bettdecke gerollt. Im Zimmer hatte sich der liebliche Dunst einer ausgeprägten Fahne ausgebreitet.

Bach waltete seines Amtes. Nach fünfminütigem Rütteln kehrte Milosevic in das Reich der Lebenden zurück. Verschlafen blinzelte er die Beamten an.

»Was los?« nuschelte er undeutlich.

»Guten Morgen, Herr Milosevic. Ausgeschlafen?«

Das Kauderwelsch aus brummigen Flüchen und kräftigen Rülpsern ging wirkungslos an den beiden vorbei. Nach einiger Zeit war der Jugo ansprechbar.

»Was mache Sie hier?« brummelte er unfreundlich. »Wer hat Sie gelassen rein?«

»Niemand«, gab Wielert zu, »die Tür war auf. Wir wollten Ihnen nur kurz ein paar Fragen stellen.«

»Weiß nix«, kam die Antwort. »Muß los, hab gleich Training.«

»Da sind Sie ein bißchen spät dran«, erklärte Bach. »Ihre Spieler haben sich Sorgen gemacht, als Sie um zehn nicht erschienen sind.«

Mit verklebten Augen schielte der Coach auf seine Armbanduhr. Es war viertel nach zwölf.

»Scheiße«, entschied er. »Und deshalb Sie komme mich wecke?«

»Nein«, schleuderte ihm Wielert energisch entgegen. »Ich will wissen, wo Sie gestern abend nach dem Spiel waren.«

Milosevic schaute überrascht auf. »Gestern abend? Nirgends.«

»Sie geben also zu, für den gestrigen Abend kein Alibi zu besitzen?« konstatierte Bach.

»Wieso Alibi? Was ist passiert?«

»Gestern nacht wurde Herr Heinemann in den Umkleideräumen des Stadions ermordet«, donnerte Wielert. »Waren Sie immer noch nirgends?«

Wortlos stand der Langschläfer auf und trottete zur Tür. Bach sprang sofort hinzu und hielt ihn fest.

»Ich muß pissen«, dröhnte Milosevic. »Ich lauf nicht weg.«

Bach lockerte seinen Griff, stellte sich aber vorsichtshalber vor die Klotür. Von drinnen hörte er plätschernde Geräusche, schließlich die Wasserspülung. Am Waschbecken ließ sich Drachen-Dragan kaltes Wasser durchs Gesicht laufen. Dann stand er wieder im Hotelzimmer.

»Ich war's nicht«, behauptete er mürrisch. »Habe Alibi. War gestern abend in Essen.«

»Wo? Und mit wem?« hakte Wielert nach.

Der Jugo atmete tief durch. »Muß ich sagen?«

»Sie müssen gar nichts. Aber wenn Sie die Klappe nicht bald aufmachen, nehmen wir Sie mit.«

»In Bredeney. Bei Maria.«

»Welcher Maria? Ein bißchen deutlicher, Mensch.« Wielert war kurz davor, die Geduld zu verlieren.

»Ist eine Puff. War schon letztes Wochenende da, mit Eichmann und Heinemann. War gut, bin gestern wieder hingefahren.«

»Adresse«, kommandierte Wielert. »Wenn Sie gelogen haben, dann gnade Ihnen der Allmächtige.«

Milosevic kritzelte die Adresse auf einen kleinen Zettel und ließ sich wieder aufs Bett fallen. Er wirkte auf einen Schlag um zehn Jahre gealtert.

»Wie denn ermordet?« fragte er ungläubig. »Wer tut sowas?«

»Keine Ahnung«, gestand Wielert. »Aber Sie werden einer der ersten sein, der es erfährt.«

»Mein Gott, hast du 'ne miese Laune«, stellte Bach fest. Der Innenstadtverkehr hatte sie wieder.

»Ist doch wahr«, beklagte sich Wielert. »Diese Arschgeigen machen mich langsam wahnsinnig. Keiner weiß was, die einzigen, die etwas wissen, werden umgebracht. Das hältste doch im Kopp nicht aus.«

»Und was machen wir jetzt?« erkundigte sich der Fahrer. »Ins Präsidium?«

»Ja. Du setzt mich da ab und fährst dann nach Essen, in diesen Puff. Dieser Milosevic kommt mir nicht geheuer vor. Wenn sein Alibi nicht hieb- und stichfest ist, nagel ich den fest.«

»Nichts lieber als das«, grinste Bach. »Wie sieht's aus mit Spesen?«

»Wenn du nicht in einer Stunde wieder da bist, reiß ich dir den Hintern in Fetzen. Und tank unterwegs, wir haben noch eine weitere Spazierfahrt vor.«

»Wohin denn?«

»Nach Köln. Diesen Schiedsrichter müssen wir uns vornehmen. Vielleicht hat diese Bestechungsgeschichte was mit den Morden zu tun.«

Bach trat auf die Bremse, sie standen vor dem Präsidium. Wielert sprang aus dem Wagen und schlug den Weg zum Büro ein, während sein Kollege Richtung Ruhrschnellweg weiterfuhr. Es war das erstemal, daß er dienstlich in ein Bordell mußte.

Das Präsidium war wie ausgestorben. In der Telefonzentrale lungerten zwei gelangweilte Beamte herum, die in ihrer Not auf das alte Schiffeversenken zurückgriffen. Ansonsten hätte man in den Fluren bowlen können, ohne jemanden zu stören.

Mißmutig warf Wielert im Büro die Kaffeemaschine an und pflanzte sich auf seinen Sessel. Dieser verdammte Fall wurde immer mysteriöser. Zwei Leichen, kein einziger akuter Verdächtiger. Wenn er nicht in der nächsten Zeit wenigstens ein bißchen weiterkam, würde ihn der Alte ganz schön lang machen.

Die Presse lag ihm dazu auch noch ständig in den Ohren. Die wilden Gerüchte, die seit Eichmanns Tod durch die Gegend wanderten, vergifteten die Ermittlungen zusätzlich. Dieser Eichmann war so bekannt wie der Bundeskanzler. Die örtlichen Parteien und Wohlfahrtseinrichtungen erkundigten sich mindestens dreimal in der Woche nach eventuellen Fortschritten; der Bürgermeister stand in ständigem Kontakt zum Polizeipräsidenten. Wielert fühlte sich wie in einem Glashaus.

Als er seinen ersten Kaffee aus der Kanne in seine schmuddelige Tasse laufen ließ, klingelte das Telefon. Überrascht stellte er seine Brühe zur Seite. Bach konnte es noch nicht sein, der war bestimmt noch auf der Bahn.

»Wielert?« meldete er sich fragend.

»Behringer, hallo Herr Wielert«, tönte es aus der Muschel. Wielert brauchte einen Moment, bis er den Namen dem dicken Gerichtsmediziner zuordnen konnte.

»Ach, Herr Behringer. Haben Sie schon was für mich?«

»Kann man so sagen«, sprudelte der Doc weiter. »31 Einstiche hat unser Freund. Angefangen im Gesicht über den Korpus bishin zum Oberschenkelbereich. Würde sagen, daß sich da einer richtig ausgetobt hat.«

»Ein Irrer?« vermutete der Kommissar.

»Ein Schwuler«, kam die Antwort.

»Bitte?« dröhnte Wielert. »Wie kommen Sie denn da drauf?«

»Ganz einfach«, sonnte sich Behringer in der Wirkung, die seine Worte hatten. »Heinemann hatte Vaseline am Schwanz. Außerdem habe ich Spuren von Kot und anderem menschlichen Gewebe gefunden. Der hat, kurz bevor er abdrehte, noch 'ne Runde gevögelt. Ist aber nicht fertig geworden, Samenfäden waren keine da. Der muß mittendrin abgestochen worden sein.«

Wielert durchlief ein leiser Schauer. »Das ist ja ein Ding«, staunte der Kripomann nicht schlecht. »Was haben Sie sonst noch?«

»Die Tatwaffe war kein Messer«, erklärte Behringer. »Sieht mir eher nach Schraubenzieher oder so was aus. Wenn Sie mich fragen, war das eine Kurzschlußhandlung. Zufrieden?«

»Geht so«, dämpfte Wielert die Begeisterung des Sezierers. »Da ich jetzt nur noch durch die Stadt fahren muß, um mir alle männlichen Ärsche anzusehen, ob einer Vaseline an der Rosette hat, kann der Fall ja nicht mehr lange dauern.«

»Dann viel Spaß«, gluckste Behringer und legte auf.

Immerhin ein Anhaltspunkt, hoffte Wielert, als er wieder zu seinem Kaffee griff. Daß Heinemann Kontakte zur Homosexuellenszene hatte, war ihm völlig neu. Wielert hatte einige Verbindungen zum Millieu, wenn es da etwas zu erfahren gab, würde ihm das nicht verborgen bleiben. Einen zweiten Sedlmayr würde es bei ihm nicht geben.

Der Kaffee war noch nicht halb getrunken, als wieder das Telefon schellte. So langsam kam sich Wielert vor wie auf der Kirmes.

»Wielert.«

»Schacht vom Erkennungsdienst. Tach, Herr Kollege. Hab mir doch gedacht, daß Sie im Büro sind.«

Die nette Kollegin, die Bach am Morgen im Stadion hatte abblitzen lassen, wirkte angespannt.

»Dieser Heinemann ist nicht in der Umkleide umgebracht worden«, bemerkte sie zwischen zwei hastigen Zügen an ihrer Zigarette. »Tatort ist vermutlich der Konferenzraum, da haben wir das meiste Blut gefunden. Den ganzen Weg bis in die Kabinen ziert eine rote Spur. Der Mörder hat versucht, die Spuren zu beseitigen, allerdings sehr dilettantisch.«

Wielert kritzelte eifrig auf seinem Notizblock und steckte sich ebenfalls eine Kippe ins Gesicht. »Wo sind Sie jetzt?«

»Immer noch im Stadion«, erklärte die Kollegin. »Wir suchen alles nach weiteren Indizien ab. Wenn wir noch was Interessantes finden, ruf ich wieder durch.«

Der Hauptkommissar legte die Stirn in Falten, nachdem das Gespräch beendet war. Das paßte alles nicht zusammen. Wenn Heinemann tatsächlich von einem Liebhaber umgebracht worden war, hatte er es mit zwei Mördern zu tun. Eichmann konnte er sich nicht in dieser Szene vorstellen, der war verheiratet und hatte eine gutaussehende Geliebte. Mehr traute er dem toten Schwergewicht nicht zu.

Wenn aber Heinemann der Schlüssel zu allem war, sahen sie wirklich nicht gut aus. Bisher hatte er den Verdacht, ein gekaufter Killer hätte Eichmann abserviert, weit von sich gewiesen. Aber bei dem Sumpf aus Steuerhinterziehung und allen anderen dunklen Sachen, die in der Eintracht abliefen, konnte er nichts mehr ausschließen. Vielleicht war Heinemann dahintergekommen, daß Eichmann alle der Reihe nach über den Leisten zog, und hatte ihn dafür beseitigen lassen. Während der Befragungen war Heinemann aalglatt gewesen; alles hatte er tun wollen, um den Mord an seinem Freund aufklären zu helfen. Dabei hatte er nicht einen Satz gesagt, mit dem Wielert etwas anfangen konnte.

Innerhalb einer Woche zwei Morde an einer Stelle, das konnte auch kein Zufall sein. Die Alibis waren zwar wackelig, bis auf das von Bierbach, diesem Manager, aber wer konnte für Sonntagmorgen neun Uhr schon Zeugen nachweisen, außer der eigenen Familie.

Ärgerlich feuerte Wielert seine Tipp-Ex-Flasche durch die Gegend und goß sich einen weiteren Kaffee ein. In dieser Art betrieb er weiter Gehirnakrobatik, bis Bach schließlich in das Büro stürmte.

»Milosevic hat sich gestern ausgiebig bedienen lassen«, polterte er sofort los. »Gleich zwei Mädels auf einmal hat er mit aufs Zimmer genommen. Die beiden Miezen konnten sich sehr gut an den Jugo erinnern. Der hat jeder noch 'n Hunderter Trinkgeld in den Ausschnitt gestopft.«

»Von wann bis wann war er da?« fragte Wielert.

Bach ließ sich ächzend neben der Kaffeemaschine nieder und bediente sich. »Die Puffmutter sagt, daß er gegen viertel vor elf gekommen ist und um zwei ein Taxi bestellt hat. Um danach noch einen umzubringen, soll der zu besoffen gewesen sein. Der hat 'nen glatten Tausender dagelassen.«

In hastigen Zügen kippte er seinen Kaffee und wischte sich über die Stirn. »Gibt's hier was Neues?« fragte er dann.

»Allerdings. Ich erzähl dir im Auto davon. Laß uns nach Köln rauschen.« Ohne auf den Kollegen zu warten, der hastig seine Tasse leerte, stürmte Wielert aus dem Büro.

Kurz vor Wuppertal – noch auf der A43 – war er mit seinem Bericht fertig. Bach staunte nicht schlecht.

Im Kölner Raum war entschieden mehr los als im Ruhrgebiet. Schon kurz nach Leverkusen kamen sie in den ersten Stau, der sie erst nach der Autobahnabfahrt wieder ausspuckte. Bach chauffierte durch Godorf Richtung Wesseling. Bis zu der Haustür des umstrittenen Pfeifenmannes brauchten sie über anderthalb Stunden.

Auf Wielerts Klingeln öffnete ihnen ein Steppke von vielleicht vier Jahren die Tür. Im Hintergrund erschien Ahlmann. Die beiden Beamten wiesen sich aus; Ahlmann bat sie in sein Büro.

»Nun, meine Herren, was kann ich für Sie tun?« begann der hochgewachsene Enddreißiger, nachdem er sorgfältig die Tür geschlossen hatte.

»Sie haben sicherlich in der Presse von der Ermordung Herbert Eichmanns gelesen«, dozierte Wielert umständlich. »Im Rahmen der Ermittlungen hätten wir Ihnen gerne einige Fragen gestellt.«

»Nur zu«, ermunterte Ahlmann, der ein wenig blaß geworden war. »Darf ich Ihnen vorher etwas zu trinken anbieten? Kaffee? Einen Saft?«

Bach und Wielert nahmen Orangensaft. Nach einem kräftigen Schluck setzte der Hauptkommissar erneut an: »Uns interessiert besonders der Vorwurf der Schiedsrichterbestechung. Ist da was dran?«

»Überhaupt nichts«, antwortete Ahlmann ein wenig zu schnell. »Ich verstehe überhaupt nicht, wie die Bild so etwas in die Welt setzen kann.«

»Sie hatten also niemals mit Herrn Eichmann Kontakt?« erkundigte sich Wielert, dem nicht entgangen war, daß sich der Schiri krampfhaft an die Lehnen seines Sessels klammerte.

»Das habe ich nicht gesagt. Einige Male habe ich mit Herrn Eichmann gesprochen, nach den Spielen der Eintracht, die ich geleitet habe. Aber das war alles unter Zeugen, zum Teil auf Pressekonferenzen. Auch am vorletzten Wochenende habe ich Herrn Eichmann erst nach dem Spiel zu Gesicht bekommen.«

Bach sah sich aufmerksam in dem Büroraum, in dem sie saßen, um. Die Regale waren mit Aktenordnern, Geschäftspapieren und Pokalen überfüllt.

»Warum haben Sie in der Nacht vor dem Spiel eigentlich im Hotel übernachtet?« fragte er dazwischen. »Von Wesseling aus sind Sie normalerweise doch in einer Stunde im Ruhrpott?«

Blattschuß. Ahlmanns Fingerknöchel wurden weiß, so heftig suchte er nach Halt.

»Äh, ich... ich hatte noch geschäftlich zu tun am Samstagmorgen. Ich arbeite bei Ford und betreue die Vertragshändler in dieser Region. Am Samstagmorgen habe ich einige davon aufgesucht. Da ich freitags schon im Ruhrgebiet war, habe ich dort auch übernachtet. Die Autobahn ist doch immer so voll.«

»Wenig überzeugend«, beharrte Wielert. »Ich glaube eher, daß Sie sich mit Eichmann getroffen haben.«

Ahlmann sprang auf und steckte nervös die Hände in die Taschen. Wie ein Tiger lief er hinter seinem Schreibtisch auf und ab. »Unsinn. Ich habe Eichmann am Freitag nicht getroffen.«

»Was haben Sie dann gemacht?«

Seufzend kratzte sich das Nervenbündel im Nacken. »Kann ich auf Ihre Verschwiegenheit hoffen?« fragte er kleinlaut.

»Mann, Sie können froh sein, wenn ich mir keinen Haftbefehl besorge. Reden Sie endlich.«

»Na gut«, schnaufte Ahlmann resignierend und setzte sich wieder hin. »Versprechen Sie mir wenigstens, meiner Frau nichts zu erzählen? Es hat zwar nichts mit dem Mord zu tun, aber meine..., nun ja, meine Frau könnte daran Anstoß nehmen.«

Wielert nickte stumm.

»Ab und zu brauche ich mal meinen Ausgleich zum Alltag«, begann Ahlmann pathetisch, während er fickerig eine Zigarette anzündete. »Gelegentlich schiebe ich hier zu Hause geschäftliche Verpflichtungen vor, am liebsten vor Spielen, die ich zu pfeifen habe. So war es auch Freitag vor einer Woche. Das Ruhrgebiet hat einiges zu bieten in dieser Hinsicht.«

Bach grinste heimlich, während Wielert keine Miene verzog.

»Und? Wo waren Sie?« lauerte der Hauptkommissar.

»Den ganzen Abend im Hotel«, beteuerte Ahlmann. »Ich habe eine nette weibliche Person kennengelernt, mit der ich den restlichen Freitag verbracht habe.«

»Name und Adresse«, maulte Wielert, während er bereits einen Notizblock zückte.

»Die Adresse habe ich nicht. Sie sagte, sie käme aus Hamburg und wäre zu einem Kongreß, der Samstag und Sonntag stattfinden sollte, gekommen. Der Name war Angela, Angela Barth.«

»Toll«, spottete Bach amüsiert.

»Fragen Sie doch im Hotel nach«, beeilte sich Ahlmann, seine Aussage zu bekräftigen. »Wir waren erst im Restaurant, dann an der Bar und schließlich... auf meinem Zimmer.«

»Und für alles gibt's Zeugen?«

Manchmal war Wielert ein Schwein.

»Für alles nicht«, stotterte der Schiri. Sein Kopf leuchtete wie eine vollreife Erdbeere. »Aber im Restaurant und an der Bar müssen uns einige Leute gesehen haben. Die Kellner zum Beispiel.«

»Das läßt sich nachprüfen«, drohte Wielert. »Und das werden wir auch tun. Eine Frage hätte ich noch.«

Bevor er weitersprach, zündete er sich eine Kippe an.

Ahlmann preschte auf gut Glück vor. »Für den Sonntag habe ich ein Alibi. Ich war im Büro, einige Sachen aufarbeiten. Der Pförtner hat mich gesehen, als ich gekommen bin und als ich gegangen bin. Für den Mord müssen Sie sich einen anderen suchen.« Dabei lächelte er, als wäre damit alles geregelt.

»Schön zu hören«, wunderte sich Wielert hinter einer Nikotinwolke. »Eigentlich wollte ich nur von Ihnen wissen, ob Sie uns eine Personenbeschreibung Ihrer geheimnisvollen Freundin geben können. Als Mörder habe ich Sie gar nicht gehandelt.«

Ahlmann war sprachlos. Mit eingezogenem Kopf hockte er wie ein Häufchen Elend hinter seinem Schreibtisch, sein Mund stand vor Überraschung weit offen.

»Na ja, nicht so wichtig«, beruhigte Wielert. »Ihre Verabredung von Freitag kriegen wir auch so überprüft. Sie waren im Excelsior, nicht wahr?«

Der Schiri nickte stumm. Bevor er wieder redete, räusperte er sich nervös. »Sagen Sie etwas zu meiner Frau?« fragte er ängstlich.

Bach schüttelte den Kopf. »Erst mal nicht. Wenn sich allerdings herausstellen sollte, daß Sie uns etwas verschwiegen haben, dann kann es für Sie böse aussehen.«

»Sollten wir noch Fragen haben, melden wir uns noch einmal. Für heute war das alles.«

Ahlmann war nicht in der Lage aufzustehen, um die beiden zur Tür zu bringen. Mit flatternden Fingern klammerte er sich an seinen Sessel, als erwarte er jeden Moment den Henker von Dresden.

»Der lügt doch wie gedruckt«, empörte sich Bach, als sie wieder über die Autobahn nach Hause steuerten. »Entweder hat der vor irgendetwas riesengroße Angst, oder der hängt voll mit drin.«

»Beides«, behauptete Wielert. »Ich verwette meinen Pensionsanspruch, wenn der Eichmann nicht doch ein krummes Ding mit dem gedreht hat. Der weiß viel mehr, als er erzählt hat.«

»Sollen wir ihm mal auf den Zahn fühlen?«

»Morgen. Du kannst die Kollegen aus Köln mal um Amtshilfe bitten. Die sollen ihn ein wenig durchleuchten.«

»Und was machen wir jetzt?« fragte Bach mit knurrendem Magen. Seit dem Frühstück waren glatte sieben Stunden vergangen.

»Hat dieser Ahlmann nicht gesagt, das Excelsior hätte ein Restaurant?« erkundigte sich Wielert, dem der Magen ebenfalls bis auf die Schuhsohlen hing.

Eine Stunde später verdrückten sie jeder ein Dutzend Weinbergschnecken als Vorspeise, obwohl ihnen der Appetit schon wieder ein wenig vergangen war. Der Rentner vom Empfang konnte sich gut an Ahlmann und die aparte weibliche Person erinnern, die letzten Freitag zuerst im Restaurant und dann in der Bar waren. Die gnädige Frau wäre um halb drei mit einem Taxi davongefahren. Nein, Herrenbesuch hätte Herr Ahlmann nicht empfangen, am Freitag nicht und am Samstag auch nicht. Eine Angela Barth hätte nicht bei ihnen gewohnt, aber er beschrieb die Frau mit Ende zwanzig, brünett, unauffällig geschminkt und gut gekleidet. Eine Nutte wäre das bestimmt nicht gewesen.

Vielleicht hätte es bei Wielert und Bach ›Klick‹ gemacht, wenn sie nicht so einen Bärenhunger und seit über einer Woche keinen Dauerstreß gehabt hätten. So hakten sie Ahlmann als Verdächtigen ab und schlurften enttäuscht in den angrenzenden Freßbunker.

12.

»Das war's dann wohl«, seufzte Spengler. »Ich glaub, ich such mir 'nen anderen Job.«

Der Kapitän brachte die Stimmung der Mannschaft auf den Punkt. Niedergeschlagen hockten die Kicker nach dem Abschlußtraining in der Kabine und ließen die Köpfe hängen. Das Finanzamt hatte seine Prüfung beendet und den Bescheid herausgeschickt. Eine Million Steuernachzahlung, zahlbar innerhalb von vier Wochen. Die Höhe der Strafe würde noch gesondert bekanntgegeben.

»Mist«, schimpfte Murbach. »Dieses Oarsch vo Eichmann. Wenn der net scho tot wär, i tät n glatt umbringa. A Sauerei is dös.«

»Dat war doch nicht nur der Eichmann«, ergänzte Korff. »Heinemann war genau so eine Sau. Möchte nicht wissen, wat die sonst noch alles an Land gebracht haben.«

»Ist doch auch völlig egal, wer hier was gemacht hat«, meldete sich Dieter. »Frag mich nur, wie unsere hohen Herrn da wieder rauskommen wollen.«

»Ganz einfach«, erklärte Spengler. »Einer von uns wird verkauft. Davon bezahlen die dann die Nachzahlung und alles andere wird unter den Teppich gekehrt. Daß dabei der ganze Verein bankrott geht, ist denen doch scheißegal.«

»Der Verein kann mich mal«, höhnte Neuenberg aus dem Hintergrund. »Am liebsten wär mir, ich würde schon morgen woanders hingehen können. Hier wird man doch sowieso nichts.«

»Jetzt bleib mal auf'm Teppich«, warf Korff ein. »Solche wie dich hab ich schon hundertmal gesehen. Die sind alle wieder inner Versenkung verschwunden. Wenn du nach 'n paar guten Spielen 'n Höhenflug kriegst, geht dir dat genauso.«

»Dich mach ich doch noch mit 'nem Gipsbein naß«, erwiderte der Mittelfeldstar. »Wird Zeit, daß du deine Rente einreichst.«

»Schluß jetzt«, donnerte der Kapitän. »Hackt euch nicht gegenseitig auf den Köpfen rum. Wenn wir uns jetzt nicht am Riemen reißen, läuft hier gar nichts mehr.«

»Wat willse denn mit deinem Riemen reißen?« versuchte Meier die Stimmung aufzulockern, aber diesmal kam er bei niemandem an.

»Soll ich dir mal erzählen, was mich hier noch interessiert?« warf Thomas Neuenberg gereizt seinem Torwart vor die Füße. »Daß einmal im Monat die Kohle eingeht, und daß ich die Prämien kassier. Aber bei euch Flaschen kommt ja nichts zusammen. Dieses miese Gekicke kotzt mich einfach an. Lernt erstmal Fußball spielen, wenn ich bei euch mitmachen soll.«

»Das reicht«, dröhnte Spengler. »Überspann den Bogen nicht.«

Neuenberg lachte grell. »Was willst du Würstchen überhaupt von mir? Ich hau hier sowieso in den Sack. Beim ersten Club, der mir anständige Kohle bietet, unterschreib ich. Bin froh, wenn ich eure miesen Visagen nicht mehr ertragen muß.«

Dabei schnappte er seine Brocken und stürmte wütend aus der Kabine. Die anderen sahen ihm fassungslos nach. So einen Auftritt hätte sich noch nicht mal Paul Breitner erlaubt.

»Der hat se ja nicht alle«, ärgerte sich Spengler wütend. »Mit dem Arsch spiel ich nicht nochmal in einer Mannschaft.«

»Das brauchen du auch nicht mehr«, ließ sich plötzlich Milosevic vernehmen. Der Coach hatte während der Auseinandersetzung stumm im Nebenraum gestanden.

»Neuenberg ist verkauft«, verkündete der Trainer. »Gerade

hat Pohl Vertrag unterschrieben. Der geht zu Ende der Hinrunde. Nach Marseille.«

»Wollen Sie den bis dahin kalt stellen?« erkundigte sich Spengler. »Oder was haben Sie vor?«

»Die paar Spiele halten du noch durch. Kann nicht auf Thomas verzichten, ist sich bester Mann im Mittelfeld. In drei Monaten ist er weg.«

»Hat sich dat wenigstens gelohnt?« fragte Korff, der seine nächste Gehaltszahlung in Gefahr sah.

»Dreieinhalb Millionen«, erklärte Dragan. »Damit wir sind aus dem Gröbsten raus.«

»Wollen Sie dem alles durchgehen lassen?« schrie Spengler aufgebracht. »Jemand, der seine Kollegen beschimpft, gehört nicht in ein Team. Ich werde nicht mehr mit dem zusammen spielen.«

»Dann spielst du auch nicht«, fauchte Drachen-Dragan. »Wenn du nicht wollen, dann stehen morgen Baumann in Tor.«

Alle Augen richteten sich auf den Trainer, der den Kapitän bösartig anfunkelte.

Spengler schüttelte den Kopf. »Das ist nicht Ihr Ernst«, flüsterte er. »Das können Sie nicht machen.«

»Du werden dich wundern, was ich alle kann«, schrie Milosevic zurück.

Die beiden Kontrahenten standen sich auf einen Meter Entfernung gegenüber und musterten sich. Plötzlich erhielt Spengler von einer Seite Unterstützung, mit der er nie gerechnet hätte.

»Dann spiele ich auch nicht«, meldete sich SS-Siggi. »Was ist mit euch?«

Korff war der nächste. »Entweder Ulli im Tor, oder ihr könnt euch 'nen anderen suchen. Ich glaub, ich setz mich morgen in meinen Garten und häng die Füße ins Planschbecken.«

»Dann komm ich dich besuchen«, erklärte Dieter. »Spielen werde ich nämlich auch nicht.«

Dragan lief knallrot an. Mit schnellen Atemzügen holte er tief Luft, um loszuplatzen, als van den Brink und Pusch aufstanden und ihre Sachen packten.

»Wir verzichten ebenfalls«, erklärte Pusch. »Mit so einer miesen Type wie Neuenberg will ich auch nichts mehr zu tun haben. Wollte schon immer mal unsere Tribünensitze ausprobieren.«

Nach und nach meuterten alle Spieler. Milosevic starrte wie ein gehetztes Wiesel von einem zum anderen, aber alle hielten zu ihrem Kapitän. Spengler standen Tränen in den Augen.

»Na gut«, gab der Jugo klein bei. »Neuenberg bleibe morgen draußen. Aber nächste Woche wir unterhalten uns nochmal. Das hat Folgen.«

Gleichzeitig stürmte er wutentbrannt aus der Kabine, die Tür schlug hinter ihm zu.

»Uff«, stöhnte Spengler erleichtert. »Danke, Jungs. Ich glaube, das hat dieser Wichser mal gebraucht.«

Milosevic hatte tatsächlich seinen besten Mittelfeldspieler auf die Tribüne verbannt. Der Presse hatte er erzählt, daß Neuenberg nach seinem beschlossenen Transfer eine Denkpause brauche und er deshalb freiwillig auf den Regisseur verzichten würde. Von dem Widerstand der Spieler sagte er nichts.

Die Eintracht hatte bei den Fans verschissen. Gerade 7000 Menschen verloren sich auf den Steh- und Sitzplätzen der Arena, die Hälfte davon kam bestimmt aus Stuttgart. Die »Vorstand raus« Rufe hallten schon eine halbe Stunde vor Spielbeginn durch das Stadion.

Der Verkauf von Neuenberg und die bekannt gewordene Steuerhinterziehung hatten Wirbel ausgelöst. Langjährige Mitglieder des Clubs traten auf der Stelle aus, alle Journalisten, die sich ob des schlechten Tabellenplatzes eh schon auf den Club eingeschossen hatten, gaben eine Breitseite nach der anderen ab. Der Bestechungsvorwurf war bisher nicht bewiesen worden, aber der negative Beigeschmack blieb. Die eigenen Fans hatten das Vertrauen zur Mannschaft verloren.

Trotz dieser ganzen Umstände fühlte sich Dieter super. Seine Knöchelverletzung war abgeheilt, die Bandage trug er nur zur Sicherheit. Seit dem Aufstand der Spieler gegen Milosevic war die Stimmung der Kicker untereinander besser geworden. Und das merkte man auf dem Rasen sofort.

Schon nach zehn Minuten rieben sich die Zuschauer verwundert die Augen. Die Schwaben kamen kaum aus ihrer Hälfte, die Eintracht machte enormen Druck. Przybilla, der für den geschaßten Neuenberg ins Team gekommen war, spielte das Spiel seines Lebens. Alles, was er machte, hatte Hand und Fuß, die Stürmer sprühten vor Einsatzfreude, die Abwehr stand bombensicher. Korff, van den Brink und Pusch gingen energisch dazwischen, wann immer es sein mußte.

Nach zwanzig Minuten schaltete sich auch Dieter verstärkt in die Angriffe ein, der Druck wurde noch größer. Zwangsläufig fiel dann auch in der 22. Minute das 1:0 für die Hausherren.

Dieter leitete den erfolgreichen Angriff über die linke Seite ein, spielte einen schönen Doppelpaß mit Zwingli, worauf eine wunderbare Flanke in den Strafraum des VfB segelte. Klimke schoß heran und donnerte den Ball aus zehn Metern unter die Latte.

Einen weiteren Warnschuß brauchten die Schwaben nicht. In der Folgezeit entwickelte sich ein hervorragendes Spiel mit sehenswerten Kombinationen auf beiden Seiten. Dieter stand wie ein Fels in der Abwehr der Eintracht; Spengler bekam in seinem Gehäuse kaum etwas zu tun, obwohl die Stuttgarter mächtig Druck machten. Bis zur Halbzeit blieb es jedoch beim 1:0 für die Eintracht.

Nach der Pause ging es im selben Tempo weiter. Die Gastgeber ließen die Schwaben jetzt mehr kommen und lauerten auf Konter. Das Spiel wog hin und her, die Zuschauer waren begeistert.

Nach knapp einer Stunde fiel die Vorentscheidung. Aus der Abwehr heraus starteten die Hausherren einen Konter über die linke Seite, Przybilla spielte wunderschön in die Gasse, Zwingli war auf und davon. In der Mitte der Stuttgarter Hälfte ließ er noch zwei Gegenspieler stehen und schlenzte von der Strafraumgrenze elegant das Leder in den rechten Winkel. Das 2:0 war gefallen.

In der letzten halben Stunde versuchte der VfB vergeblich, die Niederlage zu vereiteln. Allerdings wurden die Angriffe jetzt ideenloser, durchsichtiger. Dieter und seine Kollegen hatten keine Mühe, ihren Kasten sauber zu halten. Kurz vor Schluß fing SS-Siggi eine Flanke an der eigenen Strafraumgrenze ab und marschierte los. Die Stuttgarter hatten alles nach vorne geworfen, die Abwehr war gänzlich entblößt. Überfallartig lief der Konter mit vier, fünf Eintrachtspielern. Dieter hatte sich in der zweiten Hälfte zum erstenmal mit über die Mittelfeldlinie gewagt. Die Angreifer sahen sich nur noch drei Abwehrspielern gegenüber, SS-Siggi paßte flach nach innen, aber Klimke kam einen Schritt zu spät. Ein Abwehrbein beförderte den Ball aus der Gefahrenzone, direkt auf Dieters rechten Schlappen. Mit aller Kraft zog er ab und staunte dem Flug der Lederkugel hinterher, die halbhoch knapp neben dem linken Pfosten ins Netz schlug. Der Schiedsrichter ließ nach dem 3:0 gar nicht wieder neu anspielen.

Die vielleicht 4000 einheimischen Zuschauer waren aus dem Häuschen. Das Team bekam stehende Ovationen. Dieter raste wie ein Irrer quer über den ganzen Platz. Sein erstes Bundesligator war das Sahnehäubchen auf einer Klassevorstellung seiner Mannschaft.

»Hört euch diesen Drecksack an«, forderte Frank Pusch wütend. »Tut gerade so, als wäre der Sieg auf seinem Mist gewachsen.«

In der Sportschau lief gerade ein Interview mit Milosevic, der sein Team in höchsten Tönen lobte, aber nicht vergaß, seine tolle Taktik in den Vordergrund zu stellen. Der Reporter, der unverschämter Weise den Sieg als um ein, zwei Tore zu hoch bezeichnet hatte, grinste den Coach gewinnend an und ließ den Sermon mit Engelsgeduld über sich ergehen.

»Reg dich ab«, meinte Spengler gutgelaunt. »Hauptsache, die beiden Punkte sind drin.«

»Außerdem kann der sich wirklich gut verkaufen«, kommentierte Dieter, der schon die zweite Flasche Mineralwasser leergemacht hatte. »Seit der hier ist, haben wir gegen Schalke und Stuttgart gewonnen und sind im Pokal eine Runde weiter. Nur der Kick in Hamburg war 'ne Ausnahme.«

»Und du meinst, dat war sein Verdienst?« erkundigte sich Korff. »Dieser Penner kann vielleicht 'nen Ball aufpumpen, aber als Trainer ist der 'ne Null.«

»Hab ich auch gar nicht bestritten«, verteidigte sich der Libero. »Aber trotzdem kann sich seine Bilanz sehen lassen.«

Die Bedienung in den Empfangsräumen der Geschäftsstelle kam mit einem Tablett Sektgläsern an den Tisch der Spieler und verteilte das Kribbelwasser. Die Spende vom derzeitigen Vorsitzenden, Pohl, wurde lautstark begrüßt.

»Der will sich nur um die Prämie drücken«, grinste Korff, während er den Asti wegkippte.

»Hast du eigentlich auch mal was anderes als Geld in der Birne?« fragte Dieter schmunzelnd.

»Klar«, kam der Zwischenruf von Meier. »Montags läuft seine Frau immer breitbeinig durche Stadt. Wat der Hans Peter auf'm Spielfeld zu wenich macht, holt der am Wochenende auf seiner Tussi nach.«

»Immer noch besser als sich bei Billigpornos einen abzuwedeln«, konterte Korff, der bei Junggeselle Meier im Videoschrank mal eine erstaunliche Sammlung Color Climax Produkte entdeckt hatte.

»Also, Freunde, ich mach mich auf den Weg«, verabschiedete sich Spengler als erster. »Hab noch was vor heute abend. Bis Montag.«

»Wart, Ulli, dei Oansatz fehlt«, rief Murbach dem Keeper hinterher.

»Was für ein Einsatz?«

»Mer ham gwettet«, erklärte der Bayer, »wer morgn in der Früa tot drunten in der Kabine lieagt. Bis jetzt is der Milosevic mit zehne zu eins Favorit.«

Spengler winkte ab. »Keine Chance. Jeden Sonntagmorgen 'ne Leiche in der Kabine können wir uns nicht erlauben. Dann streiken irgendwann die Atagirls.«

Allmählich löste sich die Runde auf. Dieter, der nach dem Spiel soviel Schulterklopfen über sich ergehen lassen mußte, daß er schon einen Buckel hatte, schnappte sich seine Tasche und stiefelte nach unten. Die Zuschauer und Schaulustigen waren inzwischen verschwunden, nur noch ein paar Kinder rannten auf dem Stadiongelände in der Hoffnung herum, einige Autogramme ihrer Stars zu erwischen. Dieter wollte sie nicht enttäuschen und kritzelte seinen Namenszug auf Stadionzeitungen und Mannschaftsfotos. Die Augen der Blagen strahlten.

Plötzlich hörte er vom Parkplatz her einen spitzen Schrei und danach anhaltendes Weinen. Eine zornige Stimme gab ziemlich ordinäre Sprüche von sich.

Eilig ging Dieter ein paar Schritte weiter, bis er die Szene im Blick hatte. SS-Siggi hatte einem kleinen Türkenjungen mit seinen Springerstiefeln einen Tritt in den Hintern gegeben und brüllte lautstark etwas von ›Türkensau‹ und ›alle vergasen‹. Der Kleine hielt sich entsetzt den Hosenboden und wußte gar nicht was los war.

»Aufhören«, brüllte Dieter, »laß das Kind in Ruhe.«

SS-Siggi drehte sich langsam um. Vor lauter Wut sprangen seine Augen fast aus den Höhlen. »Halt die Schnauze, Mensch«, brüllte er zurück. »Dieses Türkenschwein hat mich angerempelt.«

»Und?«

»Wat und?« bölkte der Neonazi.

»Bist du tödlich verletzt oder was? Was soll der Scheiß?«

Steinbrink donnerte seine Tasche auf den Boden und musterte Dieter bösartig. »Ich will dir mal was sagen, du Arschloch. Wenn mich sonne Türkensau anpackt, dann kriegt der wat vor die Fresse. Kapiert?«

»Der Bengel ist keine zehn Jahre alt«, schrie Dieter. »Hast du vielleicht Angst vor dem?«

Siggi stemmte die Hände in die Hüften und ließ seine Muskeln spielen. Da er gelegentlich Body-Building betrieb, sah das recht eindrucksvoll aus.

»Angst? Vor 'nem Türken? Von mir aus kann 'ne ganze Horde kommen, du Türkenfreund. Und wenn du nicht bald die Fresse hälst, kriegste auch wat vorn Arsch.« Dabei starrte er feindselig auf den kleinen Jungen, der sprachlos vor Staunen sogar vergessen hatte, weiter zu heulen.

»So ein dummes Schwein wie dich habe ich lange nicht mehr gesehen«, schleuderte ihm Dieter entgegen. »Am liebsten würde ich dich mit den Eiern an 'nen Angelhaken spießen und durch die Stadt zerren. Mit 'nem Schild auf dem Rücken: Ich ficke Hitlerbilder.«

Mit einem Aufschrei holte SS-Siggi zu einem mächtigen Schwinger aus, aber Dieter war schneller. Reflexartig zuckte sein rechter Unterschenkel nach oben. Mit einem leicht schmatzenden Geräusch bohrte sich sein Turnschuh in Siggis Unterleib.

Einen kleinen Moment geschah gar nichts. Dann wurde Siggi blaß, seine rechte Faust hing bewegungslos in der Luft. Wie in Zeitlupe sackte er in sich zusammen, wie ein Fisch auf dem

Trockenen begann er nach Luft zu schnappen. Erst dann kam der Schmerzensschrei.

Dieter hatte voll getroffen. Der Führerfan war mit einem Tritt bewegungsunfähig. Heidtmann konnte nicht sagen, daß es ihm leid tat.

»Du Schwein«, flennte Siggi, »du Judensau. Das kriegste wieder.« Seine Stimme machte jedem Eunuchen Ehre. Seine Handflächen preßten sich gegen die empfindsamste männliche Stelle, die man sich vorstellen konnte. Auf den Knien herumrutschend, versuchte Siggi Luft zu bekommen.

»Wat is?« stichelte Dieter, »hasse keine Lust mehr? Oder trausse dich immer nur an Kleinkinder?«

Siggi zog es vor, gar nichts zu sagen. Jaulend schaukelte sein Oberkörper hin und her, die Tränen schossen ihm in die Augenwinkel. Dieter schüttelte angewidert den Kopf, faßte seine Tasche fester und ließ den Nazi wo er war: auf dem Boden.

Erst als er in den Renault stieg, hatte sich Siggi einigermaßen erholt. Mit zusammengekniffenen Beinen rappelte er sich auf und zeigte Dieter die Faust. »Das zahl ich dir zurück, du Schwanzlutscher«, schrie er quer über den Parkplatz. »Du bist genau sonne Schwuchtel wie Neuenberg. Paß auf, daß ich dir nich' irgendwann die Eier abschneide.«

Dieter kurbelte das Fenster runter, streckte Siggi den ausgestreckten Mittelfinger entgegen und gab Gas.

13.

»Dieter, aufstehen. Kaffee ist fertig.«

Die gar liebliche Stimme seiner Mutter konnte Dieter nicht im mindesten bewegen, die Bettdecke zurückzuschlagen, die Füße über die Bettkante zu schwingen und seine bequeme Lagerstätte zu verlassen. Mit einem Seitenblick blinzelte er zu seinem Radiowecker. Viertel nach acht. Um zehn war Training. Noch reichlich Zeit.

»Komm schon, Schatz. Die Brötchen sind noch ganz warm.«

Seufzend zog er sich die Decke über den Kopf und versuchte krampfhaft, die Rufe zu ignorieren. Es half nichts, er war sowieso schon wach. Außerdem randalierte draußen vor seinem Fenster eine Horde Spatzen, die ihm keine Ruhe mehr ließ. Ächzend schwang er seinen Hintern in die Waagerechte.

Zehn Minuten später saß er frisch geduscht und einigermaßen ausgeschlafen in der Eßecke der geräumigen Küche. Seit er Fußballprofi war, verwechselte seine Mutter seinen Kalorienbedarf mit dem eines kanadischen Holzfällers. In dem Brotkörbchen lagen fünf frische Brötchen, auf der Aufschnittplatte häufte sich ein Berg Wurst, Käse und Schinken. Zwei Eier standen unter den geschmacklosen gestrickten Eierwärmern, der Kaffee dampfte in der Tasse. Die WAZ und die Ruhr-Nachrichten lagen in Griffweite.

Dieter schmierte sich ein Brötchen, versah seinen Kaffee mit Milch und Zucker und puhlte die Sportseiten der beiden Zeitungen heraus. Das Frühstück konnte beginnen.

»Haben die eigentlich schon den Mörder gefangen?« wollte seine Mutter wissen. »In der Zeitung liest man seit ein paar Tagen gar nichts mehr.«

Unwirsch schlackerte Dieter die Zeitung zurecht. Er war noch nicht mal bis zur Überschrift gekommen. »Keine Ahnung. Wir erfahren auch nichts. Die Bullen tappen bestimmt noch völlig im Dunkeln.«

Mutter Heidtmann setzte bereits zur nächsten Frage an, als – Gott sei Dank – das Telefon klingelte. Eine ihrer beiden Schwestern war dran. Dieter schätzte, daß die Zeit für die Kritiken ausreichen würde.

Die WAZ erkannte die gute Leistung der Eintracht an, mahnte aber vor zuviel Euphorie. Nach einem wirklich guten Spiel würde es keinen Grund geben, die angespannte Tabellensituation zu ignorieren. Allerdings erhielten Spengler, Przybilla und Dieter ein ausdrückliches Sonderlob.

Die Ruhr-Nachrichten waren weniger zurückhaltend. Ein Superspiel mit einem verdienten Sieger, der das Feld in dieser Verfassung von hinten aufrollen konnte. Schon am nächsten Wochenende beim VfL Bochum konnte der Grundstein zu einer gewaltigen Aufholjagd gelegt werden. Dieter erhielt im letzten Satz des Artikels noch seine Streicheleinheiten, ein Blick in die Tabelle ernüchterte ihn aber sofort. Die Eintracht war immer noch Letzter, bis zum rettenden 16. Platz waren es immerhin nur noch drei Punkte.

Aus der Diele hörte er, wie der Telefonhörer zurückgelegt wurde. Zumindest hatte er es geschafft, das Wichtigste gelesen zu haben. Bevor seine Ma wieder in die Küche kam, schellte es. Vanessa stand in der Tür, im Arm die Montagsausgabe der Bild.

»Hey«, grüßte Dieter überrascht. »Was machst du denn hier?«

Vanessa bekam einen flüchtigen Kuß auf die Wange gedrückt und wurde von Dieters Mutter auf einen Stuhl genötigt. Ehe sie sich wehren konnte, stand ein dampfender Kaffee und ein zweites Frühstücksgedeck vor ihr. Der Hinweis, daß sie satt sei, zog nicht.

»Hast du da schon reingesehen?« fragte sie Dieter.

Der schüttelte den Kopf. Die Bild las er prinzipiell nicht.

Vanessa schlug wortlos die Zeitung auf. Auf der dritten Sportseite begann die neueste Enthüllungsstory der Springer-Presse.

Pleiten-Pech-Betrug: die Skandale der Eintracht, leuchtete die Überschrift in dickem Rot. In der zweiten Zeile kündigte der Ex-Trainer Kloth an, er wolle ›schonungslos auspacken, um den Fans vor Augen zu führen, was sie der Mannschaft und dem Vorstand Wert waren‹.

Sprachlos fraß sich Dieter durch den Artikel. Die Bild begann ihre Enthüllungen mit dem Hinweis, daß der Vorstand der Eintracht vergeblich versucht hatte, mit einer gerichtlichen Verfügung (als ob ein Bild-Leser wüßte, was das wäre) das Erscheinen der neuen Serie zu verhindern.

Das erste Opfer des Ex-Trainers war Heinemann, der Sportliche Direktor. Angeblich war Bully dem männlichen Geschlecht sehr zugetan und soll sich an Kinder aus den Jugendmannschaften des Vereines herangemacht haben. In der Profimannschaft hätte Heinemann einen Liebling gehabt, der sein ›Stammliebhaber‹ gewesen sein soll, für höhere Prämien natürlich. Den Namen nannte Kloth nicht.

In dieser Art ging es bis zum Schluß, an dem der Ex-Trainer versprach, im nächsten Teil die Machenschaften des toten Präsidenten Eichmann ein wenig unter die Lupe zu nehmen.

»Kanntest du den Kloth noch?« fragte Vanessa, die sich dem lieben Frieden zuliebe ein Brötchen reingewürgt hatte. Der Schinken stand ihr bis zum Hals.

»Nee. Der war schon weg, als ich angefangen habe. Die Kollegen haben aber einiges erzählt. Soll ein mordsmäßiger Alkoholiker gewesen sein.« Nervös zündete sich Dieter eine Zigarette an. Eine Stelle des Artikels ging ihm nicht mehr aus dem Kopf. Dazu hallte ihm immer ein Satz, den SS-Siggi am Samstag von sich gegeben hatte, durch den Schädel.

»Ich muß los«, erklärte Vanessa, »hab gleich einen Termin. Wollte dir unbedingt zeigen, was über euch geschrieben wird. Rufst du mich nachher an?«

Dieter nickte automatisch. Nach einem weiteren Kuß war sie verschwunden. Er las zum drittenmal den Artikel.

»So ein nettes Mädchen«, philosophierte seine Mutter. »Bin ich froh, daß du die Vanessa kennengelernt hast.«

»Ja, ja«, murmelte er, ohne hinzuhören. Mehr und mehr nahm ein völlig absurder Gedanke in seinem Hirn Gestalt an. Und wenn sich so etwas mal festgesetzt hatte, brauchte er Klarheit.

Impulsiv stürzte er den Rest seines Kaffees herunter, griff seine Zigarette und stürmte in die Diele. Aus dem Gedächtnis wählte er die Nummer von Spengler. Der Kapitän meldete sich nach dem dritten Klingeln.

»Morgen, Ulli, hier ist Dieter. Sag bitte dem Dragan Bescheid, ich kann heute morgen nicht zum Training kommen.«

Spengler war offensichtlich noch nicht ganz wach. Bevor Dieter eine Antwort hörte, vergingen ein paar Sekunden.

»Was ist denn los?« fragte der Torwart überrascht über Dieters flattrige Stimme, die er sogar durch den Telefonhörer komisch fand. »Hast du was ausgefressen?«

»Nee, ich hab nur was zu erledigen. Läßt sich nicht verschieben. Bis dann.«

Hastig knallte er den Hörer auf die Gabel und stürmte los. Aus der Küche schnappte er sich die Ausgabe der Bild, gab seiner Mutter, die ihn sprachlos anstarrte, einen Kuß und riß die Haustür auf.

Der Berufsverkehr hatte seinen Zenit schon überschritten, Dieter kam zügig voran. Bis zum Polizeipräsidium brauchte er knapp zwanzig Minuten.

Unterwegs kaute er sich die Fingernägel fast bis zu den Schultern ab. Vor seinem geistigen Auge sah er immer ein und dasselbe Bild. Ein zorniger Thomas Neuenberg, der nur mit einem Bademantel bekleidet aus dem Zimmer des Sportlichen Direktors stürmt. Am nächsten Morgen ist eben dieser Mann tot. Und der Ex-Trainer der Eintracht schreibt ohne Hemmungen über homosexuelle Neigungen des Toten.

Vor dem Polizeihauptquartier war natürlich kein Parkplatz frei, in einer angrenzenden Seitenstraße fand er aber eine Lücke. Der Polyp an der Pforte sagte ihm die Zimmernummer von Wielert und Bach. Dieter schoß wie der Blitz die blankgebohnerten Treppen nach oben.

Mit klopfendem Herzen stand er schließlich vor der im matten grau gestrichenen Holztür. Von drinnen hörte er undeutliches Stimmengewirr. Zögernd hob er den rechten Arm und klopfte. Nach einem mürrischen »Herein« drückte er die Klinke herunter.

Kriminalhauptmeister Bach ließ die nette Sekretärin des Morddezernates an den promillehaltigen Erlebnissen des Wochenendes teilhaben. Die Tippse hatte sich auf den Schreibtisch des Bullen gehockt und ließ an den richtigen Stellen ein albernes Kichern hören.

Als Dieter ins Zimmer trat, wurde Bach dienstlich: »Fräulein Merkel, wir setzen unser Diktat ein anderes Mal fort. Schreiben Sie den ersten Teil schon einmal.« Dabei strich er ihr wie zufällig über die in einen hautengen, knallroten Minirock gepreßte Gesäßpartie. Die Tussi hob warnend den rechten Zeigefinger, grinste ihn aber aufmunternd an. Mit einem koketten Augenaufschlag trippelte sie an Dieter vorbei ins Nebenzimmer.

»Morgen, Herr Heidtmann«, grüßte Bach endlich. »Was machen Sie denn hier?«

Dieter wurde noch unsicherer. Eigentlich wollte er direkt mit Wielert sprechen, den Assi des Oberbullen hielt er noch nicht mal für fähig, alleine eine Briefmarke auf einen Umschlag zu kleben.

»Ist Herr Wielert nicht da?« fragte er leise.

Bach nickte. »Der is' mal eben für große Jungs. Müßte eigentlich jeden Moment wieder da sein«, erklärte er. Er hatte seinen Satz noch nicht ganz beendet, als die Tür erneut aufflog.

Wielert kam mit einem erleichterten Lächeln wieder ins Büro.

»Geht doch nichts über 'nen gut plazierten Morgenschiß«, rief er seinem Kollegen zu. Dieter hatte er bei seinem Reinkommen gar nicht bemerkt. Erst als die Tür wieder ins Schloß klappte, sah er an Dieters Grinsen, daß er ein wenig vorschnell seine Klappe aufgemacht hatte.

»Was gibt's, Herr Heidtmann?« fragte er nach den üblichen Begrüßungsfloskeln, wobei er Dieter Platz anbot. Bach war sogar so aufmerksam, ihm einen Kaffee abzutreten.

Dieter legte die Bild auf Wielerts Postkörbchen und tippte mit dem Zeigefinger darauf. »Schon gelesen?« fragte er.

Die beiden Beamten schüttelten einheitlich die Köpfe.

»Der ehemalige Trainer der Eintracht hat eine Enthüllungsstory an die Bild verkauft«, erklärte Dieter zwischen zwei Schlucken Kaffee. »Eigentlich ist mir das ziemlich Wurst, bei den ganzen Sachen, die momentan bei uns im Verein ablaufen, schadet uns das auch nicht mehr. Aber in dem Artikel behauptet er, Heinemann wäre eine Schwuchtel, der sich an Kindern aus der Jugendmannschaft vergriffen hätte. Und in der Bundesligamannschaft soll er auch ein Schätzchen gehabt haben.«

Wielert wurde blaß. Bach verschluckte sich. Mit so einer Wirkung hatte Dieter nicht gerechnet.

»Und?« fragte Wielert interessiert.

»Nun ja«, fuhr Dieter fort, »ich weiß ja gar nicht, ob das wichtig ist. Aber am Tag vor unserem Pokalspiel in Berlin hatte Heinemann mit einem aus der Mannschaft Krach.«

Bach lehnte sich enttäuscht zurück. »Kam das nicht häufiger vor?« erkundigte er sich. »Ich glaube kaum, daß es sonst in einem Bundesligaclub zugeht wie in einem Nonnenkloster.«

»Das meine ich auch nicht«, beharrte Dieter. »Komisch war nur, daß der Mannschaftskollege aus Heinemanns Zimmer gestürmt kam, nur einen Bademantel am Körper. Und Heinemann hatte nur ein Handtuch um die Hüften.«

Wielerts Unterkiefer sank fast auf die Brust. Seine Augen begannen zu leuchten. »Sind Sie da hundertprozentig sicher?« fragte er leise.

»Natürlich. Hab ja alles mit eigenen Augen gesehen. Ich dachte nur, wenn an dieser Schwulensache wirklich was dran ist, vielleicht weiß der Kollege etwas, das Ihnen helfen könnte.«

»Herr im Himmel«, stöhnte Wielert dankbar. »Sie wissen gar

nicht, wie sehr uns das weiterhelfen kann.« Erregt zündete er sich eine Kippe an, Dieter tat es ihm nach.

»Wissen Sie eigentlich, daß Heinemann direkt vor seinem Tod seinen Schwanz in einem Männerarsch stecken hatte?« teilte er zufrieden dem erstaunten Libero mit. »Mit dieser Theorie über einen Mord in Homosexuellenkreisen haben wir uns schon länger befaßt. Während der ganzen letzten Woche haben wir unsere Kontakte zur Szene spielen lassen, ohne irgend etwas herauszufinden. Dieser Heinemann muß sich nur auf die Eintracht beschränkt haben. Der war nie in einem der Schwulenlokale oder auf'm Bahnhofsklo.«

Dieter verschluckte eine große Menge Nikotin und mußte erbärmlich husten. Bach klopfte ihm kräftig auf den Rücken und grinste zu ihm herüber.

»Wer ist denn eigentlich dieser ominöse Mannschaftskollege?«

»Neuenberg«, krächzte Dieter, dem immer noch die Tränen in den Augen standen. »Thomas Neuenberg.«

»Was können Sie sonst noch über den erzählen?« erkundigte sich Wielert. »Hat der irgendetwas gesagt, was mit dem Mord zu tun hat? Oder sich merkwürdig benommen?«

»Allerdings«, bestätigte Dieter. »Freitag vor dem Spiel gegen den VfB ist der in der Kabine völlig ausgeflippt. Hat sich mit jedem angelegt und rumgepöbelt. Mit uns Flaschen könne er nie etwas werden und so weiter. Das kannte ich gar nicht von ihm. Der war bisher immer recht ruhig und zugänglich.«

»Und in den Tagen nach dem zweiten Mord?« hakte Wielert nach. »Gab's da was?«

»Nee«, schüttelte Dieter den Kopf. »Der war so wie immer. Viel erzählt hat der ja nie. Außerdem ist er sowieso verkauft. Am Ende der Hinrunde wechselt er nach Marseille.«

Wielert und Bach tauschten einen schnellen Blick.

»Das ist aber ganz was Neues.«

»Stand auch noch nicht in der Presse«, erklärte Dieter. »Dreieinhalb Millionen für uns, die wohl völlig an das Finanzamt gehen werden. Eine Million als Nachzahlung, der Rest als Strafe.«

»Haben Sie jetzt nicht Training?« wunderte sich Bach. »Dann müßte dieser Neuenberg doch im Stadion sein.«

Wielert griff ohne ein weiteres Wort zum Telefon und wählte

die Nummer der Geschäftsstelle der Eintracht. »Kripo, Wielert, guten Tag, Frau Himmel. Eine kurze Frage nur. Ist Thomas Neuenberg heute zum Training erschienen?«

Die Himmel mußte wahrscheinlich erst nachfragen, denn Wielert trommelte ungeduldig mit den Fingern auf der Schreibtischplatte. Nach zwei Minuten nickte er dann zufrieden und legte wieder auf.

»Bis auf Sie und Neuenberg stehen alle Spieler auf dem Platz und werden vom Trainer angekanzelt. Bißchen auffällig, daß der nicht da ist, finden Sie nicht?«

»Gar nicht«, antwortete Dieter. »Freitag ist er aus der Mannschaft geflogen. Alle haben dagegen gemeutert, daß er eingesetzt werden sollte. Nach dem Auftritt, den er sich erlaubt hat, kein Wunder.«

»Wo wohnt er?«

Dieter kratzte sich nachdenklich die Stirn. »Ich glaub, auf der Feenstraße. Einmal hab ich ihn nach dem Training mitgenommen, als sein Wagen zum Tüv mußte.«

»Finden Sie den Weg wieder?« fragte Bach, als wenn man in der Innenstadt nicht ohne Kompaß auskommen könnte.

»Klar«, bestätigte der Libero.

»Dann kommen Sie. Sehen wir mal, was Ihr Kollege zu den Neuigkeiten zu sagen hat.«

Der völlig überraschte Zeuge wurde mit in den Dienstwagen der Beamten geschleppt. Bach legte ein Affentempo vor, Dieter dirigierte vom Rücksitz den Weg.

Kurze Zeit später quietschten die Reifen, als Bach kräftig auf die Bremsen stieg, um vor einem renovierten Zechenhäuschen anzuhalten. Die beiden Kripoleute stürmten aus der Karre. An der Eingangstür drückte sich Bach fast den Zeigefinger platt. Nach einer halben Minute erschien eine verknitterte alte Frau im Türrahmen, die sich die Hände an dem unvermeidlichen Kittel abwischte. Wielert redete auf sie ein, die Frau schüttelte den Kopf. Dann kamen die beiden zurück.

»Er war nicht da«, erklärte Wielert sauer. »Seine Mutter hat keine Ahnung, wo er ist. In den letzten zwei Tagen hat er sich nicht bei ihr blicken lassen.«

»Kann vorkommen«, kommentierte Dieter von den billigen Plätzen. »Und was jetzt?«

Wielert zuckte ärgerlich die Schultern, Bach knetete gedankenversunken das Lenkrad. Dabei bebten seine Nasenflügel vor Erregung.

Plötzlich knallte er den ersten Gang ins Getriebe und gab Gas. Dieter wurde in die Sitze zurückgepreßt, Wielert sah überrascht zur Seite.

»Hast du 'nen Anfall?«

Bach schüttelte seinen Kopf so heftig, daß seine wohlfrisierte Dauerwelle ins Schwanken geriet.

»Nur 'ne Idee«, murmelte er mehr zu sich selbst. »Vielleicht hab ich ja recht.«

Besorgt über den Geisteszustand seines Fahrers streifte Wielert den Sicherheitsgurt über. Bei 90 Stundenkilometern in der Stadt wollte er kein Risiko eingehen.

Bach ignorierte Ampeln und Vorfahrtsregeln; Stoppstraßen hatten ebenfalls keine Bedeutung. Endlich zog er den Wagen in eine ruhige Seitenstraße in der Nähe des städtischen Parks.

Wielert wußte nun, was sein Kollege dachte.

Heinemanns Haus lag in einer der schönsten Ecken der Innenstadt, vom Verkehrslärm und den Abgasen war hier nichts zu spüren. Nach der Untersuchung durch den Erkennungsdienst war das Haus versiegelt worden. Der amtliche Papierstreifen an dem geschmiedeten Tor vor dem gepflasterten Gartenweg war durchgerissen. Bachs Ahnung schien sich zu bestätigen.

Diesmal nahmen die beiden Ermittler Dieter mit. Wielert und Bach schlichen vorsichtig Richtung Tür, Dieter taperte hinter ihnen her. Auf das Klingeln geschah gar nichts.

»Hinten rum«, flüsterte Wielert, wobei er sich sofort in Bewegung setzte. Die beiden anderen folgten.

Die Terrassentür war nur angelehnt. Jemand mußte im Haus sein, das stand fest. Wielert zog zur Vorsicht seine Dienstwaffe, ließ sie aber noch gesichert. Mit dem Fuß schob er die Terrassentür auf, so daß sie eintreten konnten.

Neuenberg saß im angrenzenden Wohnzimmer. Mit glasigen Augen starrte er auf den Fernseher, in dem ein Porno lief. Zwei nackte, gutgebaute Männer wälzten sich auf einer schäbigen Matratze und vollführten die wildesten akrobatischen Verrenkungen, die sich ein Regisseur ausdenken konnte. Auf dem

Tisch stand eine fast geleerte Flasche hochprozentigen Alkohols. Neuenberg war abgefüllt.

Als Wielert durch die Tür trat, sah der Jüngling auf der Couch kaum hoch. Mit einer schwerfälligen Bewegung richtete er sich halbwegs auf, wobei er ständig das Gleichgewicht verlor.

»Tag, Herr Neuenberg«, begann Wielert. »Darf ich mal fragen, was Sie hier machen?«

Statt einer Antwort sackte das Häufchen Elend wieder in sich zusammen. Resignierend schüttelte er dabei den Kopf und winkte ab.

Wielert setzte sich auf den Rand der Couch, Bach stellte sich vor den Tisch. Dieter lehnte sich an den Türrahmen. Hätte er keinen Halt gehabt, wäre er vor Aufregung sicher umgefallen.

»Was macht der denn hier?« lallte Neuenberg, als er Dieter erkannt hatte. »Ist der auch bei euch?«

Wielert schielte auf den Bildschirm und wendete sich angewidert ab. Einer der Akteure peitschte mittlerweile seinen Gespielen mit einer siebenschwänzigen Katze aus, wobei er sich einen runterholte. Wielert wettete, daß das Blut auf dem Rücken des Gepeinigten echt war.

»Warum haben Sie Herrn Heinemann umgebracht?« fragte Wielert auf gut Glück. Er wußte zwar, daß das Verhör eines Betrunkenen von keinem Staatsanwalt anerkannt wurde, aber vielleicht fanden sie ja so die Beweise, die sie brauchten.

Neuenberg lachte kurz auf und starrte wieder auf die Mattscheibe.

»Dieses Schwein«, erklärte er mit zittriger Stimme. »Der hat mich fertig gemacht. Ich wär nie von der Eintracht weggekommen. Der hätte mich nie gehen lassen. Niemals.«

»Warum nicht?« erkundigte sich Wielert behutsam. Mit gespieltem Verständnis kam er hier sicher am weitesten.

Neuenberg wies fahrig mit seiner rechten Hand auf den Fernseher. »Sehen Sie doch selbst.«

Stirnrunzelnd überlegte der Hauptkommissar, was Neuenberg damit gemeint haben könnte. Neben der Glotze hatte Heinemann eine beachtliche Sammlung von Videokassetten gestapelt. Eine der Hüllen war herausgezogen und lag aufgeklappt auf dem Rekorder.

Neugierig stand Wielert auf und bückte sich. Auf dem Hüllenaufkleber stand als Titel »Mad Max« zu lesen, eine Kassette war nicht da. Kurzentschlossen schaltete er den Videorekorder ab und ließ die Kassette herausspringen. Darauf stand der gleiche Filmtitel wie auf der Hülle.

»Ach so ist das«, murmelte er, als ihm klar wurde, was Heinemann da sammelte. Nachdenklich zog er einige der anderen Hüllen hervor und klappte sie auf. Der Reihe nach schob er einige der Kassetten in den Rekorder und ließ sie kurz anspielen. Die Hollywoodprodukte »Star wars« oder »Vom Winde verweht« erwiesen sich ausnahmslos als Gay-Filme.

Schnaufend schnappte sich Wielert die äußerste Kassette mit der Bezeichnung »Die nackte Kanone, Teil 1« und ließ das Band anlaufen. Nach kurzem Flimmern wurde das Bild klar. Als die Hauptdarsteller ins Bild kamen, stießen Bach und Heidtmann Überraschungsrufe aus.

Thomas Neuenberg grinste von der Mattscheibe, wobei er gekonnt seine Klamotten abstreifte. Als er nackt war, drehte er sich zur Seite und trat zu einem mondänen Doppelbett, auf dem sich ein vielleicht dreizehnjähriger Knabe lümmelte. Neuenberg zog den Jungen liebevoll aus und begann, ihn zärtlich zu streicheln. Den Rest konnte man sich denken.

Sprachlos vor Staunen sahen sich Wielert, Bach und Heidtmann den Streifen an. Von der Couch her ertönte plötzlich ein gequältes Schluchzen. Neuenberg spielte Wasserfall. Aus den verquollenen Augen schossen wahre Tränenströme.

»Der hat mich erpreßt«, stieß er erklärend hervor. »Er meinte, so einen guten Bläser hätte er noch nie gehabt. Vor drei Jahren hat er diesen Scheißfilm aufgenommen. Ich war besoffen, den Jungen hat er vorher auch abgefüllt. Ich hab gar nicht kapiert, was der damit alles machen kann. Als ich wechseln wollte, hat er mir gesagt, daß könnte ich vergessen, er würde mich nie gehen lassen. Mit dem Film würde er mich in den Knast bringen, wenn ich nicht bei ihm bleiben würde.«

Wielert schaltete den Rekorder aus und setzte sich wieder auf die Couch. »Wie war das mit dem Mord? Erzählen Sie, Sie fühlen sich dann bestimmt besser.«

Neuenberg wischte sich die Augen aus und nickte langsam. »Am Samstag habe ich noch mal versucht, ihn zu überreden.

Ein paar Tage vorher hatte ich das Angebot aus Marseille bekommen, eine Riesenchance. Aber Bully blieb hart. Erzählte mir was von Liebe und was er nicht alles für mich getan hätte. Samstag sind wir nach dem Spiel rauf in die Geschäftsstelle gegangen. Ich habe Heinemann gebeten, mich doch endlich aus dem Vertrag und nach Frankreich gehen zu lassen. Er hat mich ausgelacht. Hat mir die Hose runtergerissen und mich vergewaltigt. Er hätte hier das Sagen, und wenn ich nicht parieren würde, könnte ich meine Fußballschuhe an den Nagel hängen. Wenn er nicht wollte, dann könnte ich mir noch nicht mal alleine ein Kaugummi kaufen.«

Zufrieden zündete sich Wielert eine Zigarette an. Mord Nummer zwei war aufgeklärt.

Neuenberg schniefte ausgiebig und wischte sich die Tränen aus den Augen. »Ich hab durchgedreht«, stammelte er. »Irgendwo in der Geschäftsstelle stand ein Werkzeugkasten. Ich hab mir einen Schraubenzieher geschnappt und auf das Schwein eingestochen. Durch die ganzen Innenräume rannte er, um abzuhauen, unten in der Kabine hab ich ihn wieder erwischt. Irgendwann war er dann tot.«

Neuenbergs Augen wirkten seltsam nüchtern, als er den drei Männern den Tathergang schilderte. Bach und Heidtmann wechselten ein paar schnelle Blicke, Wielert spielte weiter den Verständnisvollen. Daß er eine seiner Zigaretten abtrat, kam sonst nur an Weihnachten oder seinem Geburtstag vor.

Der Täter zog dankbar an dem Lungenbrötchen und ließ sich wieder in das Polster zurückfallen. »Als er da vor mir lag, wurde mir erst klar, was ich gemacht hatte. Bully regte sich nicht mehr. Ich ließ den Schraubenzieher verschwinden und hab mich aus dem Staub gemacht. Am nächsten Morgen war so eine Aufregung, daß keiner auf mich geachtet hat.«

»Und was war mit Eichmann?« platzte Wielert heraus. »War der auch hinter Ihnen her?«

Neuenberg brauchte einige Zeit, bis er begriff. »Eichmann? Damit hab ich nichts zu tun.«

»Wirklich nicht?« spöttelte Bach.

»Nein«, brüllte Neuenberg. »Ich war hier, als der umgebracht wurde.«

Wielert runzelte die Stirn: »Hier? Wieso hier?«

»Ich war bei Bully. Er hat mich mitten in der Nacht zu Hause angerufen und mich herbestellt. Eichmann und er waren vorher in Essen in so 'nem Nobelpuff, und Bully hatte keinen hochgekriegt. Darum.« Neuenberg brach ab und sah beschämt zur Seite.

Bach grinste unverschämt und rieb sich die Nasenflügel. »Und darum mußten Sie mitten in der Nacht antanzen und seinen Samenstau beseitigen«, beendete er hämisch den Satz. »Mann, so ein Alibi nimmt Ihnen doch keiner ab.«

»So war es aber«, heulte Neuenberg los. »Heinemann hat noch 'nen Stricher aus Dortmund besorgt und mich mit dem gefilmt. Die Kassette muß da irgendwo stehen.«

Seufzend drückte Wielert seine Zigarette aus und nickte Bach zu. »Ruf mal 'nen Streifenwagen her«, befahl er. »Und danach packst du die Videosammlung ein. Unsere Freunde vom Erkennungsdienst haben wohl mit offenen Augen geschlafen. Wir werden uns die Streifen mal vor Augen führen.«

»Gemacht«, stöhnte Bach. 48 Kassetten mit Schwulenpornos waren wirklich keine verlockende Aussicht für ihn.

»Herr Neuenberg, ich verhafte Sie jetzt wegen Mordes an Herrn Heinemann. Möchten Sie einen Anwalt hinzuziehen?«

Neuenberg starrte wortlos Löcher in die Luft und sagte gar nichts. Sein Alkoholspiegel hatte wieder die Oberhand gewonnen.

14.

»Ja, leck mi do oana am Oarsch. 'n Schwuler in der Mannschaft? Da legst di nieda.« Albert Murbach schüttelte fassungslos den Kopf und zog seine Stutzen hoch. In seinem bayrischen Quadratschädel gab es für so etwas wohl keinen Platz.

»Na und?« tönte Heiko Ossenkamp, der durch Neuenbergs Verhaftung urplötzlich zum Stammspieler im Mittelfeld geworden war. »Laut Statistik hat jeder vierte bis fünfte Mann schon mal 'nen Schwanz im Mund gehabt. Warum nicht auch ein paar von uns?«

»Inna Zone vielleicht«, gröhlte Meier, während er die Trainingsjacke zuzog. »Weiß doch jeder, daß die Ossis allet pimpern, wat 'n Loch hat. Stimmt's, Zoni?«

»Halt die Schnauze«, fauchte Spengler für den leichenblaß gewordenen Ossenkamp. »Noch ein blödes Wort und du fliegst raus.«

»Laß ihn doch«, beschwichtigte Korff. »So oft, wie der Heiko mit dem Neuenberg auf einem Zimmer gelegen hat. Vielleicht ist er ja auf'n Geschmack gekommen.«

Ossenkamp stand auf und trat dicht an Korff heran. »Was willst du damit sagen?« sächselte er.

»Ich?« fragte Korff gedehnt. »Gar nichts. Interessiert mich doch 'n Dreck, ob du in 'nen Trichter scheißen mußt. Aber weiß doch jedes Kind, daß es wahre Liebe nur unter Männern gibt.«

Ossenkamp holte aus und wollte – trotz seiner körperlichen Unterlegenheit – zuschlagen, als Spengler von hinten seine Hand festhielt.

»Laß gut sein, Heiko«, dämpfte der Kapitän. »Wenn der Idiot nur Scheiße im Gehirn hat, ist das nicht dein Problem.«

Korff zog seine Augen schlitzartig zusammen, begann aber, schleimig zu lächeln. »Schwanzlutscher«, murmelte er halblaut, wobei er sich zu seinem Platz umdrehte.

Daß in einer halben Stunde das nächste Auswärtsspiel beim VfL Bochum begann, hatte offensichtlich jeder in der Kabine vergessen.

Die Tür zur Umkleide ging auf, und Dieter kam in den Raum. Sofort verstummten alle Gespräche. Montag und Dienstag war Heidtmann vom Training befreit worden, weil er von Zeugenaussage zu Zeugenaussage mußte. Daher wußte die Mannschaft schon längst, wer den entscheidenden Tip gegeben hatte.

Wortlos trat Dieter in die Kabine und setzte sich dem Spießrutenlauf aus. Als er sich auf den freien Platz neben Korff setzte, rückte dieser ein Stück von ihm ab.

»Na, Judas, deine Silberlinge schon kassiert?« pöbelte Baltus vom anderen Ende der Bank. Einige lachten hämisch.

»Na freili«, ergänzte Murbach. »Der konns scho gar nimmer abwartn, bis a Artikel in die Zeitung kimmt.«

»Sag mal, hast du sie noch alle?« fragte Dieter ärgerlich.

»I scho«, antwortete der Seppl. »I verpfeiff koan Kollegn.«

Kopfschüttelnd zog Dieter sein Hemd über den Kopf und streifte das Trikot über.

»Wen verkaufst du denn als nächsten?« erkundigte sich Korff, wobei er die Schnürsenkel fest anzog. »Oder sammelst du erst Material über uns?«

»Dir hat wohl einer ins Gehirn geschissen!« empörte sich Dieter. »Der Thomas hat einen umgebracht, ermordet. Findest du das gut?«

»Nee«, schnaubte Korff. »Aber ich weiß, daß von der Kohle, die wir für den Neuenberg gekriegt hätten, lange unsere Gehälter hätten gezahlt werden können.«

»Und dafür würdest du glatt 'nen Mörder laufen lassen«, brüllte Dieter.

»Das nicht«, erklärte der Ex-Internationale. »Aber hättest ja wenigstens bis nach dem Verkauf warten können.«

»Laß den Blödmann doch«, ereiferte sich Klimke. »Wenn der unbedingt Kollegen verpfeifen muß, soll er doch.«

»Jetzt hab ich die Nase aber voll«, mischte sich Spengler ein. »Wenn du alter Stasikopp nicht bald die Schnauze hältst, werd ich böse. Das gilt für alle.«

»Ich war nicht in der Stasi«, keifte Klimke erbost.

»Ach nee«, höhnte SS-Siggi zur Überraschung aller. »Inna Maiparade 'n Honeckerbild geschleppt, jahrelang Parteibeiträge gezahlt und sofort nach der Vereinigung die Heimat im Stich gelassen. Auf solche Deutsche können wir verzichten. Was Kamerad Heidtmann gemacht hat, ist in Ordnung. Wer weiß, wen die schwule Sau als nächsten umgebracht hätte.«

»Ich bin nicht dein Kamerad«, fauchte Dieter. »Ich find es zum kotzen, wie ihr über einen Mord denkt. Neuenberg war 'ne arme Sau. Heinemann hatte den völlig in der Hand. Aber trotzdem muß ich den Bullen sagen, was ich weiß. Und an Geld denk ich dabei als letztes.«

»Dieter Heidtmann, Ritter ohne Furcht und Tadel«, spöttelte Baumann, der Ersatztorwart. »Solltest noch ein bißchen deinen Heiligenschein polieren.«

»Do konnst dann glei mal dei Bullenfreind frogn, obs net a paar Punkte für uns ham«, nuschelte Murbach. »Oder obs net die Spieler vom Gegner verhoftn tun.«

»Schnauze, Schluchtenscheißer«, gab Dieter ärgerlich zurück. »Lern erst mal deutsch, bevor du mit mir redest.«

Krachend flog die Kabinentür gegen die Fliesenwand und Milosevic polterte zwischen seine Schäfchen. Anstatt vor dem Spiel bei der Mannschaft zu sein, gab er lieber ein Interview nach dem anderen, egal ob der ARD oder dem Schülerreporter von der Springerpresse.

»Ruhe hier«, dröhnte der harte Akzent durch die Kabine, »setzt euch noch Moment hin und konzentriert euch. Draußen ist Teufel los.«

Feindselig giftete Murbach nochmal zu Dieter herüber, setzte sich dann aber auf seine Backen. Tatsächlich herrschte die nächste Viertelstunde so etwas wie Ruhe.

Was Dragan gemeint hatte, als er den Leibhaftigen angesprochen hatte, wurde den Kickern spätestens klar, als sie die schmutziggrauen Betonstufen zum Spielfeld des Ruhrstadions emporstiegen. Die Stimmung bei einem Revierderby war immer etwas Besonderes, aber so etwas wie heute hatte es noch nicht gegeben. Die Eintrachtspieler kamen sich völlig einsam und verloren vor. Kein einziger Schlachtruf kam von ihren Fans, totenstill standen sie in der Westkurve, die Fahnen und Transparente eingerollt. Stattdessen dröhnte aus der Bochumer Kurve ein Spottgesang nach dem anderen auf den Rasen. ›Schwultracht, nein danke‹ war noch der harmloseste.

Wäre die Eintracht in einigermaßen guter Verfassung gewesen, hätte sie schon nach zehn Minuten mindestens 2:0 führen müssen. Der VfL war völlig von der Rolle, die Abstimmung zwischen Mittelfeld und Angriff paßte überhaupt nicht, die Abwehr schwamm von einer Verlegenheit in die andere. Aber die Gästeelf war noch desolater. Pässe, die eigentlich selbstverständlich waren, wurden nicht gespielt, das Mittelfeld ließ die Verteidiger alleine, kein gescheiter Spielzug kam nach vorne. Zwangsläufig fiel nach einer Viertelstunde das 1:0 für die Blau-Weißen.

Danach brachen alle Dämme. Der VfL steigerte sich in einen Spielrausch, den die Fans in dieser Saison noch nicht gesehen hatten. Heidtmann malochte wie ein Ochse, um wenigstens das Gröbste abzuwehren, aber ein Mann alleine war dem Sturmlauf nicht gewachsen. Fast schien es so, als ob seine Kollegen strikte Arbeitsverweigerung praktizierten.

Zehn Minuten nach dem Führungstor donnerte es gleich zweimal in Spenglers Maschen. Erst köpfte der Mittelstürmer der Bochumer eine Ecke in den rechten Winkel, dann vertändelte SS-Siggi sofort im Anschluß im Mittelfeld den Ball. Mit ein paar schnellen Pässen war die Eintrachtabwehr ausgespielt.

Bis zur Pause ließ es der VfL ruhiger angehen. Es blieb vorerst beim 3:0.

In der Kabine ließ Milosevic Blitz und Donner über den Häuptern seiner Elf ergehen. Korff und Murbach, die bis dahin ausnahmslos untergegangen waren, blieben in der Kabine; Meier und Przybilla kamen neu in die Elf. Besser wurde das Spiel dadurch erst mal nicht.

Bis zur 55. Minute plätscherte das Geschehen langweilig über den Rasen. Bochum tat nicht mehr als nötig, die Eintracht hatte sich aufgegeben. Und da keiner mehr den Durchblick hatte, hämmerte Pusch bei einer harmlosen Abwehraktion seinem verdutzten Torwart das Leder dermaßen um die Ohren, daß Spengler nicht den Hauch einer Chance hatte. Das 4:0 war das schönste Eigentor, das wohl jemals in einem Bundesligaspiel gefallen war.

Von diesem Schock noch nicht ganz erholt, war es schon wieder passiert. Mit dem zweiten Doppelschlag in dieser Partie besorgte der Mittelfeldregisseur des VfL nach fast einer Stunde Spielzeit das fünfte Tor. Das Ding war gelaufen.

Die Eintracht konnte von Glück sagen, daß die Bochumer jetzt in Tiefschlaf verfielen. Anstatt den Gegner weiter zu demütigen, stellten sich die Bochumer einfach hinten rein und schlugen die harmlosen Angriffe der Eintracht zurück. Fünf Minuten vor Schluß gelang Przybilla mit einem Verlegenheitsschuß, der an Freund und Feind vorbeitrudelte sogar noch das 1:5, aber mehr war nicht drin.

Mit hängenden Köpfen schlichen die Eintrachtspieler vom Rasen, während sich die Sieger überschwenglich feiern ließen. Daß nach dem heutigen Spiel gerade mal vier Punkte zwischen beiden Teams lagen, interessierte im Moment niemand. So eine peinliche Vorstellung hatte noch kein Bundesligist im Ruhrstadion abgegeben.

»Mein Gott, haben die euch zerrissen. Halten sich diese Journalisten eigentlich für Herrgötter?« Vanessa ließ den Kicker sinken und schüttete sich einen neuen Kaffee nach. Ihr Gegenüber war nicht gerade in bester Stimmung.

»Am schlimmsten ist, daß die noch recht haben«, bestätigte Dieter mürrisch. »So wie wir am Dienstag gespielt haben, müßten wir uns eigentlich bei jedem unserer Fans persönlich entschuldigen.«

»So viele sind das ja wohl nicht mehr. Bin gespannt, wieviele am Samstag gegen die Bayern kommen.«

»Bestimmt mehr aus München als von hier.« Ärgerlich schnappte er nach der Donnerstagsausgabe der größten deutschen Sportzeitung und ließ das vernichtende Urteil über sich ergehen. Es konnte ihn noch nicht mal erfreuen, daß er und Spengler als einzige noch gute Kritiken erhalten hatten. Ganz mies wurde seine Laune, als er auf die nebenstehende Tabelle schielte. Die Eintracht war abgeschlagen letzter, schon drei Punkte hinter den Gelb-Schwarzen aus Dresden. Und jetzt ein Heimspiel gegen die Münchener und dann auf den Bökelberg nach Gladbach. Tolle Aussichten.

»Wie war's denn gestern beim Training?« wollte Vanessa wissen.

»Widerlich«, entgegnete Dieter, wobei er die Berichte der anderen Spiele durchsah. »Dragan ist fast ausgeflippt, die meisten sehen sich schon nach einem neuen Verein um. Ist wahrscheinlich auch das beste, was die machen können.«

Plötzlich wurden seine Augen groß. Der Kicker berichtete über die gestrige außerordentliche Mitgliederversammlung der Eintracht. Daß Pohl zum neuen Präsidenten gewählt worden war, war keine Überraschung, genausowenig die Namen der weiteren Vorstandsmitglieder. Aber, daß Murbach und van den Brink in einer Nacht- und Nebelaktion für zwei Millionen nach Dortmund verkauft worden waren, berichtete die Zeitung exklusiv.

Angeblich hatte die Eintracht den Bescheid vom Finanzamt erhalten. Insgesamt wollte der Fiskus etwas über drei Millionen von der Eintracht. In einem Interview kündigte der neue Präsident an, daß weitere Verkäufe nicht ausgeschlossen seien.

»Verdammte Scheiße, das darf doch nicht wahr sein«, rutschte es Dieter heraus. »Die lösen jetzt schon die ganze Mannschaft auf. Da kommen wir doch nie da unten raus.«

»Wundert dich das?« fragte Vanessa. »Ich glaube kaum, daß die drei Millionen locker machen können, ohne jemand zu verkaufen. Das kann wohl kein Club ohne weiteres.«

Hastig kippte Dieter seinen restlichen Kaffee und sah auf die Uhr. In einer halben Stunde war Training, danach fuhr die Eintracht bis zum Samstagsspiel ins Trainingslager. So wie es aussah, war das auch bitter nötig.

»Ich muß los. Kommst du am Samstag ins Stadion?«

Vanessa nickte grinsend. »Klar. Einer muß ja da sein, der zu dir hält. Rufst du heute abend noch mal an?«

»Aber sicher. Bis dann.«

15.

»19 Tage und noch keine einzige Spur«, stöhnte Wielert, der wohl schon zum tausendstenmal die Akten im Fall Eichmann durchgegangen war.

Bach zuckte die Achseln und stellte seinem Vorgesetzten einen Becher frischen Kaffee vor die Nase. Dabei schielte er sehnsüchtig durch die schmierigen Bürofenster nach unten, wo eine gutgebaute Dunkelhaarige leichtbekleidet vorbeistolzierte. Freitagabend, 18.30 Uhr und immer noch kein Feierabend in Sicht.

»Langsam glaube ich wirklich, daß ein bezahlter Killer im Spiel war«, überlegte der Kaffeekocher. »Wenn wir keinem der Verdächtigen etwas anhängen können, stimmt da was nicht. Wir müssen etwas übersehen haben.«

»Aber was?« polterte Wielert. »Mein Gott, wir haben alle, die nur einen Furz im Stadion gelassen haben, unter die Lupe genommen. Vier Leute kommen vage für die Tat in Frage. Der Ex-Manager hat ein einwandfreies Alibi, das mir persönlich zu gut vorkommt. Würde mich nicht wundern, wenn der seinem Sohn ein Brechmittel in den Kakao geflößt hat, damit die Kassiererin im Aquadrom sich an ihn erinnert. Andererseits hat der keine finanziellen Sorgen, die ihn zu einer Kurzschlußhandlung bringen könnten. Kloth, der Ex-Trainer, ist ein versoffenes

Stück, der massig Gründe hätte, Eichmann auszuknipsen. Als Alibi hat er eine ebenfalls saufende Ehefrau. Aber kein eindeutiges Motiv, kein dringender Tatverdacht. Dann dieser Schiedsrichter. Da ist irgendetwas mit Eichmann gelaufen, aber was weiß nur er und der Tote und vielleicht die Nutte, die Eichmann engagiert hat. Und der vierte, der es gewesen sein könnte, ist selber tot.«

»Verrenn dich nicht«, mahnte Bach. »Heinemann war es nicht. Dieser Neuenberg war die ganze Nacht bei ihm, der Stricher aus Dortmund hat das bestätigt. Denk an die Videoaufnahmen.«

Wielert nickte und griff zu einer neuen Packung Zigaretten. Schon die dritte heute. »O.K. Also drei Leute, bei denen sich nichts, aber auch gar nichts ergeben hat. Eine Vorstrafe wegen fahrlässiger Körperverletzung gegen diesen Kloth, das war's dann aber auch. Wobei ich persönlich dem einen Mord am ehesten zutrauen würde.«

»Stimmt, ich auch. Aber wo ist der Beweis?«

»Klugscheißer«, ärgerte sich der Kriminalhauptkommissar.

Einen Moment hingen die beiden Männer wortlos ihren Gedanken nach. So einen undurchsichtigen Fall hatten sie in ihren zusammen 25 Dienstjahren noch nie gehabt.

»Die Tatwaffe ist das entscheidende«, überlegte Bach laut. »Solange wir die nicht haben, tappen wir weiter im Dunkeln.«

»Ist mir gar nicht aufgefallen«, erwiderte Wielert sarkastisch. »Die Waffe liegt bestimmt irgendwo in der Ruhr oder der Emscher oder auf einer Müllkippe. Wenn du Lust hast, kannst du ja suchen gehen.«

»Bist du dir da so sicher?« fuhr Bach fort. »Wer sagt denn, daß die Waffe nicht noch im Stadion ist?«

»Häh?« fragte Wielert.

»Überleg doch mal«, steigerte sich Bach in seinen Gedankengang. »Dieser Heidtmann muß vor der Tür gestanden haben, als Eichmann in der Kabine entweder umgebracht wurde oder gerade gestorben war. Der Täter muß also noch in der Kabine gewesen sein. Was würdest du machen? Auf gut Glück die Waffe mitnehmen, um sie zu beseitigen, mit dem Risiko, daß dir jemand über den Weg läuft, der dir dumme Fragen stellen könnte? Oder versteckst du nicht lieber irgendwo das Ding, damit du dich in Ruhe vom Acker machen kannst?«

Wielert starrte erst nachdenklich Löcher in die Rauhfaser, ehe er seinem Kollegen eine Antwort gönnte. »Und wo soll das Messer sein? In der Kabine war sie nicht, der EKD hat alles durchsucht. Später abholen? Wenn es von Bullen nur so wimmelt?«

»Warum nicht. Wenn sich der Mörder bestens in den Räumlichkeiten ausgekannt hat, hat der bestimmt ein Eckchen gefunden, wo das Ding rostig werden kann, bevor es einer findet. Kloth war ein paar Jahre Trainer bei der Eintracht, Bierbach lange Zeit der Manager. Die beiden kennen sich bestimmt auch im Dunkeln im Stadion aus. Nennt man, glaub ich, Heimvorteil.«

»Dann würde Ahlmann, der Schiedsrichter, ausscheiden«, meinte Wielert gedehnt.

»Auf jeden Fall«, bekräftigte Bach. »Denk doch nur mal, daß der Mörder sich versteckt hat, als Heidtmann wieder zur Kabine zurückgegangen ist, und dann heimlich still und leise verschwunden ist. Nee, Bernd, das war einer, der das Stadion wie seine Westentasche kennt.«

»Das sind aber viele«, wand Wielert ein. »Glaub kaum, daß die Spieler und die anderen Vereinsheinis 'nen Blindenhund brauchen, um sich zurechtzufinden.«

»Die Spieler bestimmt, so wie die Dienstag in Bochum aufgetreten sind«, grinste Bach, wofür er sich von Wielert einen bösen Blick einfing.

»Was hältst du eigentlich von dem großen Unbekannten?« erkundigte sich Wielert, als sein Zornesanfall verraucht war. »Heinemann war 'ne Schwuchtel, wer weiß, mit wem Eichmann sich rumgetrieben hat.«

»Glaub ich nicht«, schüttelte Bach seine Locken. »Dieser Eichmann hat zwar nichts anbrennen lassen, aber schwul war der nicht. Und das Motiv liegt irgendwo, wo wir noch nicht gesucht haben.«

»Ich dachte eher an einen gekauften Killer«, dozierte Wielert. »Denk an den Bericht des Gerichtsmediziners. Der Täter hat genau gewußt, wo er hinstechen mußte. Zwischen dem vierten und fünften Rippenbogen, schräg aufwärts nach oben. Eichmann dürfte noch nicht mal die Zeit gehabt haben, einen Schrei rauszulassen. Traust du das einem Kurzschlußtäter zu, der vielleicht aus einem Impuls heraus gehandelt hat? Ich nicht.«

»Jetzt mal den Teufel mal nicht an die Wand«, beschwichtigte Bach.

»Warum eigentlich nicht«, beharrte Wielert. »Bierbachs Alibi ist zu hundertprozentig, als das es echt sein könnte. Wenn der nun irgendjemand gekauft hat, der die Drecksarbeit für ihn erledigen sollte?«

»Versteif dich nicht auf Bierbach und Kloth«, warnte Bach, während er einen weiteren Kaffee einschüttete. »Bezahlte Killer können sich auch andere beschaffen. Dann kannst du auch gleich wieder Heinemann ins Rennen schicken. Kloth ist zu verschuldet, um einen Mörder kaufen zu können, die Hypotheken für sein Haus fressen den doch auf.«

Wielert schlug ärgerlich die Aktendeckel zu und rieb sich die entzündeten Augen. Seine Armbanduhr zeigte auf zehn vor sieben. Zeit, nach Hause zu gehen.

»Schluß für heute«, beschloß er. »Morgen kommen die Bayern zur Eintracht. Kommst du mit?«

Bach wieherte los. »Bist du bescheuert? Nee, danke, da fahr ich lieber auf Schalke. Wird mir ein Genuß sein, wenn die den HSV verprügeln.«

»Eigentlich dachte ich, daß wir uns noch mal einige Leute zur Brust nehmen«, erklärte der Hauptkommissar. »Aber wahrscheinlich hast du Recht, der ganze Spekulatius bringt nichts.«

Seufzend reckte er seine langen Glieder in dem durchgesessenen Bürostuhl, während Bach die benutzten Tassen und die Kaffeekanne ausspülte. Fünf Minuten später gingen sie gemeinsam durch die leeren Gänge des Präsidiums, um sich auf den Heimweg zu machen. Bach winkte seinem Kollegen noch einmal zu und verschwand in Richtung Parkplatz. Wielert zog es vor, zu Fuß zu gehen. In den zwanzig Minuten, die er bis zum trauten Heim brauchte, versuchte er zähneknirschend, seine Gedanken zu ordnen, aber er war wie zugenagelt. Einen offensichtlichen Fehler hatten sie seiner Ansicht nach nicht gemacht, auch nichts übersehen oder sich zu sehr in eine Richtung versteift. Dieser verdammte Fall versprach zu seinem Waterloo zu werden. Seit er vor zehn Jahren zum ersten Kommissariat versetzt worden war, hatte er alle Fälle, die er bearbeiten mußte, gelöst, zum Teil mit einer gehörigen Portion Glück, aber immerhin. Niederlagen war er nicht gewohnt. Zudem stand die Stelle als Dezernatsleiter ausgeschrieben; er und Kollege Wehner hatten sich beworben. Wehner war noch eine Woche in Urlaub, wenn er den Fall bis dahin nicht gelöst hatte, machte sich das bei der Stellenvergabe sicher gar nicht gut.

Resignierend öffnete er schließlich die Tür zu seiner Behausung. Seine Frau und er hatten für heute abend Gäste geladen, für einen Grillabend. Wielerts Sinn stand zwar eher nach einer guten Flasche Kognak und einer Schüssel mit kaltem Wasser für seine Füße, aber es ließ sich nicht mehr ändern. Von der Terasse hörte er bereits die ersten dummen Sprüche, die er immer bei solchen Gelegenheiten zu hören bekam.

In der letzten Nacht hatte es ein Gewitter gegeben, die Temperaturen waren angenehm, der Himmel bereits wieder wolkenlos. Wielert fühlte sich im Vergleich zum Vorabend wesentlich besser; nach den ersten vier Flaschen Urbock war ihm auch die Grillgesellschaft egal gewesen. Zum erstenmal seit fast drei Wochen fühlte er sich wieder ausgeschlafen.

Erst um zwölf kroch er, immer noch leicht angeschlagen, aus den Federn. Der Verkehr hielt sich in Grenzen. Bis zum Anpfiff war es nur noch eine halbe Stunde, aber das Interesse der Eintrachtfans an der Begegnung mit den Bayern hielt sich in Grenzen.

Wielert sah in der Hauptsache die rot-weißen Schals und Trikots der Seppels, kaum einmal sah er die Farben der Gastgeber. Nach der Vorstellung vom Dienstag war das allerdings auch kein Wunder.

Die günstigen Parkplätze in der Nähe des Stadions waren selbstverständlich schon belegt. Wielert genoß das Privileg, dem Ordner vor den Presseparkplätzen seinen Dienstausweis vor die Nase zu halten und direkt am Stadion zu parken. Vielleicht klappte der Trick ja auch bei den Kartenabreißern.

Der Dienstausweis konnte in der Tasche bleiben. Kurz vor dem Tribüneneingang legte sich plötzlich eine schüchterne Hand auf Wielerts Arm. Der Kommissar drehte sich überrascht um.

Hans Jürgen Pohl, der neue Clubchef, hampelte nervös von einem Bein auf das andere.

»Tag, Herr Komissar. Ich wußte gar nicht, daß Sie ein Fan unserer Mannschaft sind«, säuselte er verlegen.

Wielert ergriff die schlaffe Hand des anderthalb Köpfe kleineren Clubvorsitzenden und quetschte dessen Knochen.

»Schon immer gewesen, Herr Pohl. Übrigens, meinen Glückwunsch zur Wahl.«

»Danke«, lispelte Pohl. »Sie glauben gar nicht, welche Verantwortung das ist. Ich wollte, Eichmann oder Heinemann würden noch leben.«

Wielert legte den Kopf schief: »Nach allem, was die angestellt haben? Das glauben Sie doch nicht im Ernst.«

Pohl zuckte zusammen. »Nun ja, die Beiden hatten Erfahrung. Die Sanierung des Clubs ist gar nicht so einfach, wissen Sie?«

Einen Moment herrschte Stille. Pohl nestelte verlegen an seinem Anzug, wischte unsichtbare Flusen vom Revers.

»Wissen Sie eigentlich schon etwas Neues?« erkundigte sich Pohl schließlich leise.

»Leider nein. So einen verzwickten Fall haben wir schon lange nicht mehr gehabt. Aber irgendwann werden wir den Mörder schon fassen, keine Sorge.«

Geistesabwesend starrte Pohl zu den Stadionaufgängen, auf denen sich erschreckend wenige Besucher tummelten. »Haben Sie schon eine Karte?« fragte Pohl in einem Anfall von Impulsivität.

Wielert schüttelte den Kopf. Pohl lud den Kriminalbeamten ein, als Gast des Vereines das Spiel zu verfolgen. Der Kommissar nahm dankbar an.

Die Tribünen zeigten riesige Lücken: Die Stehplätze waren löcherig wie ein Schweizer Käse, die Sitzplätze sahen nicht besser aus. Vielleicht 10 000 Besucher hatten sich auf den Rängen verlaufen.

Wehmütig dachte Wielert an die letzten Spielzeiten zurück. Soweit er sich erinnern konnte, war gegen Bayern die Hütte immer voll gewesen. Angesichts der Umstände war Wielert sicher, sich nächstes Jahr bestenfalls Meppen oder Jena statt Bayern oder Hamburg gegen die Eintracht ansehen zu können.

Pohl hatte ihm einen Platz auf der Ehrentribüne verschafft. Pohl und die neuen Vorstandsheinis lümmelten sich zwei Reihen unter ihm, das Bayernpräsidium saß eine weitere Reihe tiefer. Die einzige Person, die Wielert noch kannte, war Gabriele Himmel, die Vereinssekretärin.

Er besorgte sich noch ein alkoholfreies Bier und ein verkohltes Bratwürstchen, dann konzentrierte er sich auf das Spielfeld. Die Mannschaften liefen gerade auf.

Die Eintrachtelf war völlig umgekrempelt. Nachdem Murbach und van den Brink nach Dortmund verkauft worden waren, hatte Milosevic eine ganz neue Abwehr gebildet. Korff war ins Mittelfeld gerückt, und Wenning, der Oldie, war in die Mannschaft zurückgekehrt. Zwei Spieler aus der Amateurelf bildeten mit Heidtmann und Pusch die neue Abwehrkette.

Bei jeder anderen Gelegenheit wäre Wielert von dem Spiel der Eintracht begeistert gewesen. Die neuformierte Mannschaft heizte den Bayern mächtig ein, in den ersten fünfzehn Minuten kamen die Münchener überhaupt nicht aus ihrer Hälfte heraus. Przybilla, der neue Mittelfeldregisseur, leitete Angriff auf Angriff ein, während Heidtmann an der Mittellinie den Abfangjäger spielte. Das Publikum war sprachlos vor Staunen.

Langsam befreiten sich die Bayern von dem Druck, die ersten Gegenangriffe kamen, aber die Eintrachtabwehr stand bombensicher; Heidtmann organisierte im Stil eines Klassemannes.

Nach zwanzig Minuten fing Pusch eine Flanke von der rechten Seite mit einem kräftigen Kopfstoß ab, das Leder kam zu Wenning, der sofort zu Heidtmann weiterleitete. Dieter trat energisch an, ließ zwei Bayernspieler stehen und marschierte nach vorne. Plötzlich hatten die Eintrachtstürmer die Überzahl, die Bayern waren zu weit aufgerückt. Dieter wollte zu Zwingli, der seinem Bewacher ausgerissen war, passen, als sich die Gasse auftat. Nach einem kräftigen Zwischenspurt drang Dieter in den Strafraum der Münchener ein und versenkte die Kugel zum 1:0 im Netz.

Ohrenbetäubender Jubel der wenigen Fans in den Stehkurven, sogar auf den Sitztribünen schlugen die Emotionen hoch. Nur ein Zuschauer freute sich nicht. Die Himmel.

Stirnrunzelnd äugte Wielert zu der Sekretärin, die etwa fünf

Reihen vor und acht bis neun Plätze seitlich von ihm saß. Seit Spielbeginn hatte sie ununterbrochen Kette geraucht. Fast schien es, als hätte sie das 1:0 überhaupt nicht registriert.

Mit einem Schlag war Wielert das Spiel egal, der Polizist in der Oberstube hatte das Kommando übernommen. Nachdenklich rieb er seine Schläfen zwischen den Zeigefingern und ließ die attraktive Brünette nicht aus den Augen.

Plötzlich hatte er einen Knoten im Hirn. Wielert hatte etwas gefunden, was er nicht einordnen konnte, was aber überaus wichtig war. Instinktiv ballte er seine rechte Faust, um besser weiterdenken zu können, als auf dem Rasen wieder Leben in die Bude kam. Die Bayern hatten mit einem Freistoß den Ausgleich erzielt. Die vage Idee, die sich in Wielerts Kopf breit gemacht hatte, war wieder weg.

Vom Spiel bekam der Hauptkommissar nichts mehr mit, obwohl er am nächsten Tag aus dem Reviersport erfahren mußte, daß ihm einiges entgangen war. Ständig purzelten seine Gedanken durcheinander, aber das wichtige Detail, das für den Bruchteil einer Sekunde durch sein Hirn gerast war, kam nicht wieder. Es hatte etwas mit einer Zeugenaussage zu tun, da war er ganz sicher. Nur konnte er sich nicht mehr erinnern, wer den entscheidenden Satz gesagt hatte oder worum es sich handelte. Es war nur eine Nebensächlichkeit, eine winzige Kleinigkeit, die plötzlich riesige Bedeutung bekam.

Kurz vor der Halbzeit hielt er es nicht mehr aus. Entschlossen stand er von seinem Platz auf, aber im selben Moment flüchtete die Himmel von ihrem Sitz die paar Steinstufen zum nächsten Ausgang hoch. Ihre Augen waren dick verquollen und gerötet, in den bisherigen 40 Minuten des Spieles hatte sie ständig nervös herumgehampelt. Irgendetwas stimmte nicht mit der Frau.

Wielert machte keinen Versuch, ihr zu folgen, seine Sitznachbarn moserten bereits, weil er ihnen die Sicht versperrte. Die Abstände zwischen den einzelnen Sitzreihen waren im Eintrachtstadion sehr eng; bis er sich zur Treppe durchgekämpft haben konnte, hätte die Himmel Zeit genug gehabt, ungesehen aus dem Stadion zu verschwinden.

Kurz darauf war Halbzeit, das Publikum war von dem Spiel begeistert. Auf der Anzeigentafel leuchtete der Spielstand von 1:1, wobei Wielert sich einen kurzen Moment einbildete, daß die Zahlen vor Stolz ein wenig heller leuchteten als sonst. Aber das war natürlich Unfug.

Gemütlich schlenderte der Kripobeamte zu den Bier- und Würstchenständen und sah sich, ein frisches alkoholfreies in der Hand, ein wenig um. Von der Himmel war nichts zu sehen, überall plätscherten die Pausengespräche über das tolle Spiel, das bisher auf dem Rasen abgelaufen war. Zwei Kollegen von der Bereitschaftspolizei führten außerhalb des Stadionbereiches einen volltrunkenen Lederhosenträger zur Einsatzleitung. Krawalle hatte es bisher nicht gegeben.

Die zweite Halbzeit lief gerade fünf Minuten, als die Himmel, immer noch mit verheulten Guckern, wieder auf ihrem Platz erschien. Wielert ließ sie keine Sekunde aus den Augen. In seinem Magen nagte immer mehr der Verdacht, daß die hübsche Sekretärin vielleicht der Schlüssel zu allem war. Nur warum konnte er nicht sagen.

Zwanzig Minuten vor Schluß kochte das Stadion über. Nach einer Traumkombination erzielte Zwingli, der Käsefuß, mit einem herrlichen Flugkopfball das 2:1 für die Eintracht. Der Konter war über drei Stationen aus der Abwehr blitzschnell vor das Bayerntor gerollt, der Keeper war machtlos. Wenigstens auf der Anzeigentafel bekam Wielert in der Wiederholung den Treffer mit.

Ein paar Minuten vor dem Abpfiff verließ er seinen Platz und stellte sich bereits an den Treppenabgang. Die Himmel saß immer noch hibbelig auf ihrem Hartschalensitz, eine Zigarette nach der anderen pfiff durch ihre Lunge. Wielert hatte das Gefühl, daß eine Bombe neben ihr einschlagen könnte, ohne daß sie etwas gemerkt hätte.

Nach Spielschluß strömten die Zuschauer zufrieden an Wielert vorbei. Die Eintracht hatte die Sensation geschafft und den Tabellenzweiten aus München in einem tollen Spiel verdient mit 2:1 geschlagen. Insgeheim war Wielert heilfroh, daß er den Videorekorder auf die Sportschau programmiert hatte.

Die Himmel ging als eine der letzten. Hastig trat sie ihre zuletzt gerauchte Kippe aus und sprang nervös von ihrem Platz. Den Kommissar erkannte sie erst, als Wielert sie am Ärmel festhielt.

»Guten Tag, Frau Himmel. So in Eile?«

Die Sekretärin zuckte wie vom Blitz getroffen zusammen. Einen Moment starrte sie fragend ihren Gegenüber an, dann wußte sie, wer er war.

»Oh, Herr Kommissar«, hauchte sie. Mehr nicht.

Wielert runzelte die Stirn. Die war im Moment zu gar nichts zu gebrauchen.

»Hat Ihnen das Spiel gefallen?« kreiste er sie harmlos ein, wobei er sich selber eine Fluppe gönnte. Dabei ließ er die Frau keine Sekunde aus den Augen.

»Ja, doch«, stammelte sie, »ganz gut. Entschuldigen Sie mich jetzt bitte, ich fühle mich nicht so gut.«

Tatsächlich war ihre Gesichtshaut unter der Solarienbräune wächsern und gespannt. Viel geschlafen haben konnte sie in der letzten Zeit nicht.

»Nun gut, dann will ich Sie nicht aufhalten«, gab Wielert nach. »Aber könnten Sie es bitte einrichten, am Montag um neun bei mir im Büro vorbeizusehen? Ich hätte noch ein paar Fragen an Sie.«

Sprachlos nickte die Sekretärin kurz mit dem Kopf, wobei ihre Augen erschrocken zusammenzuckten. Die weiß irgendwas, bohrte es in Wielert, ohne daß ihm äußerlich etwas anzusehen war. Mit einem Augenzwinkern gab er den Weg frei und starrte ihr nachdenklich hinterher, als sie wie ein geprügelter Hund zum Ausging lief.

»Mein Gott, immer diese Negermusik«, beschwerte sich Irmgard Wielert über die lauten, stampfenden Baßtöne aus dem Zimmer ihrer Tochter. »Ich weiß gar nicht, was das Kind an diesem Lärm findet.«

Gatte Wielert rekelte sich genüßlich auf dem Sofa und ließ seinen Schmöker sinken. »Laß sie doch. Ist mir lieber, wenn sie zu Hause die Wände wackeln läßt, als wenn sie in einem dieser komischen Läden in der Innenstadt rumhängt.«

»Aber ich versteh kein Wort mehr vom Fernsehen. Ein bißchen leiser ist doch nicht zuviel verlangt.«

Der Hausherr seufzte über das Unverständnis zwischen den Generationen und widmete sich wieder dem Schocker von Stephen King. Selbst als Kriminalbeamter bekam er bei ›Christine‹ ab und zu eine Gänsehaut.

Seine Frau drückte ihren Lieblingsknopf an der Fernbedienung und lauschte wieder verzückt den Klängen von Freddy Quinn, der als großer Überraschungsgast in der Samstagabendshow des ZDF sein tausendfach geträllertes ›Junge, komm bald wieder‹ zum besten gab. Dabei sah diese öffentlich-rechtliche Mumie zwischen den Starletts, die man zu optischen Zwecken in hautenge, nur bis zum Schritt reichende Matrosenanzüge gepreßt hatte, geradezu störend aus.

Wielert konzentrierte sich wieder auf Arnie Cunningham und Dennis Guilder, als aus dem Zimmer seiner Tochter die neueste Hit-Single von AC/DC dröhnte. Seiner Herzallerliebsten platzte der Kragen. Wütend knallte sie die Fernsehzeitung auf den Tisch und läutete die 428. Runde des lange geübten ›Ich hab dir schon tausendmal gesagt, daß...‹ ein. Wielert schmunzelte, drehte Freddy den Ton ab und verkroch sich hinter seinem Buch.

Das Telefon in der Diele begann zu bimmeln. Überrascht sah Wielert auf seine Armbanduhr. Kurz nach halb zehn. Samstagabends um diese Zeit war das bestimmt kein gutes Zeichen.

Mit einem unguten Gefühl in der Magengegend legte er seinen Gruselkrimi zur Seite und trabte in die Diele. Aus dem oberen Stockwerk drangen Phrasen der häuslichen Auseinandersetzung zu ihm herunter. Seufzend hob er den Hörer ab: »Wielert.«

»Hellmig, 'n Abend Herr Kollege. Entschuldigen Sie die Störung, aber ich glaube, ich habe was für Sie.«

Wielert hockte sich auf den Schuhschrank und kratzte sich nachdenklich am Ohr. Einen weiteren Mordfall konnte er beim besten Willen nicht gebrauchen.

»Schießen Sie los.«

»Suizidversuch, eine junge Frau ist von ihrem Balkon gesprungen. Fremdverschulden scheidet offensichtlich aus. Sie liegt im Städtischen Krankenhaus. Intensivstation.«

»Und?« fragte Wielert gespannt.

»Die Frau heißt Gabriele Himmel.«

Wielert bekam plötzlich einen trockenen Mund. Vor Wut hätte er am liebsten losgeschrien.

»Alles klar. Besten Dank für die Nachricht, ich fahr sofort los.«

Den Hörer auflegen und die leichte Windjacke über die Schultern ziehen war eine Bewegung. Seine Frau kam gerade aus dem Zimmer ihrer Tochter, nachdem sie wie üblich das Spiel unter Androhung der gemeinsten Repressalien wie Hausarrest und Ausgangssperre gewonnen hatte.

»Ich muß noch mal weg«, rief er die Treppe nach oben. »Kann ein bißchen dauern.«

Irmgard rümpfte die Nase. »Wie lange?«

»Keine Ahnung«, meinte er achselzuckend, nahm den Wagenschlüssel vom Haken und stiefelte los. Bach um diese Zeit ausfindig machen zu wollen, war sinnlos, der hing bestimmt in einem der zahllosen Anmachschuppen der Stadt herum.

Das Städtische Krankenhaus lag am anderen Ende der Stadt. Wielert bretterte mit 180 über die Stadtautobahn, nahm mit kreischenden Reifen im letzten Moment die richtige Abfahrt, wurschtelte sich in halsbrecherischer Fahrt durch die vollgestopften Hauptstraßen und hielt schließlich direkt vor dem Portal der Klinik. Der Pförtner kam giftig aus seiner Glaskabine geschossen und wollte gerade seine Beschimpfungen loslassen, als Wielert ihm den Dienstausweis unter die Nase hielt und ihn barsch nach dem Weg zur Intensivstation fragte. Der Rentner stotterte verlegen sein »Dritter Stock, dann zweimal rechts«, wonach Wielert im Laufschritt durch die Eingangshalle stürmte und in den Lift stieg.

Auf der Intensivstation herrschte ein irrsinniges Chaos. Der Kriminalbeamte mußte volle fünf Minuten warten, bis eine der hoffnungslos überforderten Schwestern die Tür öffnete. Ihre grüne Haube auf dem plattgedrückten schwarzen Haar war schweißnaß.

»Ja?« fauchte sie.

Wielert zückte den Dienstausweis und stellte sich vor.

»Sie haben eine Balkonspringerin bekommen. Ich muß sofort mit einem Arzt sprechen. Geht das?« fuhr er dann fort.

Statt einer Antwort zog die Schwester die Tür weiter auf. »Achim«, brüllte sie lautstark, wobei sie Wielert mit einem Kopfnicken bedeutete, daß er hier zu warten habe.

Im Augenblick war der Teufel los. Rechts von Wielert waren zwei Pfleger damit beschäftigt, einem Unfallopfer eine blutgetränkte Jeanshose aufzuschneiden; eine alte Frau von vielleicht

80 Jahren geisterte in ihrem luftigen OP-Hemdchen mit einer häßlichen Kopfwunde aus einem Zimmer, eine Schwester konnte sie gerade noch festhalten.

Wielert schüttelte sich. Da waren ihm Leichen schon lieber, die sagten nichts mehr und machten auch sonst keine Schwierigkeiten. Der scharfe Geruch nach Desinfektionsmitteln stach ihm in die Nase, irgendwo hinten begann jemand fürchterlich zu schreien, einige hektische Stimmen wirbelten durcheinander.

»Sie wollten mich sprechen?« ertönte eine müde Stimme neben Wielert, der sich überrascht umsah. Ein vielleicht 30jähriger mit tiefen Ringen unter den Augen war neben ihn getreten. Der ehemals weiße Kittel sah bereits leicht gräulich aus, ein paar Blutflecke waren über den rechten Ärmel verteilt.

»Sind Sie der Arzt, der die Selbstmörderin behandelt?« fragte Wielert mit leicht belegter Stimme.

»Behandelt ist gut«, schnaufte der Doc. »Zusammenflickt ist wohl richtiger. Viel ist nicht mehr von ihr über.«

»Lebt sie noch?«

Der Arzt nickte und zeigte auf einen kleinen Aufenthaltsraum. »Kommen Sie mit. Ich hab mir 'nen Kaffee verdient. Möchten Sie auch einen?«

Artig trabte der Kommissar hinterher und bekam eine Porzellantasse in die Hand gedrückt. An der Seite war sie bereits gesprungen, innen war sie leicht gelblich.

»Lassen Sie sich nicht beeindrucken«, grinste der Medizinmann, »wenn wir Urinproben sammeln, spülen wir die Sachen nachher immer gründlich aus.«

Wielert wurde schlecht. Mit geblähten Backen starrte er seinen Gegenüber an und grinste, als er dessen breites Lachen sah.

»Dann legen Sie mal los. Kommt Sie durch?« fragte der Beamte, nachdem sie sich an einen kleinen Tisch gehockt hatten.

»Schwer zu sagen. Aus dem dritten Stock auf Pflastersteine geknallt, da bleibt nicht viel ganz. Soviel ich jetzt weiß, hat sie multiple Knochenbrüche, mit Sicherheit einige innere Verletzungen. Doppelter Schädelbasisbruch. Im Augenblick liegt sie im Koma.«

»Wie lange kann das dauern?« wollte Wielert wissen.

»Schwer zu sagen«, rätselte der Arzt. »Stunden, Tage, Wochen. Keine Ahnung. Vielleicht wird sie auch gar nicht mehr wach.«

»Scheiße«, rutschte es Wielert heraus. »Ich muß dringend mit der Frau sprechen. Sie ist eine wichtige Zeugin in einer Mordsache.«

»Die Stadionmorde?« fragte der Doc interessiert.

»Allerdings. Heute nachmittag erst habe ich sie gebeten, Montag im Präsidium vorbeizukommen.«

»Tja, das wird wohl nichts. Seien Sie froh, wenn Sie die überhaupt noch mal was fragen können.«

Wielert schüttelte ärgerlich den Kopf und leerte seine Tasse. In diesem Fall lief aber auch alles schief, was schief laufen konnte.

»Schade um die Frau«, geriet der Doc ins Schwärmen. »Trotz der ganzen Verletzungen war sie sogar noch attraktiv, als sie hier oben angekommen ist. Wir haben allein zwanzig Minuten gebraucht, bis wir die Haare soweit vom Schädel rasiert hatten, daß wir überhaupt etwas erkennen konnten.«

Wielerts Tasse fiel zu Boden und zerschepperte mit einem unnatürlich lauten Nachhall.

»Sagen Sie das nochmal«, bat er mit aufgerissenen Augen.

Der Arzt zuckte überrascht zurück. »Ich sagte, daß wir für die Rasur der Haare...«

»Das ist es«, platzte Wielert heraus. »Mann, Sie sind Gold wert. Ich muß jetzt los. Bitte rufen Sie mich sofort an, wenn Frau Himmel zu Bewußtsein kommt. Hier, ich lasse Ihnen meine Nummer da. Die obere ist vom Büro, die untere ist privat. Es ist sehr wichtig.«

Hastig kritzelte er auf eine zufällig in der Nähe liegende Fachzeitung die Zahlen und riß dann das Stück Papier ab. Dieser Arzt hatte ihm das fehlende Stichwort gegeben: Haare! Die Himmel war brünett! Und der Hotelportier aus dem Excelsior hatte ausgesagt, daß der Schiedsrichter Ahlmann mit einer Brünetten den Abend vor dem Spiel verbracht hatte. Den Abend vor der Ermordung Eichmanns.

Wielert startete von Null auf Hundert. Vom Krankenhaus raste er ins Präsidium und ließ sich per Telefax vom BKA eine Kopie des Personalausweisfotos der Gabriele Himmel zuschicken.

Dann donnerte er mit quietschenden Reifen zum Excelsior.

Der Portier mußte nicht lange überlegen. Diese Frau war damals die Begleitung von Ahlmann gewesen. Er konnte sich gut erinnern, daß sie sich beim Verlassen des Hotels mehrere Male aufmerksam umgesehen hatte. Der Portier war sich seiner Sache hundertprozentig sicher.

Zurück im Präsidium leitete Wielert die Großfahndung nach Ahlmann ein. Die Kölner Kollegen waren gerne bereit, bei dem korrupten Schiedsrichter vorbeizufahren. Wielert saß wie auf heißen Kohlen in der Einsatzzentrale und wartete auf den Rückruf. 45 Minuten vor Mitternacht machte er ein langes Gesicht. Ahlmann und seine Familie waren nicht da, eine Nachbarin erzählte bereitwillig, daß die Ahlmanns Campingurlaub in Holland machten. Ein Ziel hatten sie nicht angegeben.

16.

»Absoluter Wahnsinn«, freute sich Spengler, während er seine Torwarthandschuhe zufrieden auf die Bank donnerte. »Da sag noch einer, wir könnten nicht Fußball spielen.«

»Na, na«, beschwichtigte Wenning mit hochrotem Kopf, »so berauschend war das heute auch nicht.«

»Klugscheißer«, frotzelte Spengler. »Samstag 2:1 gegen die Bayern, heute 1:0 in Gladbach gewonnen. Was willst du eigentlich mehr?«

»Auf jeden Fall ist am Freitag gegen Kaiserslautern die Hütte wieder voll«, freute sich Korff. »Mann, kann mich gar nicht mehr erinnern, wann wir das letztemal zwei Spiele hintereinander gewonnen haben.«

»Ist ja auch schon lange her«, mischte sich SS-Siggi ein. »Wenn wir die Lauterer putzen, sind wir endlich weg vom Tabellenende.«

»Ausnahmsweise muß ich dir mal Recht geben«, dozierte Dieter gutgelaunt. »Aber die müssen wir erst mal schlagen.«

»Das machen wir schon«, behauptete Korff übermütig. »Wart's ab, die kriegen drei Stück mit auf den Betze.«

Milosevic kam mit Pohl im Schlepptau in die Kabine. Zum erstenmal, seit er bei der Eintracht Trainer war, lachte er breit und zufrieden.

»Gut gemacht, Jungs. War sich gutes Spiel. Aber jetzt nicht abheben. Bis Freitag sind nur noch drei Tage.«

»Der kann sogar rechnen«, raunte Dieter Zwingli, seinem Nebenmann zu, der seine Fußballschuhe liebevoll streichelte. Urs hatte kurz nach dem Wechsel mit einem satten Schuß aus fünfzehn Metern das goldene Tor erzielt.

»Unglaubli, gell?« nuschelte er. Für ihn war das fast schon eine Festrede.

»Was ist denn mit Ihnen los, Herr Pohl?« fragte Spengler grinsend. »Sie machen ein Gesicht, als ob wir 5:0 verloren hätten.«

Der neue Präsi zuckte zusammen und suchte an einer der Umkleidestangen Halt. Auf seiner Stirn glänzten dicke Schweißperlen.

»Nein, nein, war schon ein gutes Spiel«, wich er beinahe flüsternd aus. »Wenn ihr Freitag die Lauterer schlagt, sieht das alles schon besser aus.«

Die ersten hatten ihre verschwitzten Trikots und die durchgeweichten Hosen beim Zeugwart abgegeben und waren in die Dusche stolziert. Pohl stellte sich zur Überraschung aller auf eine der Sitzbänke und erhob sein zartes Stimmchen zu ungeahnter Lautstärke. Wegen seiner geringen Körpergröße war er trotz seines erhöhten Standpunktes kaum zu sehen.

»Einen Moment bitte, meine Herren. Bitte hören Sie mir einen kleinen Moment zu.«

Die Spieler, die bereits pudelnackt die Wasserhähne aufdrehen wollten, kamen neugierig wieder zurück. Nach einer Minute waren tatsächlich alle still.

Pohl räusperte sich umständlich, während sein Gesicht eine nervöse rote Färbung annahm. Bevor er seine Rede begann, nestelte er unsicher an seiner Krawatte.

»Meine Herren, ich habe Ihnen eine Mitteilung zu machen«, begann er zaghaft, wobei er jedem einzelnen einen kurzen Blick gönnte.

»Die Siegprämie wird verdoppelt«, warf Korff euphorisch dazwischen. Die anderen lachten.

Pohl schüttelte bedauernd den Kopf. »Tut mir leid. So gern ich das auch wollte, es ist nicht möglich. Es ist eher etwas Unerfreuliches, was ich Ihnen mitteilen möchte.«

Die leisen Gespräche der Kicker untereinander hörten

schlagartig auf. Jedem war sofort klar, daß es jetzt an ihre Portemonnaies ging.

»Wie Sie wissen, befindet sich die Eintracht zur Zeit in einer sehr prekären finanziellen Situation«, theoretisierte der neue Präsi, womit er ein paar der Spieler bereits überforderte. »Verschlimmernd kommt hinzu, das unsere wichtigsten Werbepartner bereits jetzt für die neue Saison ihre Verträge mit uns gekündigt haben bzw. nicht verlängern wollen. Mit anderen Worten, es fehlen uns schon anderthalb Millionen Mark für die nächste Saison, vorausgesetzt, wir schaffen den Klassenerhalt.«

Leises Gemurmel kam auf. Korff und Wenning wechselten zwei schnelle Blicke miteinander.

»Weitere Spielerverkäufe sind nicht auszuschließen«, fuhr Pohl etwas lauter fort, um sich gegen das Gemurmel Gehör zu verschaffen. »Allerdings können wir im Moment keinen von Ihnen entbehren. Von daher habe ich eine Bitte an Sie.«

»Jetzt bin ich aber gespannt«, nörgelte Korff halblaut. »Sollen wir 'ne Spende einreichen?«

»Wär vielleicht gar nicht das Schlechteste«, bemerkte Spengler halblaut, wofür er sich ein paar tödliche Blicke einfing.

Pohl winkte ab. »Nein, nein, soweit ist es noch nicht. Ich habe nur die Bitte, daß Sie in den nächsten Spielen das Äußerste geben und wenn nötig über Ihre Leistungsgrenze hinausgehen. Wir müssen durch gute Spiele auf uns aufmerksam machen, durch nichts anderes. Wenn wir positive Schlagzeilen machen, finden sich auch wieder Werbepartner. Wir brauchen neue Verträge. Schlimmstenfalls müßten wir sonst zum Ende der Saison den Bundesligabetrieb völlig einstellen. Das gälte auch für die zweite Liga.«

Einen Moment wirkten die Worte des Präsidenten in den Kickerköpfen nach. Dann redeten alle durcheinander. Korff und Wenning fluchten einmütig auf das beschissene Management, einige andere überlegten bereits, zu welchem Club sie am liebsten wechseln würden.

»Ruhe!« schnauzte Milosevic. »Ich kann eure Gewäsch nicht mehr ertragen. Reißt euch zusammen und steht das durch. Ihr kriegt gute Gehälter, einige sogar viel zuviel für Leistung. Wer in die nächste Spiele nicht alles gibt, fliegt aus Mannschaft. Dann ihr könne sehen, wo ihr bleibt. Und ihr beiden da«, wobei er Korff und Wenning mit seinem Zeigefinger fast aufspießte, »daß sein eure letzte Chance. In eure Alter nimmt euch keiner mehr. Denkt drüber nach, bevor ihr altes Eisen werdet.«

Der Mannschaftsbus suchte sich langsam seinen Weg vom Bökelberg Richtung Autobahn. Die Ausschnitte der abendlichen Sportsendung, die der Busfahrer mit dem kleinen Videogerät aufgezeichnet hatte, flimmerte über die beiden Fernsehschirme des Busses. Gab es sonst ein lautes Gejohle nach Siegen und bösartige Vorwürfe nach Niederlagen, herrschte jetzt fast Grabesstille. Die Spieler hockten allein oder zu zweit in den Bänken, sahen sich das Spiel an oder tuschelten miteinander. Die Stimmung war mal wieder auf dem Nullpunkt.

»Was hälst du denn von der Sache?« erkundigte sich Spengler, der neben Dieter seine Beine ausgestreckt hatte und genüßlich eine Dose Bier in seiner Hand hielt. Mit kleinen Schlucken ließ er die kalte Erfrischung in sich hineinlaufen, wobei seine Augen auf den flimmernden Fernsehschirm starrten.

»Was soll ich dazu sagen«, antwortete Dieter. »Scheiß Leben.«

»Furchtbar witzig«, bemerkte der Keeper. »Machst du dir denn gar keine Gedanken über deine Zukunft?«

»Ehrlich gesagt, nicht allzu viel. Wenn das hier nicht hinhaut, geh ich zurück zur Uni und studiere weiter. Was soll's.«

»Du Glücklicher«, flachste Spengler ironisch. »Junge, du hast das Zeug, ein ganz Großer zu werden. Schmeiß deine Karriere nicht einfach weg!«

»Warum eigentlich nicht?« regte sich Dieter auf. »Dieses ganze Gelaber von Existenzangst und für den Club die Knochen hinhalten geht mir langsam auf den Sack. Ich habe nie im Leben an eine Laufbahn als Fußballprofi gedacht. Schön, im Moment macht es einigen Spaß, aber wenn mir andere Leute sagen, daß ich das oder das zu tun habe, geht mir der Kragen hoch.«

»Was studierst du eigentlich?« fragte Spengler, während er seine Dose zerquetschte und in den Mülleimer beförderte.

»Tiermedizin. Und ehrlich gesagt, bereue ich es fast ein bißchen, daß ich im Moment eine Pause mache. Die Eintracht geht so oder so den Bach runter, wenn nicht dieses Jahr, dann nächstes. Irgendwie verlorene Zeit, findest du nicht?«

Der Keeper schaute gedankenversunken an Dieter vorbei auf die leere Autobahn. Erst nach einer ganzen Weile sprach er weiter.

»Vielleicht hast du recht«, sinnierte er. »Aber ich denke, es würde dir irgendwann leid tun, wenn du jetzt mit dem Fußball aufhörtest. Was kann dir denn schon großartig passieren? Dein Alter hat Kohle genug, um alle Schulden der Eintracht auf einen Haufen zu bezahlen. In deiner Situation dächte ich vielleicht genauso. Aber bei den anderen sieht das anders aus.«

»Die anderen sind mir scheißegal«, stieß Dieter wütend hervor. »Die denken doch nur an Kohle, Kohle, Kohle. Wenn dieser Wichser Korff mir Vorhaltungen macht, daß ich der Polizei helfe, einen Mörder zu fangen, nur weil dem Club eine satte Transfersumme durch die Lappen geht, dann spricht das doch für sich.«

Spengler lachte freudlos auf. »Stimmt. Aber sieh das mal aus seiner Sicht. Der Hans Peter kann vielleicht noch zwei, drei Jahre spielen, dann ist der Ofen aus. Der hat in seinen zehn, zwölf Jahren, die er spielt, verdammt viel verdient, aber auch massig ausgegeben. Und jetzt kommt plötzlich die Torschlußpanik. Die meisten von uns haben keinen Beruf erlernt oder sind so lange raus, daß sie nicht mehr in ihre alten Jobs zurückkönnen. Wenn du nicht ausgesorgt hast, geht dir der Arsch auf Grundeis. Du wirst alt und älter, die Jüngeren laufen ohne Schwierigkeiten an dir vorbei, und irgendwann kommt der Punkt, wo der Trainer dich nicht mehr aufstellt. Nächste Saison bekommst du dann keinen Vertrag mehr. Vielleicht kannst du noch ein oder zwei Jahre bei einem Amateurverein dranhängen und ein bißchen schwarz kassieren, aber dann läuft gar nichts mehr. Und Trainer können auch nicht alle werden.«

»Soll ich jetzt in Ehrfurcht versinken?« spöttelte Dieter. »Mein Gott, ich kann auch nichts dafür, daß mein Alter Geld hat. Aber wenn jemand mit 25 oder 30 Jahren nicht in der Lage ist, seine Angelegenheiten selber auf die Kette zu kriegen, kann ich dem auch nicht helfen. Mensch, ich bin doch kein Sozialarbeiter.«

»Das nicht«, gab Spengler leicht irritiert zurück. »Aber solange du in der Mannschaft spielst, gibt es neben dir noch zehn andere, die von deiner Leistung abhängig sind. Vielleicht kommst du ja irgendwann mal in die Lage, daß es dir ähnlich geht. Und dann denkst du genauso wie Korff oder Wenning. Für die beiden sieht es besonders düster aus, wenn bei der Eintracht die Lichter ausgehen.«

»Amen«, ergänzte Dieter, was ihm im nächsten Moment leid tat. Er mochte den Torwart, der jetzt sichtlich angeschlagen die Augen verzerrte.

»Na ja, denk mal drüber nach«, meinte Spengler nach einem Moment. »Ich hol mir noch ein Bier. Du auch eins?«

»Ein Bier«, bestätigte Dieter schmunzelnd.

»Was für ein Bier?«

»Bestimmt kein Clausthaler.«

Als Spengler mit zwei Dosen im Arm wieder auf seinen Platz zurück wollte, hielt ihn Pohl einen kurzen Moment fest und redete auf ihn ein. Dann stand der Präsi auf und kam zu Dieter. Ungefragt zwängte sich Pohl auf den engen Sitz neben ihn.

»Na, Herr Heidtmann, mit der Leistung zufrieden?« Der Zwerg in Anzug und Krawatte tätschelte jovial Dieters linken Unterarm. Der Libero zählte leise bis zehn, um nicht hochzugehen.

»Einigermaßen. Samstag gegen die Bayern war ich besser.«

»Herr Heidtmann, seit Sie bei uns sind, haben Sie uns viel Freude gemacht. Selten hat eine Neuverpflichtung bei uns so gut eingeschlagen wie Sie. Fühlen Sie sich eigentlich wohl bei uns?«

Dieters Finger krampften sich zusammen. Jetzt kam der Quatschkopf auch noch auf die kumpelhafte Tour.

»Was ich damit sagen wollte«, seiberte Pohl weiter, »wären Sie eventuell an einem Wechsel interessiert? Uns liegt eine Anfrage vor, die auch für Sie von Vorteil sein könnte.«

Dieter wurde hellhörig. »Von wem?« fragte er barsch.

»Der Manager der Frankfurter hat mich heute morgen angerufen. Hätten Sie vielleicht Lust, nächste Saison zu unserem Namensvetter zu wechseln?«

»Nein«, erklärte Dieter kategorisch. »Kommt gar nicht in die Tüte.«

Pohl zog die Augenbrauen hoch. »Warum nicht?« fragte er verwundert. »Die Frankfurter haben eine Spitzenmannschaft, die sicher um den Titel mitspielt. Ob wir nächstes Jahr noch in der Bundesliga sein werden, ist mehr als unsicher.«

»Nein«, wiederholte Dieter störrisch. »Wenn überhaupt, wechsel ich zu einem Verein, den ich mir selber aussuche. Auf gar keinen Fall lasse ich mich wie ein Stück Vieh verschachern.«

»Menschenskind, das ist vielleicht Ihre große Chance. Und denken Sie doch nur daran, was Sie dort verdienen können.«

Dieter ballte krampfhaft die Fäuste. »Herr Pohl, lassen Sie es gut sein. Nach Frankfurt gehe ich auf gar keinen Fall. Den Binz auf der Liberoposition kann ich sowieso nicht verdrängen. Außerdem fühle ich mich im Ruhrgebiet sauwohl. Ich sehe keinen Grund, hier wegzuziehen.«

Der Präsident schüttelte enttäuscht den Kopf und rückte seine Brille zurecht. »Überlegen Sie sich das Ganze ein paar Tage. Ich spreche Sie nochmal darauf an.«

»Tun Sie, was Sie nicht lassen können«, zischte Dieter, aber Pohl war bereits wieder auf dem Weg nach vorne. Spengler kam grinsend mit den Bierdosen durch den Gang und ließ sich auf seinen alten Platz fallen.

»Na, was wollte der Alte von dir?« erkundigte er sich beiläufig.

Dieter winkte unwirsch ab: »Unwichtig.«

Ohne weitere Erklärungen nahm er Spengler ein Bier aus der Hand und ließ die Verschlußkappe zischen. Mit tiefen Zügen leerte er knapp die halbe Dose, obwohl Bier normalerweise nicht sein Fall war.

Der Torwart blickte einen kurzen Moment abschätzend herüber, hielt aber seinen Mund. Aus seiner kleinen Sporttasche kramte er einen tragbaren CD-Spieler hervor und klemmte sich die Kopfhörer in die Ohren. Dieter war ziemlich überrascht, als er leise die Symphony Fantastique von Hector Berlioz erkannte. Dieser Spengler paßte überhaupt nicht in das Bild des videokonsumierenden Dummbeutels, das man gemeinhin von Profifußballern hatte.

Der Verkehr war mäßig, der Bus kam zügig voran. Eine halbe Stunde vor Mitternacht bogen die Eintrachtler auf den Parkplatz des Städtischen Stadions, auf dem ihre Autos standen. Ohne großes Hallo löste sich das Team auf, Milosevic setzte für den nächsten Morgen um halb elf das nächste Training an. Nach ein paar kurzen Worten pflanzten sich alle in ihre PS-Karossen und fuhren ab.

»Auch das noch.«

Fluchend hämmerte Dieter auf das Lenkrad seines Renaults und lenkte an den Straßenrand. Die knirschenden Geräusche des Getriebes hörten sich wie das Klingeln einer Registrierkasse an.

Als der Wagen zum Stillstand gekommen war, versuchte er, einen Gang einzulegen. Selbst bei Einsatz all seiner Kräfte blockierten die Zahnräder hartnäckig. Wütend schaltete er den Motor ab, versetzte dem Armaturenbrett einen heftigen Klaps und kramte seine Tasche vom Rücksitz. Zu allem Unglück entschlossen sich die Wettergötter, einen leichten Nieselregen fallen zu lassen.

Dieter schlug den Kragen seiner Trainingsjacke hoch und stiefelte mürrisch los. Nirgendwo war eine Telefonzelle oder ein Taxistand. Bis nach Hause waren es sicher noch einige Kilometer. Seine Laune näherte sich gänzlich dem Nullpunkt.

Als er eine halbe Stunde durch den beharrlich nieselnden Regen gestapft war, kam er in halbwegs bekanntes Gelände. Hinter einer scharfen Kurve tauchte der Sportplatz des SV Rot-Weiß auf, wo er lange Jahre dem Ball hinterhergejagt hatte, bevor er zur Eintracht gegangen war. In der Nähe war auch das Vereinslokal.

Kurzentschlossen bog er rechts ab, in der Ferne leuchtete bereits das Reklameschild von Rudis Pinte. Vielleicht war einer seiner alten Kollegen da, der ihn nach Hause bringen konnte.

Durch die Milchglasscheiben erkannte er, daß vielleicht noch drei oder vier Gäste an der Theke standen. Dafür, daß es bereits nach Mitternacht war, hatte Rudi noch gut zu tun.

Als er die Eingangstür aufstieß und eintrat, schlug ihm drückende Schwüle entgegen. Rudi hatte wohl längere Zeit nicht gelüftet, kalter Zigarettenqualm und abgestandenes Bier grüßten aus jeder Ecke. Dieter stellte seine Tasche an den Platz, an dem sie immer gestanden hatte, und trat an die Theke.

»Das darf nicht wahr sein«, grinste Rudi bereits leicht angeschlagen hinter seinem Zapfhahn. Hartnäckige Gerüchte besagten, daß er selber der beste Gast seiner Kneipe war, aber ganz so schlimm war es nun doch nicht.

»Du hast dich ja lange nicht mehr bei uns blicken lassen«, fuhr er fort. »Möchtest du ein Bier?«

Dieter winkte ab. »Lieber 'nen Kaffee. Falls noch einer da ist.«

Rudi nickte eifrig. Gefährlich schwankend kramte er eine Tasse und einen Unterteller aus dem Regal hinter sich und schlenderte zu der verschmierten Kaffeemaschine, in deren Kanne ein tiefschwarzes Gebräu vor sich hin kochte.

Dieter sah sich um. Von den alten Spielerkollegen war keiner da, nur ein paar alte Männer unterhielten sich lautstark über vergangene, bessere Zeiten des Provinzclubs. Dieter kannte sie vom Sehen. Vor dem zweiten Weltkrieg hatten sie einmal in der ersten Mannschaft gespielt.

Als Rudi die Tasse ohne größere Flüssigkeitsverluste vor Dieter hinstellte, ging die Tür vom Pissoir auf. Günter Spangenberg, sein Ex-Trainer, hantierte konzentriert an seinem Hosenlatz und steuerte sein Bier an. Als er Dieter erkannte, leuchteten seine Augen überrascht auf.

»Na sowas. Was hat dich den hierher verschlagen?« Dabei kam er freudestrahlend auf seinen ehemaligen Musterkicker zu und fiel ihm fast um den Hals.

»Meine Karre ist verreckt«, erklärte Dieter kurz. Nach dem ganzen Scheiß des Abends war er froh, ein vertrautes Gesicht zu sehen.

»Glückwunsch zum Sieg«, posaunte Spangenberg. »Hast dich ja wirklich prima entwickelt.«

»Danke. Haben Sie etwa was anderes erwartet?«

»Keine Spur. Wenn es einer von uns schaffen konnte, dann du. Trinkst du ein Bier mit?«

Dieter schnupperte kurz an dem Kaffee und nickte automatisch. Rudis Gebräu hätte den biologischen Waffen der Amis Konkurrenz machen können.

Spangenberg bestellte zwei frisch Gezapfte und bugsierte Dieter zu einem kleinen Tisch in der Ecke. Als Rudi die Getränke bei ihnen abgestellt hatte, prosteten sie sich zu.

»Sag mal, was ist eigentlich bei euch los«, fragte der Coach geradeheraus. »Bei den ganzen Schauergeschichten, die in den Zeitungen stehen, weiß man ja nicht, was man davon glauben darf.«

Dieter nahm einen tiefen Schluck und schnaufte ärgerlich durch: »Scheiße ist los. Die Eintracht pfeift aus dem letzten Loch. Heute hat uns Pohl, der neue Präsi, klipp und klar gesagt, daß wahrscheinlich Endde der Saison Schicht ist. Es sei denn, die können noch ein paar gute Transfers abschließen.«

Spangenberg hörte aufmerksam zu und ließ Dieter nicht aus den Augen. In den Jahren, in denen er bei Rot-Weiß Trainer war, hatte er seine Schützlinge gut kennengelernt.

»Und du bist im Moment wohl das lohnende Objekt, das an den Mann gebracht werden soll, stimmt's?«

»Allerdings. Frankfurt hat Interesse an mir.«

»Donnerwetter«, staunte Spangenberg zwischen zwei Schluk-ken. »Und was paßt dir nicht daran?«

Dieter leerte sein Glas und zeigte Rudi zwei Finger. Der Wirt nickte.

»Alles. Ich lasse mich nicht gerne wie ein Stück Vieh verkau-fen. Und aus dem Revier will ich schon gar nicht weg.«

»Heimatverbunden, was?« grinste der Coach, wobei er Dieter zuzwinkerte. »Wie hoch stehst du denn im Kurs?«

»Keine Ahnung. Ist mir auch scheißegal. Eher hör ich ganz auf mit der Spielerei.«

»Damit mußtest du aber irgendwann rechnen«, erklärte der Ältere. »Zwischen der Amateur- und der Profiklasse gibt es nun mal gravierende Unterschiede. Bist du bei der Eintracht nach dem Training mit deinen Kumpels schon mal ein Bier trinken gegangen? Oder habt ihr euch mal privat getroffen?«

Dieter schüttelte den Kopf. »Nee. Da denkt überhaupt keiner dran.«

»Siehst du? Du bist eine Ware, ein Spekulationsobjekt. Wenn einer gut für dich zahlt, bringt dich der Vorstand eigenhändig in 'ner Schubkarre zum neuen Arbeitgeber.«

Rudi brachte den Nachschub. Aufmerksam sah Dieter sei-nen alten Trainer an. Spangenbergs Gesicht war zwar gerötet, aber er war nicht betrunken. Die jahrelange Routine des erfah-renen Trinkers war ihm deutlich anzumerken.

»Trotzdem schmeckt mir das nicht«, zischte Dieter nach einer Weile. »Die können mich nicht ohne meine Zustimmung ver-kaufen.«

»Und ob die das können«, höhnte Spangenberg. »Ich garan-tiere dir, daß irgendein Passus in deinem Vertrag existiert, der der Eintracht das Recht gibt, dich notfalls bis nach Uganda zu verkaufen. Da kannst du nicht das geringste gegen machen.«

»Das wollen wir doch mal sehen«, erklärte Dieter trotzig.

17.

»Endlich. Das wurde auch Zeit.« Bach legte grinsend den Hörer zurück auf die Gabel und strahlte Wielert gutgelaunt an.

»Erzähl«, forderte dieser.

»Ahlmann ist geschnappt. Wollte heute morgen zurück über die Grenze. Die Kollegen vom BGS haben ihn festgesetzt und den Rücktransport organisiert. In zwei Stunden ist er wieder in Köln.«

Wielert stellte die Kaffeekanne zurück und legte den Kopf in den Nacken. In den ersten Stunden nach dem Aufstehen merkte er immer öfter, daß er nicht mehr der jüngste war. Die morgendlichen Hustenanfälle dauerten länger als früher, der Rükken protestierte kräftig bei jeder körperlichen Anstrengung. Und seit ein paar Tagen war er ständig müde.

»Gott sei Dank«, murmelte er zufrieden. »Wann können wir ihn haben?«

»Sofort, wenn er da ist. Ich habe dem Kollegen gesagt, daß wir uns gleich auf den Weg machen werden.«

»Gut«, entschied der Hauptkommissar. »Organisier mal ein Auto für uns. Und sag dem Alten Bescheid, das wir nicht an der Monatsbesprechung teilnehmen.«

Bach nickte eifrig und griff erneut zum Telefon. Die Fahrbereitschaft zwackte einen Wagen für sie ab, die Sekretärin des Chefs wurde informiert. Dann griff er wieder zu seinem Brötchen.

Wielert saß über der WAZ und las gutgelaunt die Sportberichte. Aus dem Revier hatte nur die Eintracht gewonnen, Bochum hatte ein Remis geholt, alle anderen hatten verloren. Schalke hatte sich in Hamburg sogar fünf Dinger eingefangen, was seine Stimmung deutlich steigerte. Bach hatte äußerst empfindlich auf das 0:5 reagiert.

Als Wielert die Tabelle und die Paarungen des nächsten Samstages studierte, klingelte erneut das Telefon. Automatisch zog er den Hörer ans Ohr.

»Wielert.«

»Ulbrich, Tag, Herr Kommissar. Sie können sich auf den Weg machen.«

Wielert stutzte. »Wer ist denn da überhaupt?«

»Ich bin der behandelnde Arzt von Frau Himmel. Sie ist vor einer Stunde aus dem Koma erwacht. Zehn bis fünfzehn Minuten kann ich sie Ihnen überlassen.«

»Ich komme«, hastete Wielert und donnerte das leicht gebogene Plastikteil zurück aufs Telefon. Eilig stand er auf und schlüpfte in seine Jacke.

»Was issen los?« erkundigte sich Bach, wobei ihm ein Brocken Salami aus dem Mundwinkel rutschte.

»Die Himmel ist wieder wach«, erklärte Wielert. »Beweg dich.«

Im Laufschritt wieselten sie durch das Präsidium. Keine zwei Minuten, nachdem der Arzt angerufen hatte, fuhr Bach los.

Die Strecke zum Städtischen Krankenhaus schafften sie mal wieder in Rekordzeit. Rücksichtslos drängten sie sich durch die Scharen von Patienten, Besuchern und Weißkitteln und jagten die Treppe hoch. Der Aufzug hätte ihnen zu lange gedauert.

Keuchend standen sie schließlich vor der Eingangstür zur Intensivstation. Im Vergleich zu dem Abend, an dem Wielert zum erstenmal hier war, herrschte geradezu Ruhe. Die Schwester, die ihnen die Tür öffnete hatte sogar zu einem freundlichen »Guten Tag« Zeit.

Sie trafen Ulbrich in dem kleinen Seitenraum, in dem Wielert die Tasse zerdeppert hatte. Der Arzt schaute sie aus müden Augen an und stand bei ihrem Eintreten auf.

»Morgen. Frau Himmel liegt hinten, auf Zimmer vier. Bitte machen Sie es nicht zu lange.«

»Wie geht es ihr?« erkundigte sich der Hauptkommissar.

Ulbrich zuckte ratlos die Schultern. »Schwer zu sagen. Lebensgefahr besteht nicht mehr, aber wir wissen immer noch nicht genau, was sie alles abbekommen hat. Ist aber auf jeden Fall ein gutes Zeichen, daß sie überall Schmerzen hat. Das Rückenmark scheint nicht verletzt zu sein.«

In seinen Gesundheitslatschen stiefelte er forsch vor den beiden Polizisten her zur letzten Tür auf der rechten Seite. Dahinter lag in einem Bett, von den um sie herumstehenden Geräten und dem Gewirr der Kabel fast völlig verdeckt, die Clubsekretärin der Eintracht. Wielert und Bach zuckten zusammen. Der Kopf war in weiße Bandagen gehüllt, nur ein Ausschnitt des Gesichts von den Augenbrauen bis knapp unter die Lippen war zu erkennen. Der rechte Arm hing in einer waghalsigen Gipskonstruktion, die Beine steckten in ähnlichen Verbänden.

Ulbrich trat langsam an das Bett der Patientin und strich ihr behutsam über die Wange. Die Augenlieder der Himmel flatterten, schließlich war sie wach.

»Frau Himmel, hier sind zwei Kripobeamte, die Sie sprechen möchten. Schaffen Sie das?«

Aus dem Hals der Frau drang ein leises Krächzen, jedes Wort bereitete ihr Schmerzen. Ihr Kopf nickte ganz leicht. Ulbrich zog sich in eine entlegene Zimmerecke zurück.

»Zehn Minuten, auf keinen Fall länger«, zischte er Wielert zu. Dieser nickte.

Bevor Wielert sein Verhör begann, rieb er sich unbehaglich die Nasenflügel. Immerhin machte er sich den leichten Vorwurf, daß sie ohne seine Einladung ins Präsidium vielleicht nicht gesprungen wäre.

»Frau Himmel, warum haben Sie das getan? Haben Sie mir etwas zu sagen?«

Die Lady in Weiß bekam feuchte Augen. Ihre ersten Worte waren noch unverständlich, dann ging es langsam besser.

»Angst«, flüsterte sie leise, »ich hatte solche Angst.«

»Wovor?« setzte Wielert vorsichtig nach.

Offensichtlich sammelte sie vor ihrer Antwort erst ein wenig Kraft. »Ahlmann«, stieß sie schließlich hervor.

Wielert klopfte sich insgeheim auf die Schultern. »Hat er Eichmann getötet?« fragte er leise.

»Weiß ich nicht«, stöhnte die Himmel. »Erpreßt.«

»Erpreßt? Ahlmann hat Eichmann erpreßt?«

»Nein. Mich.«

Wielert und Bach tauschten einen schnellen Blick.

»Womit hat Ahlmann Sie erpreßt? Was wußte er?«

Plötzlich brach ein Redestrom aus ihr heraus, den man ob ihres Zustands nicht erwartet hätte. Dabei kullerten ihr die Tränen in wahren Strömen über die Wangen.

»Ich habe ihn bestochen. Damals, vor Herberts Tod. 5000 Mark habe ich ihm gebracht und bin mit auf sein Hotelzimmer.

Dann, vor knapp einer Woche hat dieses Schwein plötzlich angerufen.«

»Und? Was wollte er?«

»Geld. Sonst würde er der Polizei einen Tip geben, wer Herbert umgebracht hat.«

»Das verstehe ich nicht«, erklärte Wielert stirnrunzelnd. »Das Gehalt einer Sekretärin dürfte nicht so hoch sein, das sich eine Erpressung lohnen könnte.«

Gabriele Himmel schluchzte verzweifelt auf. »Er wollte ja auch nichts von mir persönlich. Er wußte, daß ich für die Konten der Eintracht zeichnungsberechtigt war. Ich sollte ihm Gelder vom Club verschaffen. 25.000 wollte er haben, jeden Monat 5000.«

Bach warf Wielert einen fragenden Blick zu. Der Hauptkommissar hob die Hand und schüttelte unmerklich den Kopf.

Die schwerverletzte Frau sammelte Kraft. Endlich sprach sie weiter: »Ahlmann wollte sagen, daß ich mir das Bestechungsgeld selber eingesteckt und Herbert das gemerkt hätte. Wenn ich ihm das Geld nicht besorgen würde, wollte er zur Polizei gehen.«

»Woher wußte er überhaupt, daß Sie an das Geld heran konnten?« wunderte sich Wielert.

»Von mir«, erklärte sie mit großen Augen. »Ich habe es damals erzählt, als ich bei ihm im Hotel war.«

»So was Blödes ist mir ja noch nie untergekommen«, zischte Bach ärgerlich. »Haben Sie denn nicht daran gedacht, daß Ahlmann das ausnutzen könnte?«

Ihr Tränenstrom, der vorübergehend versiegt war, ergoß sich in einem neuen Schwall. »Nein. Ich... ich habe es doch nur für Herbert getan. Ich fühlte mich so schmutzig damals. Mir war gar nicht klar, was ich alles erzählt habe. Die Eintracht mußte unbedingt gewinnen, Herbert sah in dem Schiedsrichter die letzte Chance. Ich konnte ihn doch nicht im Stich lassen.«

Wielert konnte sich nicht erinnern, schon jemals eine so naive Person vernommen zu haben.

»Haben Sie Ihren Chef umgebracht?« fragte er ohne Vorwarnung.

»Nein«, schrie die Himmel. »Mein Gott, ich habe ihn geliebt. Er war der erste Mensch, bei dem ich mich geborgen gefühlt habe. Wir wollten heiraten, sobald er von seiner Frau geschieden war. Und da glauben Sie, ich hätte... ich hätte ihn umgebracht.«

Ihre letzten Worte erstickten in einem neuen Weinkrampf.

»Schluß jetzt«, entschied der Arzt. »Jede weitere Sekunde wäre unverantwortlich.«

Wielert nickte und stand auf. Bevor er ging, strich er dem völlig verzweifelten Bündel Mensch fast zärtlich über die Wangen.

»Machen Sie sich keine Sorgen«, flüsterte er. »Ich glaube Ihnen. Alles Gute.«

»Scheiße«, fluchte Bach, als sie in dem kleinen Aufenthaltsraum saßen und einen Kaffee tranken. »Die Kleine tut mir leid.«

»Mir auch«, antwortete Wielert mit belegter Stimme. »Wenn die doch bloß sofort zu uns gekommen wäre. Diesen Ahlmann mach ich fertig. Selbst wenn der Eichmann nicht getötet haben sollte, bring ich den hinter Gitter.«

»Warum sollte er die Himmel sonst unter Druck gesetzt haben?« sinnierte Bach. »Ahlmann hat den Präsi abserviert und wird nervös. Er weiß, daß wir ihm auf die Schliche kommen, wenn jemand von der Bestechung erfährt. Damit hat er ein Motiv. Die einzige, die ihm gefährlich werden kann, ist Gabriele Himmel. Zufällig ist diese Frau dermaßen leichtgläubig und naiv, daß er sie entweder mit in die Sache hereinzieht oder sie beiseite schaffen muß. Wenn sie einmal auf seine Forderung eingeht, kann sie nicht mehr zurück. Warum sollte sie sich erpressen lassen, wenn es keinen anderen Grund gibt?«

Wielert schnaufte hörbar durch.

»So einfach ist das mit Sicherheit nicht. Ahlmann ist nervös geworden, aber ich glaube nicht, daß er Eichmann umgenietet hat. Der hatte Muffensausen wegen der Bestechung, zugegeben. Aber wenn die Himmel mit dem Mord an ihrem Lover in Verbindung gebracht werden kann, geht die Bestechungsgeschichte den Bach runter. Dann interessiert sich keine Sau mehr dafür.«

Wielert sog den letzten Rest seines Kaffees mit einem großen Schluck in sich hinein und stand auf. »Trotzdem hoffe ich, daß du recht hast. Komm schon, wir haben noch was zu tun.«

Bach feuerte seinen Becher in den Abfalleimer und trabte seinem Boß hinterher. So sauer hatte er seinen Herrn und Meister selten erlebt.

Bis zum Kölner Polizeipräsidium brauchten sie heute nur eine knappe Stunde. Die Bahn war nicht so voll wie sonst, außerdem weigerte sich Bach strikt, den Fuß vom Gaspedal zu nehmen. Der Vectra brauchte fast eine halbe Tankfüllung für die etwas mehr als hundert Kilometer.

Ahlmann war schon eingetroffen. Die Kölner Kollegen hatten seine Familie weiterfahren lassen und den Schiri in ein kleines Büro gesetzt.

»So wie der gezittert hat, als wir den in Empfang genommen haben, ist der jetzt nur noch Wackelpudding«, erklärte der stämmige Dezernatsleiter grinsend. »So, da vorne sitzt er. Soll ich Ihnen einen Kaffee bringen lassen?«

Wielert nickte wortlos. Dann atmete er tief durch und öffnete die Tür zu dem Vernehmungsraum.

Der Schiri zuckte zusammen, als Wielert und Bach mit versteinerten Gesichtern in den Raum traten. Der Kollege von der Bereitschaftspolizei sah sie kurz fragend an, verschwand aber, als der Kölner Kripomann von draußen energisch winkte.

»Tag, Herr Ahlmann«, grüßte Wielert mit Grabesstimme. »Sie sehen mitgenommen aus.«

»Was ist hier überhaupt los?« kreischte der Schiri. Seine Nerven lagen blank.

Betont lässig zog Wielert einen Stuhl hervor und ließ sich umständlich auf die harten Polster sinken. Bach verschränkte die Arme vor der Brust und plazierte sich direkt vor der Tür. Diese kleinen Spielchen spielten sie gerne.

»Das müßten Sie doch eigentlich am besten wissen«, zischte Wielert unfreundlich.

»Ich weiß überhaupt nichts. Warum werde ich hier festgehalten?«

»Mörder lassen wir selten laufen«, grunzte Bach unfreundlich. »Nur, wenn wir sie nicht erwischen. Und das ist selten. Verdammt selten sogar.«

»Mord?« Das Gesicht des Pfeifenmannes wurde grau. »Wieso Mord?«

»Herbert Eichmann«, erklärte Wielert seelenruhig. »Sie wissen doch, der Präsident der Eintracht. Der Präsident von dem Club, von dem Sie sich mit 5000 Mark und einer flotten Brünetten zu ein paar Gefälligkeitspfiffen bestechen ließen.«

»Sie sind ja bescheuert«, keifte Ahlmann mit überschnappender Stimme. »Ich habe Ihnen doch schon gesagt...«

»Ja, Sie haben gesagt, daß Sie für die Tatzeit ein Alibi haben«, unterbrach Wielert schneidend. »Sie haben aber auch behauptet, nicht bestochen worden zu sein. Das wissen wir jetzt besser.«

»Wir haben Ihre schöne Unbekannte gefunden«, setzte Bach nach. »Diese Angela Barth. Wissen Sie eigentlich, wie die wirklich heißt? Gabriele Himmel. Und die ist zufällig die Sekretärin der Eintracht.«

Von der Tür kam ein leises Klopfen. Ärgerlich riß Bach die Tür auf und wollte gerade losbölken, als eine junge Schreibkraft ein Tablett mit einer Thermoskanne und einigen Plastikbechern hereinreichte. Bach schenkte ihr sein mantahaftigstes Lächeln und sah einen Moment zu lange dem knappen Minirock hinterher.

Ahlmann war inzwischen weiß wie eine frisch gewaschene Windel. Sehnsüchtig schielte er auf die Thermoskanne. Wielert bemerkte den Blick und wurde noch schweinischer. Genüßlich lies er sich einen Becher vollaufen und schnüffelte an dem würzigen Aroma.

»Wissen Sie eigentlich, wie beschissen Ihre Lage damit geworden ist? Und Ihr Alibi ist auch nicht das beste. Erst um kurz nach zehn sind Sie am Pförtner vorbeimarschiert. Zeit genug, um die Strecke vom Tatort bis hierhin zu schaffen. Haben wir heute ausprobiert.«

»Ich war es nicht«, schrie Ahlmann verzweifelt. »Wer hat Ihnen eigentlich diesen ganzen Unsinn mit der Bestechung erzählt?«

»Frau Himmel. Eben, vor etwas mehr als einer Stunde.«

»Die lügt. Ich habe Ihnen die Wahrheit gesagt!«

»Ehrlich?« fragte Wielert gedehnt. »Und warum haben Sie sie dann angerufen?«

Der Schiedsrichter zuckte zusammen. »Was reden Sie da? Das stimmt überhaupt nicht.«

»Ach nein?« Bach schlürfte geräuschvoll seinen Kaffee und

lehnte sich breitschultrig an die Tür. »Etwa eine Woche vor Ihrem Urlaub riefen Sie Frau Himmel an und schlugen ihr vor, 25 000 Mark von einem der Konten der Eintracht an Sie zu bezahlen, in schönen kleinen Monatsraten. Andernfalls wollten Sie sonst die Polizei darüber informieren, daß der Mörder von Herbert Eichmann niemand anderes als Gabriele Himmel ist.«

»Machen Sie alles nicht noch schlimmer«, donnerte Wielert plötzlich los. »Erzählen Sie uns endlich die Wahrheit und zwar plötzlich, sonst werde ich ungemütlich.«

Ahlmann vergrub seinen Kopf in den Händen und wimmerte leise vor sich hin. Angeekelt zündete sich Wielert eine Zigarette an und blies ihrem Opfer den Rauch vor die Nase.

»Ich bin kein Mörder«, stammelte Ahlmann. »Ich habe Eichmann nicht umgebracht.«

»Dann sagen Sie uns endlich, was wir wissen wollen«, drängte Bach. »Bis jetzt sind Sie unser Verdächtiger Numero Eins.«

Der Schiedsrichter schluchzte fast, seine Finger verknoteten sich zu einem unentwirrbaren Knäuel, seine Füße scharrten unruhig auf dem altersschwachen Linoleum hin und her.

»Na gut«, überwand er sich schließlich. »Eichmann hat mich bestochen. Er hat mir diese Biene geschickt und mir quasi ins Bett gelegt. 50 Blaue hat er noch dazu springen lassen. Dafür habe ich dann ein paar Sachen anders gepfiffen als üblich. Ist das denn so schlimm?«

»Sie haben das Geld also angenommen?« stellte Wielert fest.

»Ja. 5000 sind zwar nicht das meiste, aber immerhin. Mit dem Mord habe ich aber nichts zu tun.«

»Himmeldonnerwetter, jetzt reicht's mir langsam«, explodierte Wielert. »Lassen Sie sich nicht jedes Wort einzeln aus der Nase ziehen. Was war weiter?«

Bach sah überrascht auf. Er kannte seinen Kollegen lange genug, um zu wissen, daß dieser Wutausbruch nicht gespielt, sondern echt war.

Der Zappelphilipp nickte, von der Phonstärke des Hauptkommissars beeindruckt, automatisch.

»Am Sonntagmorgen, bevor er getötet wurde, hat Eichmann bei mir angerufen. Es war noch ziemlich früh, ich war gerade aufgestanden. Der verlangte von mir, daß ich demnächst bei allen Spielen der Eintracht, die ich zu pfeifen hätte, seine beschissene Mannschaft puschen sollte. Bei anderen aus der Abstiegszone natürlich genau umgekehrt.«

Bach setzte zu einer Zwischenfrage an, aber Wielerts eisiger Blick schnitt ihm das Wort ab.

»Wir haben uns etwa fünf Minuten gestritten«, fuhr Ahlmann fort. »Eichmann bot mir schließlich nochmal 5000 an, wenn ich mitmachen würde, aber ich habe abgelehnt. Wenn überhaupt, geht so eine Sache nur einmal gut. Und dann hat er das Gespräch plötzlich abgebrochen.«

»Warum?« fragte Wielert stirnrunzelnd.

»Ich weiß nicht. Vielleicht ist jemand in sein Büro gekommen. Ich weiß es wirklich nicht. Dann, um halb zehn etwa, ging wieder das Telefon. Ich dachte, es wäre wieder Eichmann. Aber irgend jemand sagte mir da, daß ich mir ein Alibi besorgen sollte, Eichmann wäre tot, und es wäre bestimmt besser für mich, wenn mich jemand gesehen hätte. Ich war so perplex, daß ich sofort ins Werk gefahren bin. Ich wußte ja nicht, ob Eichmann jemandem etwas von unserem Geschäft erzählt hatte.«

In der kurzen Pause, die jetzt entstand, musterten sich die beiden Beamten. Bach zuckte resignierend die Achseln und schüttelte den Kopf, Wielert zerbiß vor Wut den Filter seiner Zigarette. Sie glaubten beide nicht, daß sie den Mörder gefunden hatten.

»Und was war mit der Himmel?« setzte Wielert nach.

Der Schiri rieb sich die entzündeten Augen mit dem Handrücken aus und schniefte. »Ich dachte, ich könnte da noch ein wenig Kohle ziehen. Die Tussi war so blöd, daß die bestimmt alles getan hätte, um nicht in Verdacht zu geraten.«

»Na gut«, entschied der Hauptkommissar, obwohl man ihm ansehen konnte, daß nichts gut war. »Unsere Kollegen hier in Köln machen noch das Protokoll fertig. Wenn Sie uns das alles bei unserem ersten Besuch erzählt hätten, wäre uns viel Arbeit und Ihnen viel Ärger erspart geblieben.«

»Kann ich dann gehen?« fragte Ahlmann hoffnungsvoll. »Mehr kann ich Ihnen beim besten Willen nicht erzählen, das war alles.«

Wielert lachte ärgerlich auf und schüttelte den Kopf. »Mit dem Mord haben Sie nichts zu tun, stimmt. Aber für den Rest werden Sie verknackt, vielleicht auf Bewährung, aber ich hoffe, daß Sie in den Bau gehen.«

»Aber warum denn?« kreischte Ahlmann. »Ich habe Ihnen doch geholfen, so gut ich konnte. Es ist doch nichts passiert.«

Wielert drehte sich angewidert ab und gab Bach das Stichwort: »Sag du es ihm.«

»Gabriele Himmel liegt bei uns im Städtischen Krankenhaus«, erklärte der Gehilfe. »Nach Ihrem tollen Angebot, die Eintrachtkonten für Sie zu plündern, ist sie durchgedreht. Von ihrem Balkon im dritten Stock direkt aufs Straßenpflaster. Wenn sie jemals wieder laufen kann, grenzt das an ein Wunder. Eins muß man Ihnen lassen: Das haben Sie verdammt gut hingekriegt.«

Bach hatte zwar ein wenig übertrieben, aber den Kern hatte er getroffen. Der Schiri stürzte ins Bodenlose.

»Ich weiß zwar nicht genau, wieviel es dafür gibt, aber die nächste Zeit sind Sie bestimmt aus dem Verkehr gezogen«, plazierte Wielert den Fangschuß. »Und ich kann nicht sagen, daß es mir leid tut.«

»Und was machen wir jetzt?«

Wielert streckte seine langen Beine in den Fußraum vor dem Beifahrersitz und starrte auf die Fahrbahn. Bach glaubte schon, daß sein Chef ihn nicht gehört hatte.

»Keine Ahnung«, gestand der Hauptkommissar schließlich. »Ich weiß nicht mehr weiter.«

»Und wenn wir nochmal von vorne anfangen?«

»Idiot«, zischte Wielert. »Womit denn? Kein Verdächtiger, keine Motive, noch nicht mal die Tatwaffe. Wo sollen wir denn da ansetzen?«

»Willst du den Fall ungeklärt zu den Akten legen?« fragte Bach überrascht.

»Natürlich nicht. Dafür wird alleine schon der Alte sorgen. Aber ich weiß wirklich nicht mehr, was wir noch machen können.«

»Alle nochmal gründlich unter die Lupe nehmen«, empfahl der Fahrer, der diesmal die Tachonadel nicht über 120 pendeln ließ. Der Schlag ins Wasser, den sie eben hinter sich gebracht hatten, nagte auch an seinen Nerven.

»Das bringt auch nichts mehr«, resignierte Wielert. »Wenn uns jetzt nicht Kollege Zufall hilft, sehe ich rabenschwarz.«

18.

Als die Mannschaften auf das Spielfeld liefen, war es für die Kicker der Eintracht fast wie Weihnachten. Die Ränge waren voll, aus der Kurve der eigenen Fans drangen die rhythmischen Schlachtrufe, die ihnen Mut machen sollten, die Fans der Lauterer hielten lautstark dagegen. Zum erstenmal nach vielen Wochen hatten sie nicht mehr das Gefühl, ganz allein gegen den Gegner zu spielen.

»Wie fühlst du dich?« erkundigte sich Spengler, während sich die 22 Spieler am Anstoßkreis aufbauten und den Leuten zuwinkten.

»Bombig«, erklärte Dieter grinsend. »Bei so einer Kulisse macht es auch richtig Spaß.«

»Dann sieh mal zu, das wir die Leute nicht enttäuschen«, erklärte der Keeper, bevor er sich mit seinem Pendant ein paar Bälle zuspielte.

Es war ein Bilderbuchabend, das Flutlicht war zwar schon an, aber noch war strahlend blauer Himmel über den Tribünendächern zu erkennen. So einfach war das. Zwei bis drei gute Spiele, gute Leistungen, und die Leute kamen. Dieter hatte plötzlich wahnsinnig Lust, Fußball zu spielen.

Die Eintracht gewann die Platzwahl, die Lauterer hatten Anstoß. Die Euphorie nach ihrem Titelgewinn in der vorletzten Saison war verflogen, aber der 4:1 Sieg am letzten Wochenende über ihren Nachfolger Stuttgart hatte aufhorchen lassen.

Das Spiel begann, die ersten rotgekleideten Kicker orientierten sich hin zum Strafraum der Eintracht. Noch war es ein allgemeines Abtasten, bevor es richtig losging. Die Verteidiger suchten sich ihre Angreifer, die Mittelfeldreihen gingen in Position. Die ersten Hakeleien sollten Respekt verschaffen.

Dieter stand halblinks im eigenen Strafraum und fing einen schwachen Paß eines pfälzischen Mittelfeldspielers sicher ab. Przybilla orientierte sich langsam nach vorne, Dieter schickte den Ball in die Gasse und setzte nach. Der Pole im Trikot der

Gastgeber wurstelte sich irgendwie an zwei Gegenspielern vorbei und nahm den direkten Weg zum Tor. Vorne warteten nur Zwingli und Klimke, beide gut bewacht. Dieter lief etwa fünfzehn Meter hinter dem ballführenden Mitspieler auf der rechten Seite, als Przybilla mit einem feinen Haken an einem weiteren Angreifer vorbeiging. Vor Dieter tat sich eine Lücke auf, er spurtete sofort los. Der Pole spielte flach auf Zwingli, der von der anderen Seite des Strafraums eine weite Flanke zurückgab. Dieter ließ den Ball nicht aus den Augen. Mit Riesenschritten raste er heran und zog aus gut 25 Metern voll ab.

Schnurgerade zischte das Leder in den langen oberen Torwinkel, der Keeper der Gäste streckte sich vergeblich. Nach zweieinhalb Minuten führte die Eintracht 1:0.

Der ohrenbetäubende Jubel der vielleicht 30 000 einheimischen Fans wollte nicht enden. So einen Blitzstart ihres Teams hatten sie lange nicht mehr gesehen.

Die Lauterer reagierten auf den Führungstreffer mit wütenden Angriffen. Flanke auf Flanke segelte in Spenglers Strafraum, aber die neu formierte Abwehr stand. Baltus, der zum Vorstopper umfunktioniert worden war, ließ dem roten Mittelstürmer keine Chance, Dieter warf sich mehr als einmal in höchster Not in die Schüsse der Lauterer. Wenn doch mal ein Ball durchkam, konnte sich die Eintracht auf Spengler verlassen.

Nach zwanzig Minuten ließ der Druck der Pfälzer etwas nach, die Gastgeber kamen zu Entlastungsangriffen. Das Publikum tobte vor Begeisterung, auf dem Rasen entwickelte sich ein offener Schlagabtausch mit Chancen auf beiden Seiten.

Fünf Minuten vor der Pause lief einer der vielen Angriffe der roten Teufel über die rechte Seite, Spengler verfehlte die scharfe Hereingabe. Einer der Lauterer setzte gerade zum Schuß an, als ihm Pusch in höchster Not in die Parade fuhr. Der Schiedsrichter pfiff sofort: Elfmeter.

Die Proteste halfen überhaupt nichts, nach einer Minute war die gröbste Aufregung beseitigt. Spengler stand hochkonzentriert auf der Linie und erwartete den Anlauf des Schützen. Der Schiri gab den Ball frei, der Lauterer lief an und knallte plaziert auf die linke Seite. Spengler hatte die Ecke gerochen, mit einem artistischen Sprung hechtete er dem Ball entgegen und begrub ihn unter sich.

Der Trainer der Gäste zertrümmerte fast seine Sitzgelegenheit, seine Spieler griffen sich fassungslos an die Köpfe. Spengler allerdings nutzte die Gunst der Stunde. Mit einem weiten Abwurf brachte er Ossenkamp ins Spiel, der Zoni spurtete los. Plötzlich standen vier Eintrachtstürmer gegen zwei Abwehrspieler. Ossenkamp spielte genau in den Lauf von Klimke, der elegant über das Leder hinwegsprang. Der Keeper der Gäste lief ins Leere, und Zwingli brauchte nur noch den Fuß hinhalten. Das 2:0 war gefallen.

Bis zur Halbzeit tat sich nichts mehr, die Eintracht stand sicher hinten drin, die Pfälzer sehnten die Pause herbei. Unter dem tosenden Beifall der Zuschauer ging es in die Kabinen.

In den zweiten 45 Minuten versuchten die Gäste natürlich, den Spieß noch einmal herumzudrehen, aber viel zu früh versuchten sie es mit der Brechstange. Die hohen Bälle droschen Heidtmann und Baltus mit aller Kraft aus dem eigenen Strafraum, wodurch sich regelmäßig gefährliche Konter ergaben. Nach einer knappen Stunde war es dann soweit: Ossenkamp hatte auf der linken Seite wieder Freund und Feind genarrt und eine schöne Flanke auf den Elfmeterpunkt gezogen. Przybilla stieg hoch und wuchtete das Leder zum 3:0 über die Linie.

Danach war der Widerstand der Pfälzer endgültig gebrochen, die Eintracht spielte sich in einen wahren Rausch. In den letzten 30 Minuten der Partie brannte es im Gästestrafraum lichterloh.

Zehn Minuten nach dem 3:0 klingelte es wieder im Kasten der Gäste. Diesmal trug sich SS-Siggi in die Liste der Torschützen ein. Nach einem Gewühl im Strafraum staubte er aus drei Metern ab.

Mit dem 4:0 war die Eintracht immer noch nicht zufrieden. Zuviel Druck hatte in den letzten Wochen auf ihnen gelegen, diese klare Führung stärkte ihr Selbstvertrauen ungemein. Sie wollten noch mehr.

So fiel das schönste Tor des Tages zwei Minuten vor Schluß. Ossenkamp war kurz vor dem Strafraum gefoult worden, der Schiedsrichter entschied auf direkten Freistoß. In Höhe des Elfmeterpunktes baute sich eine acht Mann starke Mauer auf,

Przybilla legte sich den Ball zurecht, der Pfeifenmann korrigierte noch einmal den Abstand der Mauer. Nach Freigabe lief Przybilla an und schoß hart und plaziert, aber ein Abwehrbein war dazwischen. Der Abpraller trudelte zu Heidtmann, der ohne zu zögern abzog. Aus 25 Metern rauschte das Leder genau ins Dreieck. Das 5:0 war gleichzeitig der Schlußpunkt.

»Wahnsinn, Jungs«, strahlte Milosevic in der Kabine. »Ihr habt gespielt wie Weltmeister.«

Dabei gönnte er jedem der Akteure einen starken Klaps auf den Hintern; zwei, die nicht schnell genug ausweichen konnten, nahm er sogar in den Arm. Doch nach diesem Sieg war den Kickern so ziemlich alles egal.

Zwischen den verschwitzten Leibern der Spieler ging es hoch her. Bisher hatte Dieter nicht gewußt, daß die Eintracht so viele Freunde, Fans, Offizielle oder Betreuer hatte. In der Kabine war es so eng wie auf der Cranger Kirmes beim Schlußfeuerwerk. Vom Eingang drängte sich jetzt auch noch ein Kamerateam von SAT 1 in die Menge.

»Ey, ihr Filmfritzen, wollta ma wat sehn?« brüllte Helm Meier gutgelaunt und riß sich das Handtuch von den Hüften. »Vielleicht entdeckta mich ja noch für Tutti-Frutti.«

Wie ein Hampelmann sprang er nackt vor der Kamera auf und ab, seine Kameraden brüllten vor Lachen. Der Reporter winkte mit hochrotem Kopf ab und steuerte auf den Trainer zu. Milosevic war natürlich gerne bereit, Auskunft zu geben.

»Tolles Spiel, Alter«, grinste Spengler, als Dieter neben ihm unter die Dusche trat. »Du wirst ja von Woche zu Woche besser.«

»Nun mach mal halblang«, wehrte der Libero lachend ab. »Wenn wir Samstag in Köln verlieren, bin ich wieder der Arsch, der die Abwehr schlecht gestellt hat.«

»Wir verlieren nicht«, grinste der Keeper. »Wart's ab.«

Gröhlend und kichernd kamen in diesem Moment Ossenkamp und Przybilla mit einer Mammutflasche Sekt unter die Dusche. Woher sie die in dem Durcheinander organisiert hatten, war unerklärlich. Auf jeden Fall machte die Pulle die Runde.

Als die Spieler dichtgedrängt im Entspannungsbad saßen,

schien auch SAT 1 wieder Weichteile sammeln zu wollen. Der Kameramann stiefelte forsch an den Beckenrand, während der Reporter noch »Stimmen einfing«. Meier hatte der Schluck aus der Pulle schon ein wenig benebelt. Entschlossen packte er den gescheitelten Brillenträger am Ärmel und zerrte ihn mit einem Ruck in ihre Mitte. Der Kameramann ließ vor Lachen fast die Kamera fallen, der Mikrofonträger starrte hingegen äußerst bescheuert aus der Wäsche.

Eine halbe Stunde später hatten sich alle ein wenig beruhigt, die Leute vom Fernsehen waren pudelnaß abgezogen; die anderen, die nichts mit der Mannschaft zu tun hatten, lümmelten sich bei Pils und Mettbrötchen im VIP-Raum, um der Pressekonferenz zu lauschen. Vorher hatte der Coach allen bis Montag freigegeben. Außer Pohl und dem Masseur, der eine leichte Blessur von Pusch behandelte, waren nur noch die Spieler da.

Dieter trödelte wie immer. Während seine Kollegen bereits frisch angezogen und geföhnt nach und nach die Kabine verließen, faltete er immer noch sorgsam sein Handtuch und rubbelte sich mit den Fingern die letzten Wassertropfen von der Haut. Pohl, der Präsi, setzte sich unauffällig neben ihn.

»Na, Chef, wie hat's Ihnen gefallen«, erkundigte sich Dieter gutgelaunt.

»Gut. Sehr gut sogar. Mein Kompliment.«

Dieter sah flüchtig zur Seite. Der alte Mann neben ihm sah so aus, als ob er gerade von der Intensivstation für Urlaubsleichen gekommen wäre. Die Haut war wachsbleich, die Stirn in tiefe Sorgenfalten gelegt.

»Haben Sie sich das Angebot der Frankfurter noch einmal überlegt?« flüsterte Pohl nervös. »Der Manager hatte mich vor der Partie noch einmal angerufen und gefragt, wie Sie sich entschieden haben.«

Dieters Hochstimmung verflog. Wütend knallte er seine Badelatschen in die Sporttasche und schlüpfte in die Socken.

»Da gibt es nichts zu überlegen. Ich gehe nicht nach Frankfurt.«

Pohl zog die Augenbrauen zusammen. »Warum eigentlich nicht?« bohrte er. »Sie können das dreifache von Ihrem jetzigen Gehalt verdienen. Mein Gott, alleine die Möglichkeiten, die sich Ihnen bieten. Die Eintracht steht noch im Europacup. Auf einen Schlag ins internationale Blickfeld.«

»Nein«, beharrte Dieter. »Wenn ich mir irgendwann mal einen anderen Verein suche, dann einen, der mir paßt. Ich will nicht nach Frankfurt. Schluß.«

Pohl stand zornig auf und versetzte der Sitzbank einen wütenden Hieb. Hinter seinen Brillengläsern funkelten böse seine Augen.

»Menschenskind, ich frage Sie nicht, weil ich Sie loswerden will, sondern weil wir dringend das Geld brauchen. Die haben zwei Millionen Mark geboten. Zwei Millionen! Wir brauchen jeden Pfennig. Und zwar jetzt.«

Dieter sah überrascht hoch. Zwei Millionen für ihn?

»Ganz schöne Stange Geld. Darf ich mir wenigstens noch meine Schuhe anziehen?«

»Heißt das, Sie wechseln?« fragte Pohl hoffnungsvoll.

»Nein. Und außerdem verstehe ich nicht, warum ich von heute auf morgen hier meine Zelte abbrechen soll. Es läuft doch ganz gut im Augenblick.«

Pohl sah sich vorsichtig um. Außer ihnen war niemand in Hörweite. »Behalten Sie es für sich. Wenn wir Sie jetzt nicht verkaufen, sinkt der Preis immer weiter. Ende des Jahres wird hier der Ofen aus sein.«

»Das ist doch noch gar nicht raus«, beschwerte sich der Libero. »Bis zum Mittelfeld fehlen uns gerade mal zwei Punkte.«

Der Präsi winkte ab. »Das meine ich nicht. Ich hab das Gerücht gehört, daß der DFB eine Anklage gegen uns vorbereitet. Wegen Schiedsrichterbestechung.«

Es dauerte eine ganze Weile, bis es bei Dieter ›Klick‹ machte.

»Dann war da also doch was dran?« fragte er schwach.

Pohl nickte. »Es sieht so aus. Ahlmann, der Schiedsrichter vom Schalkespiel, ist gestern verhaftet worden, wegen einer anderen Sache. Und offensichtlich hat der bereits zugegeben, von Eichmann geschmiert worden zu sein. Wissen Sie, was das für uns bedeutet?«

Dieter konnte es sich vorstellen, wollte Pohl aber nicht den dramatischen Schlußpunkt versauen.

»Amateurliga«, dozierte der Vorsitzende mit Schweißperlen auf der Stirn, »genau wie damals Arminia Bielefeld. Verstehen

Sie jetzt, warum ich im Moment versuche, noch soviel Geld wie möglich herauszuschlagen, bevor ich die Spieler weit unter Preis verscherbeln muß?«

Jetzt war es also amtlich. Die Eintracht durchlebte ihr letztes Bundesligajahr. Dieter hatte plötzlich einen dicken Klumpen im Magen.

»Tut mir leid, Herr Pohl. Wenn Sie mich unbedingt loswerden wollen, dann suchen Sie einen Club im Revier. Ich will hier nicht weg. Eher hör ich ganz auf mit dem Fußball. Mir ist auch scheißegal, ob Dortmund, Schalke oder einer von den Bochumer Clubs. Was anderes läuft nicht.«

»Ist das Ihr letztes Wort?«

»Es ist«, verkündete Dieter dramatisch und zog sein ›Tötet Onkel Dittmeyer‹ T-Shirt über den Kopf. Pohl wurde blaß.

»Behalten Sie bitte das, was ich Ihnen gesagt habe, für sich«, bat der Präsi. »Ich will sehen, was sich machen läßt.«

Dabei klang seine Stimme sonderbar belegt. Dieter tat der Mann, der jetzt langsam zurück auf die Sitzbank plumpste, fast ein bißchen leid. Mit einem kurzen Kopfschütteln verscheuchte er seine Gedanken, schlüpfte in die ausgelatschten Turnschuhe und wollte sich gerade auf den Weg machen, als hinter ihm ein lautes Klirren durch die Kabine hallte. Erschrocken drehte er sich um. Pohl hatte in einem Wutanfall die große Sektflasche geschnappt und durch die Gegend gefeuert. Mit einem lauten Knall war sie im Duschraum zerplatzt. Zwei Kacheln waren zu Bruch gegangen.

»Alles in Ordnung?« erkundigte sich Dieter erschrocken.

Pohl zuckte zusammen und sah auf. Beinahe schien es so, als erwachte er aus einer Trance.

»Ja, ja, schon gut. Wahrscheinlich mußte das mal sein.« Dabei schaffte er sogar ein leichtes Grinsen.

»Lassen Sie uns die Scherben wegräumen, bevor sich jemand verletzt«, schlug Dieter versöhnlich vor. »Ich helfe Ihnen.«

Zusammen gingen sie in den Duschraum, der schon ausgestorben war. Pohl organisierte eine kleine Schüppe, während Dieter vorsichtig in die Knie ging und die ersten Scherben aufsammelte. Plötzlich stutzte er. Hinter den beiden zerborstenen Kacheln, die lose am Silikonstreifen hingen, blitzte etwas Metallisches auf. Neugierig kratzte er an einer der Scherben, die sich sofort löste. Hinter den Kacheln war ein kleiner Hohlraum in der Wand, vielleicht fünf Zentimeter hoch, zehn Zentimeter tief und zwanzig Zentimeter lang. Und in diesem Hohlraum lag ein blutverschmiertes Messer.

Der Anruf aus dem Eintrachtstadion ging um 23.30 Uhr bei der Einsatzleitstelle der Polizei ein. Fünf Minuten später hetzte der erste erreichbare Beamte des Erkennungsdienstes zu seinem Wagen und startete Richtung Fundort. Weitere zwanzig Minuten später steckte er das Messer vorsichtig, mit behandschuhten Händen in einen kleinen, durchsichtigen Plastikbeutel und versiegelte diesen. Vorher hatte er sich versichert, daß in der Zwischenzeit niemand das Messer berührt hatte. In halsbrecherischer Fahrt jagte er dann wieder zurück ins Präsidium.

Um 0.45 Uhr klingelte das Telefon in Wielerts Diele. Der Kriminalhauptkommissar schälte sich verschlafen aus seiner Koje und tappte mit bloßen Füßen über die kalten Fliesen. Gähnend meldete er sich und war mit einem Schlag hellwach. Hastig gab er einige Instruktionen und donnerte den Hörer zurück auf die Gabel, um danach sofort die Nummer seines Kollegen zu wählen. Ausnahmsweise war Bach zu Hause. Wielert setzte ihn kurz ins Bild und eilte dann zurück ins Schlafzimmer, wo er in Windeseile in seine Sommerhose und das gelbe Sweatshirt schlüpfte. Die Schuhe zog er erst an, als er schon fast die Haustür erreicht hatte.

Um 1.15 Uhr trafen Wielert und Bach zusammen im Präsidium ein. Als sie nervös in ihr Büro traten, blinzelte der Kollege der Spurensicherung gutgelaunt von Wielerts Schreibtischsessel. In einem Anflug von gutem Benehmen nahm er sogar die Füße vom Tisch.

»Was haben Sie für uns?« polterte Wielert aufgeregt los.

Statt einer Antwort stand der Angesprochene auf und zog aus einem mitgebrachten braunen Umschlag den Plastikbeutel mit der Tatwaffe sowie die Vergrößerung einiger sauber erkennbarer Fingerabdrücke hervor. Grinsend legte er sie auf das Körbchen mit der Ausgangspost.

»Mit schönen Grüßen vom Weihnachtsmann«, erklärte er. »Die Prints sind zwar verwischt, aber durchaus brauchbar.«

»Sind Sie in der Kartei?« fragte Bach.

Der Kollege schüttelte den Kopf: »Nee, völlig unbekannt. Muß aber ein Baum von einem Kerl sein. So riesengroße Abdrücke findet man selten. Aber sehen Sie sich doch mal das Messer an!«

Die beiden Mordspezialisten traten interessiert näher und nahmen die Waffe in Augenschein. Die Klinge war bereits ein wenig angerostet und fleckig; an der vielleicht vier Zentimeter breiten Schneide hafteten kleine, getrocknete Blutspritzer. Nach zehn Zentimetern ging das einstmals blanke Metall in einen schwarzen Hartplastikgriff über. Und auf der abgegriffenen Oberfläche prangten schwach die Initialen E.K.

Das Haus des ehemaligen Eintrachttrainers lag still und ruhig vor ihnen. An der Vorderfront war kein Licht zu sehen, erst als sie langsam den ungepflegten Gartenweg nach oben gingen, erkannten sie durch die Milchglasscheibe der Eingangstür einen ganz schwachen Schimmer. Ehepaar Kloth war noch nicht zu Bett gegangen.

Bach sah auf seine Armbanduhr. Kurz nach zwei Uhr morgens. Aus den anderen Häusern der Siedlung drangen weder Licht noch irgendwelche Geräusche. Typische Vorstadtidylle.

Wielert atmete tief durch, preßte die Aktentasche, in der das Messer, die Fotos der Fingerabdrücke und einige andere Utensilien waren, fest unter seinen linken Ellbogen und sah noch einmal kurz zurück zur Straße. Der Streifenwagen mit den beiden Kollegen von der Bereitschaftspolizei hielt sich dezent im Schatten der großen Rhododendronbüsche und war vom Haus aus nicht zu sehen. Die Uniformierten vertrieben sich die Wartezeit mit einer Zigarette.

Als sein Finger den Klingelknopf drückte, zuckte Wielert zusammen. Der Türgong hallte störend laut durch die Stille. Undeutlich erkannten sie, wie eine Gestalt das Wohnzimmer verließ und in den Flur trat. Kurze Zeit darauf öffnete ihnen Kloths Gattin die Tür.

»Frau Kloth, wir müssen Ihren Mann sprechen«, begann Wielert ohne Begrüßung. »Ist er da?«

Im Gegensatz zu ihrem ersten Besuch war die Frau nüchtern. Trotz der warmen Nachtluft zog sie fröstelnd ihren Bademantel straff zusammen und nickte wortlos.

»Ja. Darf ich wissen, worum es geht?«

»Können Sie sich das nicht denken?« antwortete Wielert behutsam.

Einen Moment tauschten sie einen stummen Blick aus, bei dem der Beamte ihre Augen nicht losließ. Schließlich senkte sie den Kopf und gab den Eingang frei. »Im Wohnzimmer«, antwortete sie tonlos. Dann ging sie stumm vor ihnen her.

Erich Kloth saß wieder in seinem gemütlichen Fernsehsessel und verfolgte gespannt die Versuche einer vollbusigen Afrikanerin, ihrem Schauspielerkollegen einen Orgasmus vorzuspielen. Wielert mußte nicht erst auf das eingeblendete Logo sehen, um zu wissen, daß RTL wieder versuchte, das Sexualleben der Deutschen mit hundserbärmlich schlechten Billigproduktionen anzukurbeln. In jeder Videothek wären diese Schinken die reinsten Ladenhüter.

Als Kloth den Besuch erkannte, drehte er der aufopferungsvoll stöhnenden Schönheit mit der Fernbedienung den Ton ab. Ärgerlich stand er auf und sah fragend seine Gattin an, die sich verstört in die Couchgarnitur fallen ließ.

»'n Abend, Herr Kloth«, begann Wielert gehaltvoll. »Es ist zwar schon ein wenig spät, aber wir müssen uns unterhalten.«

Der Trainer war blaß geworden und versuchte, das Zittern seiner Finger vor den Polizisten zu verbergen. Bach stellte sich sichernd vor die halb geöffnete Terassentür und verschränkte die Arme vor der Brust. Wielert legte die Aktenmappe auf den Tisch und holte den Plastikbeutel mit dem Messer heraus. Kloth sah überrascht auf.

»Herr Kloth, heute abend wurde dieses Messer im Eintrachtstadion gefunden. Haben Sie es schon einmal gesehen?«

Vier, fünf Sekunden passierte gar nichts. Dann tastete sich Kloth unsicher zurück zum Fernsehsessel und ließ sich wieder in den Sitz plumpsen. Stirnrunzelnd betrachtete er die Klinge, die sich im Licht der schummrigen Deckenleuchte spiegelte.

»Wo haben Sie die her?«

Wielert nickte Bach wissend zu und setzte sich ebenfalls. Der Rest erschien ihm als Formsache.

»Beruhigen Sie sich und erzählen Sie lieber, warum Sie Eichmann getötet haben. Glauben Sie mir, danach fühlen Sie sich besser.«

»Aber ich habe ihn nicht umgebracht«, jaulte Kloth gequält auf. »Ich habe Ihnen doch gesagt, daß ich hier zu Hause war.«

Der Hauptkommissar runzelte ärgerlich die Stirn. »Verdammt noch mal, was wollen Sie eigentlich noch«, keifte er wütend. »Wollen Sie etwa abstreiten, daß Ihnen das Messer gehört?«

Der Coach wischte sich erregt über die Augen und schüttelte den Kopf. »Nein. Aber umgebracht hab ich ihn trotzdem nicht. Bitte glauben Sie mir doch. Das Messer gehört mir, aber ich habe es schon seit ein paar Wochen nicht mehr gesehen.«

»Herr Kloth, Sie machen doch alles nur noch schlimmer«, mischte sich Bach ein. »Auf dem Messer sind deutlich Fingerabdrücke zu erkennen. Ich wette zehn zu eins, daß es Ihre sind. Die Waffe wurde in den Duschräumen der Eintracht gefunden, nicht einmal einen Meter vom Fundort der Leiche entfernt. Alleine die Indizien reichen schon für lebenslänglich. Und von Ihrem haarsträubenden Alibi wollen wir erst gar nicht sprechen. Das ist so wackelig wie Götterspeise.«

Kloth krallte sich verzweifelt an der Armlehne seines Sessels fest. Sein Kopf pendelte von einer Seite zur anderen. Immer wieder suchte er den Blick seiner Frau, aber die saß wortlos, die Augen krampfhaft zu Boden gerichtet auf der Couch und produzierte Rauchringe.

»Ich schwöre Ihnen, daß ich nicht der Mörder bin«, schnauzte er, wobei sein Quadratschädel vor Wut immer röter wurde. »Irgendjemand hat mir das Messer gestohlen und damit Eichmann umgebracht. Das soll mir doch alles nur in die Schuhe geschoben werden.«

»Wer's glaubt«, seufzte Wielert. »Kommen Sie, Herr Kloth. Ich nehme Sie unter Mordverdacht vorläufig fest. Mal sehen, ob Sie es sich nicht noch anders überlegen.«

Kloth heulte auf und versetzte der Tischplatte einen kräftigen Fausthieb. »Ich war es nicht«, schrie er. »Eichmann war 'ne Sau, aber ich hab ihn nicht kaltgemacht.«

»Hol mal die Kollegen rein«, befahl Wielert seinem Assistenten. Morgen früh sehen wir weiter.«

»Er war es nicht«, meldete sich plötzlich eine weibliche Stimme aus dem Hintergrund.

Wielert fuhr herum. Kloths Frau zog nachdenklich an ihrer

Zigarette und ließ den Rauch durch die Nase wieder nach draußen. Dann strich sie sich mit der rechten Hand eine Haarsträhne aus der Stirn und sah den Kommissar funkelnd an.

»Bleiben Sie etwa bei diesem schwachsinnigen Alibi?« fragte Bach ironisch. »Mann, das kauft Ihnen doch keiner ab.«

Die Frau schüttelte den Kopf: »Ich habe Eichmann getötet.«

Hätte Wielert nicht schon gesessen, er wäre umgefallen. Bach vergaß vor Überraschung, den Mund zuzumachen, und Gatte Kloth geriet in Gefahr, seine Augäpfel zu verlieren.

»Simone, du?« murmelte er schwach.

»Ja, ich«, bestätigte seine Frau. »Ich habe das Messer aus dem Gartenschuppen geholt. Ich bin am Sonntagmorgen in das Stadion gefahren und habe mich mit Eichmann getroffen. Und ich habe ihn umgebracht.«

»Können Sie bitte mal alles von Anfang an erzählen?« bat Wielert perplex. So einen Tiefschlag hatte er schon lange nicht mehr hinnehmen müssen.

Schulterzuckend lehnte sie sich in die Polster zurück und zündete sich eine neue Zigarette an.

»Eichmann wollte meinen Mann fertig machen. Erich hatte sich nach seiner Entlassung bei der Eintracht bei mehreren Vereinen beworben, bis hinunter zu den Amateuren. Kein Verein wollte ihn haben. Als die letzte Absage kam, am Freitag vor dem Mord, war ich zufällig am Telefon. ›Diesen versoffenen Alkoholiker sollte man am besten auf den Mond schießen‹, erklärte man mir. Und, daß sich Erich hier im Ruhrgebiet überhaupt nicht mehr bemühen bräuchte, eine neue Anstellung zu finden, es nähme ihn sowieso niemand. Eichmann wurde zwar nicht direkt als Drahtzieher genannt, aber mir war sofort klar, wer dahintersteckt.« Erschöpft machte sie einen Moment Pause und sah in die Runde.

Wielert kratzte sich nachdenklich die Nasenflügel und nickte ihr ungeduldig zu. »Und was geschah weiter?«

»Am Samstag, nach dem Schalkespiel, rief ich im Stadion an. Eichmann war selber am Telefon. Ich bat ihn um eine Unterredung. Ich wußte auch nicht, wieso, aber ich sah doch, daß Erich vor die Hunde ging. Vielleicht konnte ich Eichmann ja umstimmen, daß er zumindest die Hetzkampagne gegen ihn einstellte. Nach einigem Hin und Her war er auch einverstanden, daß ich vorbeikam. Er wollte am Sonntagmorgen einige Papiere durchsehen, Abrechnungen oder so etwas. Viel Hoffnung hatte ich allerdings nicht. Am Sonntag fuhr ich also ins Stadion. Eichmann hörte sich meinen Spruch an, nickte zu allem verständnisvoll, bedauerte aber, nichts machen zu können. Mein Mann wäre der letzte Versager, der im Fußballgeschäft nichts zu suchen hätte. Er gestand sogar, ihn überall angeschwärzt zu haben. Dann gab er mir noch den hämischen Tip, daß Erich ja in der ehemaligen DDR mal sein Glück versuchen könne, die Ossis wären vielleicht noch froh, einen Mann mit Bundesligaerfahrung zu bekommen. Ich fing an zu bitten und zu betteln, erklärte ihm, daß wir die Hypotheken für das Haus bezahlen müßten, aber er wollte mich rausschmeißen. Scheinbar machte es ihm Spaß, Menschen zu demütigen.«

»Und wie geschah der Mord?« fragte Bach gespannt.

»Ich gab schließlich klein bei, bat aber, noch einige Sachen aus der Kabine holen zu dürfen, die Erich dort vergessen hatte. Eichmann spielte wieder den großen Gönner und ging mit mir runter. Dabei prahlte er damit, daß jetzt, nachdem Erich weg sei, die Eintracht wieder nach oben kommen würde. Der Sieg gestern gegen Schalke wäre nur der Anfang gewesen. Er hätte zwar ein wenig nachhelfen müssen, aber das Selbstvertrauen wäre jetzt wieder da. Ich hatte zwar einen vagen Verdacht, daß irgendetwas mit dem Schiedsrichter nicht stimmte, aber kapiert habe ich das erst richtig, als ich in der Zeitung las, daß tatsächlich Schiebung mit im Spiel war. Unten in der Kabine kramte ich in Erichs Spind herum, es lagen noch ein paar persönliche Sachen darin. Und dann habe ich einen letzten Versuch gemacht, Eichmann umzustimmen. Allerdings schon mit dem Messer in der Hand. Er lachte mich aus, ich sollte mich nicht lächerlich machen, ändern würde ich damit überhaupt nichts. Dabei wollte er mir das Messer aus der Hand schlagen. Und da habe ich zugestochen.«

»Nur einmal?« bezweifelte Wielert.

»Einmal. Vor unserer Heirat habe ich als Krankenschwester gearbeitet, ich weiß genau, welche Stelle tödlich ist. Zwischen den vierten und fünften Rippenbogen, direkt ins Herz. Das überlebt keiner.«

»Trotzdem verstehe ich das nicht«, mischte sich Bach ein. »Die

Kollegen vom Erkennungsdienst haben gesagt, daß die Fingerabdrücke von einem Mann sein müssen, für eine Frau wären die Abdrücke zu groß. Und ich glaube kaum, daß Sie Handschuhe anhatten.«

Dabei warf er einen abschätzenden Blick auf Kloths Bratpfannen unter den Handgelenken.

»Hatte ich auch nicht. Pflaster um die Fingerkuppen gewickelt erfüllen denselben Zweck. Und wenn nicht plötzlich jemand an der Kabinentür gerüttelt hätte, wäre ich nicht gezwungen gewesen, die Waffe zu verstecken und ohne sie zu verschwinden. Dann hätten Sie mich nie gekriegt.«

»Aber wie ging es weiter?« drängte Wielert. »Sind Sie sofort blindlings losgerannt?«

Die Trainerfrau schüttelte den Kopf. »Nein. Ich habe noch einen Moment gewartet und mir fieberhaft ein Versteck überlegt. Schließlich fand ich im Duschraum zwei Kacheln, die schon ein wenig lose waren. Ich habe den Kitt ein bißchen bearbeitet und das Messer schließlich dahinter versteckt. Dann machte ich die Dusche an, um die Dreckspuren wegzuspülen. Im Gang vor der Kabine war niemand mehr. Vorsichtig ging ich Richtung Treppenhaus, als ich einen der Spieler sah. Ich versteckte mich in einer Nische, bis er in der Kabine war. Dann ging ich nach oben in Eichmanns Büro. Ich hatte plötzlich die Idee, diesen Schiedsrichter anzurufen, ich wollte irgendjemand nervös machen, der dadurch vielleicht der Polizei auffällt. Es war nur so ein Gedanke. Die Telefonnummer fand ich in Eichmanns Papieren. Ich verschwand, so schnell ich konnte, aus dem Stadion und stürzte in die nächste Telefonzelle. Dann bin ich nach Hause gefahren.«

Nach ihren letzten Worten herrschte tiefe Stille. Wielert konnte keinen Widerspruch in ihrer Aussage finden, ganz im Gegenteil. Gierig zündete er eine Zigarette an und wunderte sich nicht schlecht, daß schon zwei Stengel seiner Marke im Aschenbecher vor sich hinqualmten.

»Warum hast du mir nichts davon gesagt?« fragte Erich Kloth erschüttert. »Mein Gott, warum hast du mir nichts davon gesagt?«

»Warum sollte ich?« kam die Antwort. »Ich kam mir ziemlich

sicher vor, ohne die Waffe konnte man überhaupt nichts machen.«

Der Trainer schüttelte fassungslos den Kopf und sank in seinen Sessel zurück. Wielert räusperte sich hörbar und drückte seine Zigaretten aus.

»Frau Kloth, ziehen Sie sich bitte etwas an. Wir müssen Sie mitnehmen. Und ich empfehle Ihnen, einen Anwalt anzurufen. Den werden Sie bitter nötig brauchen.«

Bach trat zu ihr und begleitete sie nach oben. Diesmal hatte er sogar soviel Taktgefühl, daß er nicht darauf bestand, ihr beim Anziehen zuzusehen.

19.

Dieter trat aus den Räumen des Ruhrstadions und atmete tief durch. Er hatte es sich nicht leicht gemacht, die Eintracht zu verlassen, aber letztendlich war es die beste Lösung. Vor zwei Tagen hatte der DFB entschieden. Die Eintracht würde am Ende der Saison alle erzielten Punkte verlieren und in die Amateuroberliga verbannt werden.

Unruhig drehte er die Klarsichtfolie, in der sein neuer Vertrag mit dem VfL Bochum eingeschlagen war, zwischen seinen Händen und ging auf seinen Renault zu. Vanessa saß auf dem Beifahrersitz und sah ihm neugierig entgegen.

»Alles klar«, murmelte er mit trockenem Mund. »Zum Beginn der Rückrunde hab ich 'nen neuen Arbeitgeber.«

Vanessa reichte ihm eine angezündete Zigarette herüber und Dieter nahm einen tiefen Zug.

»Wie fühlst du dich?« fragte sie leise.

»Ich weiß nicht. Irgendwie beschissen.«

»Warum eigentlich? Ein Club ist wie der andere, ob du jetzt zehn Kilometer mehr fahren mußt, um zum Training zu kommen, ist doch egal.«

Dieter schnaufte hörbar durch.

»Schon. Aber gerade jetzt sind wir auf dem Weg nach oben. Seit dem 2:2 in Köln liegen wir zum erstenmal nicht auf einem Abstiegsplatz. Und dann kommt dieser Hammer, daß die Eintracht zwangsversetzt wird. Zum Kotzen ist das.«

Mit einem kräftigen Ruck drehte er den Schlüssel im Zündschloß herum und knüppelte den ersten Gang ins Getriebe. Vanessa öffnete ihren Mund, sagte aber nichts.

Auf der A 430 war ziemlich wenig los. Schweigend steuerte Dieter den kleinen Franzosen an einem schweren LKW vorbei und scherte wieder rechts ein.

»Hat mit dem Vertrag alles geklappt?« erkundigte sich Vanessa, der die Stille zu lange dauerte.

»Ja. Zum Sommersemester gehe ich auch wieder zur Uni. Die waren so heiß darauf, mich zu kriegen, daß sie alles unterschrieben hätten.«

»Wenigstens bleibst du in gewohnten Tabellenregionen«, versuchte Vanessa einen Scherz. »Soviel besser stehen die doch auch nicht als ihr.«

Freudlos lachte Dieter auf und betätigte den Blinker. Die Abfahrt, die zum Eintrachtstadion führte, war in Sicht gekommen. Keine fünf Minuten später hielt der Wagen auf dem Parkplatz des Städtischen Stadions. Vanessa stiefelte Richtung Innenstadt, während Dieter seine Tasche packte und zum Training ging. Seine Kameraden waren bereits auf einem Nebenplatz mit Freistoßvarianten beschäftigt. Spengler sah ihn und winkte kurz herüber. Dieter hob automatisch die Hand und steuerte auf die Kabinen zu. Als er die Türen aufstoßen wollte, trat jemand von der Seite auf ihn zu.

»Tag, Herr Heidtmann.«

Dieter fuhr zusammen und blinzelte gegen die Sonne. Dann verzog sich sein Gesicht zu einem Grinsen.

»Tag, Herr Kommissar. Haben Sie einen Vertrag bei uns gekriegt, oder gibt es schon wieder einen Mord?«

Wielert hob lachend die Hände. »Um Gottes Willen, bloß das nicht. Die beiden letzten haben mir gereicht.«

Dieter stellte seine Tasche ab und akzeptierte die angebotene Zigarette. Das Gesicht des Kommissars war ein einziger strahlender Honigkuchen. Wielert ließ sein Feuerzeug klicken und inhalierte tief.

»Hab da so ein Gerücht gehört, daß Sie Ihre Stiefel demnächst woanders schnüren«, murmelte Wielert bedauernd. »Ist da was dran?«

Dieter zuckte gleichgültig die Schultern. »Es ist. Wenn Sie

mich im nächsten Jahr in Aktion sehen wollen, müssen Sie schon nach Bochum kommen.«

»Wattenscheid oder der VfL?« fragte Wielert.

»VfL. Hauptsache, ich bleibe hier im Ruhrgebiet.«

Schweigend rauchten sie weiter. Dieter zog hastig an seiner Kippe. Wenn er sich nicht ein wenig beeilte, lohnte es sich nicht mehr, überhaupt noch in die Trainingsklamotten zu steigen.

»Eigentlich schade um den Club«, kam Wielert ins Grübeln. »Vielleicht ist die Eintracht in ein paar Jahren wieder erstklassig. Aber nach den ganzen Skandalen und Geschichten ist es vielleicht besser, wenn es erst mal 'ne Zeit still wird.«

Dieter zuckte die Achseln. »Mir egal. Wenn die vernünftig gewirtschaftet und keine Kanaille als Präsident gehabt hätten, wäre das Ganze nicht nötig gewesen. Stimmt eigentlich, was ich in der Zeitung gelesen habe? Eine Frau hat Eichmann umgebracht?«

»Allerdings«, bekräftigte Wielert. »Die Frau des ehemaligen Trainers, Kloth. Sieht aber gar nicht so schlecht für sie aus.«

»Warum das denn?«

»Soviel ich gehört habe, versucht ihr Anwalt auf Unzurechnungsfähigkeit zu plädieren. In der Art verzweifelte, ausweglose Lage. Eichmann hat ihren Mann überall verbrannt, der hätte hier in der Gegend und auch bei keinem anderen Erstligisten einen Vertrag bekommen. Da sind ihr die Sicherungen durchgebrannt.«

Dieter pfiff staunend durch die Zähne. »Ach so war das.«

Wieder blieb es eine Zeit still. Wielert trat schließlich seine Zigarette aus und hielt Dieter die Hand hin.

»Ich will Sie nicht weiter aufhalten, Herr Heidtmann. Wollte bloß mal ein wenig beim Training kiebitzen. Sonderlich motiviert ist Ihre Truppe ja nicht mehr.«

»Kein Wunder«, antwortete Dieter sauer. »Die Hälfte von den Jungs weiß doch gar nicht, ob sie nächstes Jahr irgendwo einen Vertrag bekommt. Und wenn wir ein Spiel gewinnen, kriegen wir die Punkte sowieso abgezogen. Spaß macht es wirklich nicht mehr, hier zu spielen.«

»Na ja«, meinte Wielert, immer noch grinsend, »das Pokalspiel am Samstag gegen den MSV sehe ich mir auf jeden Fall an. Viel Glück.«

Damit hob er noch einmal grüßend die Hand und machte auf dem Absatz kehrt.

Dieter schaute dem Kommissar noch einen Moment hinterher und betrat dann die Stadionräume. Als er vor noch nicht allzu langer Zeit hier angefangen hatte, war in der Geschäftsstelle ein ständiges Kommen und Gehen gewesen; Fans holten sich Karten im Vorverkauf, Schulkinder lungerten vor den Ausgängen, um einen Blick auf ihre Idole zu erhaschen, und die ewig nörgelnden Rentner, die jede Aktion selbst mit 70 Jahren noch besser konnten als die Kicker, prägten das alltägliche Bild. Jetzt war absolute Stille. Die Eintracht war bereits tot, für das Pokalspiel am Samstag waren bisher gerade mal 1000 Karten verkauft worden. Auswärtsspiele im eigenen Stadion schienen die Regel zu werden.

Dieter packte entschlossen seine Tasche und ging zur Umkleidekabine. Es tat ihm doch ein bißchen weh, nur noch einmal – in der Rückrunde mit seinem neuen Verein – hier zu spielen. Als er die Kabinentür aufgedrückt hatte, vergewisserte er sich als erstes, ob nicht wieder eine Leiche im Duschraum lag. Aber die Kabine war genauso still und verlassen wie der Rest des Stadions. Das einzige, was neu war, war die Fahne mit dem Totenkopf und den zwei gekreuzten Knochen, die ein Witzbold an die Wand gehängt hatte. Einen Moment mußte Dieter über die Doppeldeutigkeit schmunzeln, ehe er seine Tasche aufmachte und die Fußballschuhe hervorholte.